人格健康的孩子才幸福

让您最安心的教子法

胡巧娟◎著

江西人民出版社
Jiangxi People's Publishing House
全国百佳出版社

谨将此书献给我天堂里的父亲胡顺利先生，
也献给所有为了孩子的幸福而努力思索、勇于改进的父母们!

序 言(一)

向家长推荐一本信得过的家庭教育读物

赵忠心

我国实行改革开放以来，人们从社会发展趋势上看到，在竞争日趋激烈的社会生活中，要使子女将来能够立足于社会，在事业上有所作为、有所成就，除了让子女接受良好的学校教育、社会教育以外，还必须要高度重视家庭教育，充分发挥家庭教育的职能作用。在许多家庭里，做父母的都把子女教育作为家里的头等大事来对待。

南京的胡巧娟老师是一位具有高度社会责任感、认真研究家庭教育的有心人。她从事教学和班主任工作多年，在和家长的接触中积累了大量的成功家庭教育的经验，也总结了很多不成功的案例，认真思考、探索家庭教育的规律，经过几年的刻苦努力，撰写出了《人格健康的孩子才幸福》这本家庭教育指导用书，奉献给广大家长。

现在做父母的，虽然都非常重视自己孩子的家庭教育，但我们的家长绝大多数都没有接受过子女教育这方面的专门教育和训练，不具备教育子女的科学知识，缺乏教育子女的能力。

特别是刚刚进入父母行列的“80后”父母，他们是第一次做父母，承担培养教育子女的责任，缺乏实践经验；他们做父母的生涯又只能是“一次性”的，没有总结经验、教训后重新再来的机会，而他们望子成龙心切，对子女的期望又非常高，迫切需要进行指导。

现在，有关家庭教育方面的书是出版了不少，显得很繁荣。但是，我不能不坦率地说，目前市场上的家庭教育类图书是很混乱的，可以说是鱼龙混杂，泥沙俱下，什么样的书都登台亮相，“家庭教育专家”满天飞。有些家庭教育方面的指导用书,家长看了,当时会很激动,似乎是获得了培养孩子成才的“法宝”。可是,在教育孩子的实践中,那些所谓的“法宝”并不灵验。因为很多书不是引导家长朝着科学的方向来培养孩子,而是有意迎合一些家长不正常的心态,讨好家长,内容是与科学理论、与儿童身心发展的规律相违背的。

有的把培养个别孩子的具体做法当作“普遍规律”、“灵丹妙药”,大张旗鼓地推销;有些介绍外国家长做法的经验又不大适合中国的国情。一些大众传播媒介也不分青红皂白,不遗余力地“热炒热作”,把一些根本经不起推敲的所谓的家庭教育用书捧上了天,引导不大熟悉家庭教育理论的家长在不经意中走向误区,使许多家长大失所望。这是一种不负责任的行为。对这种情形,许多有良心的专家、学者十分担心。

面对这种情况,许多家长都希望有人编写真正科学的家庭教育读物,以正视听,使求学若渴的年轻父母获得教益,以便把家庭教育建立在科学的基础之上。

胡巧娟老师的《人格健康的孩子才幸福》一书,就是适应这种强烈的社会需求而精心编写、公开出版的。

此前,我并不认识胡巧娟老师,也没有人介绍推荐。胡老师直接找到我,说写了这样的一本家庭教育指导用书,要我看看,给予指导。我从头到尾细细地审阅了这本书的每一个章节,给我留下了非常深刻的印象。我阅读过的家庭教育著作是相当多的,我发现这部书独具特色,有许多值得称道的地方。

第一,理论和实践相结合。

家庭教育看似简单易行,实则是一件非常不容易的事。它既有理论上的问题,也有实践上的问题。给没有系统地接受过教育科学训练的家长,若只是讲一些空洞的理论,不能解决他们的实际问题;不讲理论,只是教给他们一些具体的教育方式方法,他们没有从理论上理解,即或有再好的方式方法,他们也不会运用。胡老师对此有深刻的认识和体会,努力在理论和实践的结合上下工夫,使二者融会贯通。这本书既坚持了科学性,又密切结合家庭教育实际,把教育子女的科学理论和具体做法有机地结合起来,读者既可以从书中悟出教育子女的道理,又能学会如何恰当地灵活运用教育子女的方式方法。既能提高家长的教育素质,增强家长教子成材的信心;也能解决家庭教育中遇到的实际问题,提高教育的效率。

第二,具有鲜明的时代特征。

当前,我们正在进行社会主义现代化建设,发展市场经济。这是前无古人的事业。处在这样一个社会环境中的家庭生活和家庭教育，都带有鲜明的时代特色。家长们在教育子女的实践中，遇到的种种实际问题，有中国传统文化的影响，但更重要的是当今社会环境的影响。因此，作者注意到，在给家长们传授教育子女的科学知识的时候，不仅要继承我们中华民族的优良的家庭教育传统，更要针对家长们在教育子女的过程中遇到的新情况、新问题，引导家长进行科学的思考，更新教育观念，抛弃旧观念，树立现代的教育思想。读者阅读此书，会有耳目一新的感觉。

第三，共性和个性相结合。

在家庭教育中，家长们所遇到的问题，有的带有一定的普遍性。但每个家庭都是个别的，是特殊的，孩子们也是如此。完全同样的家庭是不存在的，完全同样的孩子也是不存在的。作者在书中，不仅给读者介绍了家庭教育的一般规律，介绍了一般家长都使用的理论，还对一些比较特殊的教育问题做了专门的论述，介绍了她在平时家庭教育咨询中遇到的一些非常具体的问题，努力做到共性和个性相结合。既满足一般家庭教育子女的需要，也考虑到特殊家庭教育子女的需要。我想，一般家庭和特殊家庭，有普遍性问题和个别问题的家长都可以从中得到帮助。

第四，通俗易懂，雅俗共赏。

胡老师考虑到，做父母的，做爷爷奶奶的，生活经历不同，受教育的程度不同。既要照顾文化素质比较高的家长，也要照顾那些文化程度比较低的家长；既要提高，也要普及，应当有一个恰当的定位，要从绝大多数家长的实际出发。胡老师这本家庭教育指导用书的一个重要特色就是，文化水平高的家长读起来不觉得浅，文化水平低的家长读起来也不觉得深。作者努力把理论通俗化，把科学术语大众化，尽可能用一般家长能看得懂、弄得明白、了解得了的语言表达；并且列举了大量生动的事例，进一步印证理论的论述，使人感到这部书“立意深刻，表达通俗”，真正做到了“深入”而“浅出”。

胡巧娟老师从事教育工作多年，跟家长接触广泛，她了解当前家庭教育的现状，理解家长的需求。她的《人格健康的孩子才幸福》一书是她奉献给广大家长的精美的精神食粮，我深信一定会受到家长的欢迎，成为家长的良师益友。

（作者为中国家庭教育学会副会长，中国教育学会家庭教育专业委员会理事长，北京师范大学教授）

序 言(二)

实践中的智慧

张梅玲

拜读了高级家庭教育指导师胡巧娟著的《人格健康的孩子才幸福》,我的第一印象是,作者在这部著作中道出了父母对孩子的爱,对孩子的情,对孩子的责任,那就是要培养孩子的健康人格,让孩子做最好的自己,赢在人生的终点线。作者从其多年来从事教学,尤其是在多年担任班主任工作所累积的大量经验中,悟出了家庭教育对孩子一生健康成长的作用,并提出家庭教育的原则和方法,尤其指出,父母的首要责任是要培养孩子健全的人格。作者还用一个章节叙述了夫妻和睦与孩子健康人格培养的关系,这又促使我们思考家庭教育中有声教育与无声教育如何和谐结合这样一个重要的话题。

本书是作者多年来在育人的教师实践生活中悟出的家庭教育的智慧,因此它不仅具有科学性、时代性,而且富有实践操作性。我认为,作者的智慧也一定会让更多的家长在阅读此书的过程中来思考自己育儿中的困惑和经验,让自己也成为智慧型的父母。父母只有自己好好学习,才能让孩子天天向上,因此可以说,父母的行为预示着孩子的未来。

(作者为中国科学院心理研究所研究员、博士生导师)

目录

前言

父母对孩子最大的影响是人格

我学的是小学教育专业，多年来，我一直和孩子们在一起。不管我的精神状态怎么样，只要一站上讲台，我就会感到兴奋，立刻就能进入教学状态，所有的疲劳和杂事都会自然地逃到九霄云外，我全身心地享受在其中。当我发现这一点的时候，我知道我是真的喜欢这个职业。

我喜欢钻研课堂教学的艺术，喜欢思考关于教育的一切问题，想了解和走进孩子们的世界，想尽最大努力来引导和帮助孩子们成长。

我会常常思考影响学生学习效果的因素到底是什么？一个“问题学生”的问题到底出在哪？为什么有的孩子脸上总洋溢着笑容，而有的孩子却总是闷闷不乐？为什么有的孩子可以很好地融入群体，受大家欢迎，而有的孩子总是游离在群体之外，不被大家接纳？……

很长时间以来，我一直以为教师起着决定性的作用，我觉得学生学习成绩的好坏至少 90% 以上取决于教师的教学水平，所以我几乎把主要的精力都放在了如何提高教学水平上。

可慢慢地，我对一些问题越来越感到困惑，例如，为什么同样的教材和教师，每个孩子的学习状况会截然不同？为什么学习态度和学习习惯好的孩子，不管哪个老师上课，他的课堂表现和成绩都不会有多大的差别？为什么所有任课老师选出的优秀学生都大同小异，而让老师们感到“头疼”的学生也近乎相同？

这一切至少说明老师并不起决定性的因素。

如果按我之前的观念，只要一个孩子在学校时学习成绩很好，这个孩子将来走上社会后就能成才，也更容易成功。可现实却并非如此，很多在学校时学习成绩很好的孩子，走上社会后不善与人交往，社会能力较差，过于单纯，心理脆弱，不能适应社会的变化，生活的现状并不好，很多大学生长期过着啃老的生活，有的性格具有明显的缺陷，还有的人格和心理不健康，难以适应社会，他们自己和家人都感到非常痛苦。

有些在学校时学习成绩一般的孩子，只要他们具有健康的人格，能找到适合自己的路，他们走上社会后适应得更好，更成功，生活得也更快乐、更幸福。

教育不就是为了让孩子将来能够更好地融入社会，生活得更幸福，更成功吗？

我的思想观念开始有些转变了，我强烈地认识到对于孩子的教育不能只抓学习，教师不起决定作用，不管是一个人的人格、人生观和价值观，以及各方面的能力，都受家庭的影响更大，即使是学习态度和学习习惯也受家庭的影响更大。

我开始系统地学习和研究家庭教育。我利用家长会的机会给家长们介绍一些家庭教育的知识，每周都会给家长们发一份关于家庭教育方面的资料和书信，得到了家长们的大力支持，收到了很多反馈，也在孩子们身上慢慢看到了一些变化。慢慢地，办公室的班主任们也都加入了进来。

我的一个亲戚（其实不只是一个，还有周围的一些朋友），小时候学习很好，绝对是老师眼里的好学生、乖学生，可就是因为家庭教育的失误，造成他们社会化不足，社会适应困难，人际交往困难，难以自立，在心理上还未脱离父母，早过了而立之年还要依靠父母生活，还常常会对父母恶语相加，他本人和家人都感到痛苦不堪。

这些家庭的情况让我痛心不已，当我专职从事家庭教育研究后，才发现其实这些情况还算是比较普通的。家庭教育失误，轻则孩子将来人格和心理会出现很多的弊端，影响孩子的人际交往和社会适应，严重制约着孩子未来的发展和一生的幸福；重则会造成人格障碍和人格缺陷，或者严重的心理疾病，难以适应社会，有的自暴自弃，有的伤害家人，有的会走上违法犯罪的道路。

我被这些家庭的痛苦和不幸深深地触动了。不知经过了多少次痛苦的抉择，我终于下定决心放弃我挚爱的职业，专职从事家庭教育的研究。

我们常说“性格决定命运”，更准确地说，应该是“人格决定命运”。人格一旦形成，就会非常稳定，甚至可以说人的一生都会围绕着这个“路线”在走。你若不以为然的话，你可以试着去改变一个成人的性格，你就会了解这其中的难度。

每个孩子的性格都不同，辩证地看，应该说每种人格都有其好的一面，或不好的一面，但人格却有健康和不健康之分，只要人格是健康的，父母一生都可以放心，孩子自己会感到安全和幸福，将来也更容易成功，不用父母督促，他自然会努力地去追求幸福和成功，他们常常会发展得比父母期望的还要好；而人格不健康，就仿佛是一颗炸弹，不知什么时候就会突然爆发；抑或是像一只刺猬，浑身带刺，自己固于其中，别人却难以靠近；又像一个毁了容的小丑，总是躲在一个无人的、阴暗的角落，暗自神伤，看着大家都在舞台上载歌载舞，灯火辉煌，快乐无比，而自己却永远都无法站上台，难以融入群体。人格不健康的人最痛苦，最危险，父母也一生都要担惊受怕，永远都无法放下心。

培养健康人格的首要责任在父母。父母的教育态度和教育方式，对孩子关爱的程度，是只重学习，还是更重做人；是严厉还是宽松；是强迫还是尊重；孩子的童年是否有足够的玩耍；家里常充满着温暖和笑声，还是充满着压抑和指责等等，这些都在影响着孩子人格的形成。

父母留给孩子再多的财富，也总有花完的那一天，而父母对孩子人格的影响却根深蒂固，是终其一生都难以改变的。

英国著名的哲学家、社会学家和教育学家斯宾塞有过这样一个比喻：“对于孩子的教育，学校好比是白天，而家庭就像是夜晚。大家都不要忽视夜晚发生的事情，这些事情往往是看不见的，但是只要细心观察一下就会发现，种子总是在夜晚发芽，人总是在夜晚长高的啊！”

父母对孩子最大的影响是人格。一个孩子的人格健康与否，其主要责任一定是在家庭和父母，而绝非学校之责。

为人父母，让孩子拥有健康人格才是最重要的。培养健康人格才是父母最重要的使命。

健康人格对一个人的意义，就如同是一座参天如云的摩天大楼的根基，决定着一个人一生的命运、幸福和发展。但要清楚如何培养健康人格却不是那么容易。阅读大量的专业资料和书籍，自然是必需的，观察更多的家长和孩子，总结和积累大量的案例，以及众多的来自第一手的实战经验和教训也必不可少，而更重要的是拥有一颗无比热爱的、虔诚的、敬畏的、自始至终的心。而以上这些我已全身心地投入其中十几年了，至今热情不减。

其实这本书，我最早是写给我自己的，是我自己的一些学习笔记，因为太多、太杂，我想把它系统地整理一下，以便于以后查阅。

身边的一些朋友看过后，建议我把这些资料整理成书，可以帮助更多的家长，于是有了写作这本书的初衷。

我把我这么多年积累和总结的最重要的教育原则和最好的教育方法精选出来，用最具代表性的真实案例来加以解释和说明，就是为了能让你在一个个直观、真实、生动和感人的故事中理解这些家庭教育的理论和原则，能够加深你的印象，从而能够对你有所帮助。

这本书当然不是一两年就能完成的，这本书是我学习和积累了十几年，写作近五年才得以完成的。说到这里，我真的应该好好感谢我的家人对我的理解和大力地支持，可能是他们被我对这份事业的诚意和决心所打动，他们不让我有任何的后顾之忧，也尽量不让家庭的琐事打扰我，好让我安安心心地做我自己真正喜欢和感兴趣的事。没有他们的支持，我不可能专注地走上这条路。

教育直接关乎着人的命运和整个家庭的幸福，作为一个负责任的家庭教育研究者不能为了吸引眼球而哗众取宠，更不能偏激，也不需要独辟蹊径，因为每个家庭、每个孩子都不一样，孩子的成长有其内在的发展规律，我们首先应该踏踏实实地把科学的、最重要的家庭教育原则和方法传达给家长，首先应该让孩子成为一个拥有健康人格，将来能够自立，能为自己负责的人。

为了孩子愿意学习、愿意改进自己的家长，都是负责任的、值得人尊敬的好家长。

愿我的这本书能对您有所帮助，感谢您的支持。

第一章

父母的主要任务是培养健康人格

家庭教育是一门科学和艺术，要遵循孩子身心成长的规律，不能任由我们的个性和习惯。教子的方式虽有千万种，但我们首先需要思考和把握家庭教育中最基本的原则和要求，只有明确了这些，我们才不会走错了方向。

1 人格健康，他的家庭教育才是成功的

我们做任何事情总得有个方向和目标，首先需要知道怎样做是好的、对的，怎样做是不好的、错误的。清楚了这些问题后，我们自然会趋利避害。

家庭教育是一切教育的起点和基础，说得再通俗点，家庭教育就是在为孩子的一生打"底子"，一个人的家庭教育常常会伴随和影响着人的一生，"底子"打得好，以后不管社会会发展成什么样，生活遭遇怎样的变故，你都不用太过担心孩子，他会适应得很好，他会发展得比你想象的还要好；"底子"没打好，你给孩子留下再多的遗产和金钱也没用，父母一生都要为孩子操碎心，一生都要为孩子担惊受怕，而最痛苦的莫过于孩子自己。

看看谁更成功？

家庭教育是成功还是失败，几年或者十几年后会在孩子身上看到很明显的、截然不同的状态。

既然家庭教育如此重要，不知你是否认真思考过什么才是成功的家庭教育，什么才是失败的家庭教育？

我们先来看几个真实的故事（文中均采用化名），你认为他们谁更成功？

陈希小的时候，父母在其学习上要求严格，在生活上比较溺爱。由于家人的监管，他在学习上越来越缺乏主动性，吃不了苦。还好赶上大学扩招，上了一所大专学校。毕业后，家里人想尽办法，把他安排进了一家公司做了一名普通职员。他在工作上迟到早退，不能吃苦耐劳，缺乏责任心，人际交往能力很差，经常与人斤斤计较，没干多久就被辞退了。后来家人给想了很多办法，他都因类似的原因

没能坚持下来。现在早已过了而立之年,还整天游手好闲,依靠父母生活。

刘晓刚高中毕业后就从小县城到大城市来打工,后来租了个小门面卖水果。由于他诚信经营,卖的水果品种丰富,品质好又新鲜,价格合理,人勤快又和气,生意非常好。后来他把隔壁的两个大的店铺也租了下来,扩大了经营,把爸妈和弟妹都从老家接过来帮忙。附近好几家大型酒店都从他的店里进水果,为了满足客户需求,他开了家水果销售公司,从事水果的运输和批发。现在早在大城市里买了房,安顿好了一家老小,正在准备多开几家分店,招聘一些大学生来帮忙。

王海超从小学习非常好,研究生毕业后又出国留学,后留在国外工作,在别人看来,他的经历和工作光鲜亮丽。国外生存和工作的压力很大,他因为从小只知关注学习,不懂人情世故,不善与人相处,又不会调节压力,生活得很痛苦,又没有勇气改变,后来得了抑郁症,更无暇顾及远在中国的父母。

郭阳毕业于一所职业技术学校,精通一门技术,毕业时被一个大企业看中。他工作认真负责,爱钻研,技术水平不断提高,在单位很受重用。他乐观幽默,人缘好,朋友多,对家庭有责任感,生活得轻松快乐,对未来也有自己的规划和梦想。

你认为谁更成功呢?

你能说因为刘晓刚和郭阳没有上过大学就不成功吗?你能说他们的家庭教育就是失败的吗?

陈希和王海超倒是上过大学,但显然也不算成功。

那什么才是真正的成功呢?

不同的人一定会有不同的答案。

一个注重家庭和亲情的人,能找到一份稳定的工作,能照顾上家人,对他来说就是成功。在他看来那些辛苦创业,一心扑在工作上,却疏远了家人,疏忽了对孩子的教育,即使最终功成名就,他也不会有多羡慕。

一个注重精神富足、儒雅谦逊的人,能有一个温暖、稳定的家庭,能找到一个他喜欢的工作,有一两个能谈得来的朋友,在他看来就很幸福。对他来说,一个唯利是图的、精神空虚、庸俗的人,即使再有钱,他也不会认为那就是成功。

每个成功者都具有的特质

每个人对成功的理解都不同,更何况功利意义上的成功还常常和基因、天赋、机遇、运气、同伴和社会环境等因素有关,而这些是父母无法控制的,我们实在不好给"成功"下一个准确的、适合所有人的定义。

但不管是谁,要想取得他所认为的成功,都需具备一些基本的条件,而这些条件对每个人来说却都是相同的,也是我们可以通过家庭教育养成的。

这些成功所必备的、基本的条件是什么呢?

显而易见,要想取得你想要的成功,至少得身体和心理都健康,有责任心和自信心,积极进取,有良好的人际交往能力,独立思考能力,勤奋,意志坚强等等。

具备了这些条件的人,干什么都会更接近成功,即使现在不成功,只要有机遇,他迟早会成功。即使永远没有机遇,最起码他肯定能自立,能过上如大多数人一样的平凡而又充实的生活,能承担起他的责任。

尽管我们对成功的理解各有不同,但什么是失败,什么是失败的家庭教育,我们却可以很容易地达成一致。

比如:违法犯罪,不能自立,人格和心理不健康,缺乏责任心,人际交往困难,社会适应不良,懒惰,依赖和苛求父母等。这样的人仿佛一颗炸弹,随时都有可能爆炸,家人整天为他担惊受怕,为他历尽辛酸和委屈。而最痛苦的还是他们自己,他们无法融入群体和社会,不被别人接纳和认可,干什么都困难重重,前途渺茫,毫无幸福可言。

你是合格、明智的父母吗?

很多家长一心只盯着孩子的学习,只要成绩好,就能"一白遮千丑"。对孩子的品行和个性上的不良行为却没有引起足够的重视,好像只要能考上好大学,这些都不成问题。

这样的家庭教育是危险的家庭教育,迟早会让你后悔莫及。

有的家长可能会说:"这道理我当然懂,我也会提醒孩子该怎么为人处世,不要去做伤害别人的事。"

知道这些还远远不够,培养健康人格,不是说只要不危害别人就行。

我们来看一段资料:

美国心理学家路易斯·特尔曼曾经做过这样一个实验,他在25万儿童中选出了1528名最聪明的孩子,并且将他们的个性品质一一记录在案,进行了为期20年的跟踪研究,看看是不是聪明的孩子长大都会有所成就。

结果显示,这些孩子的结局大不相同,很多人在事业上取得成就,他们有的成为专家,有的成为教授、学者,有的成为企业家等等,但也有一部分人成为罪犯、流浪汉、穷困潦倒的人。

特尔曼分析,如果排除社会因素,这些失败者基本都存在一些不良性格品质,他们有的骄傲自大,有的悲观消极,有的存在人际交往障碍,有的意志薄弱……总之,他们被不同程度的心理问题困扰,因此成为失败者,甚至走向极端。由此可见,良好的心理素质和优良的品质对孩子的成长和发展起着巨大的作用。①

由此可见,导致很多失败者失败或者违法犯罪者走上犯罪道路的主要原因,并不是因为他们学习不好,不够聪明,而是他们不良的个性和品行。

2011年10月13日,面对首都5600多名新入学研究生,国家最高科技奖获得者师昌绪院士引用了爱因斯坦的一句名言:"多数人认为才智造就伟大科学家。他们错了,是人格。"

那些曾经被媒体报道过的高考状元、考进世界一流名校的孩子,毕业若干年后,业绩平平,鲜有人知。据《金陵晚报》报道(2012年12月3日),中国教育科学院的调查显示,中国恢复高考以来三十多年共计3300名高考状元,无一成为行业领袖。

我们常说性格决定命运,其实就是说,"人格决定着孩子的一生,决定着孩子这一生是否快乐,是否幸福,是否成功"。

所以说,家庭教育的成功与否,不能仅从孩子上学期间的分数来判断,不能说这孩子学习好,他的父母就教育得好,那孩子成绩差些,他的父母就教育得不好。

父母最需要做到的一件事

通过前面的分析,你有没有发现,无论成功还是失败,影响最大的因素都与我

---

① 韩雪非编著:《父母应该懂点孩子心理学》,朝华出版社2011年9月第1版,第1页。

们如何做人有关，与人格是否健康有关，而不是和分数有关。

如果你让我用一句话概括家庭教育最重要的内容，为人父母最应该做的一件事是什么？

我会毫不犹豫、无比坚定地告诉你：父母最应该做到的一件事就是培养孩子的健康人格。

家庭教育最重要的目标就是培养健康人格。

只要拥有健康的人格，即使现在学习不好也没关系，在孩子未来的人生路上还会有很多机会，他在未来的道路上还可以不断地学习和进取；而人格不健康，即使现在学习再好，他未来的路只会越走越窄，越走越危险。

对于拥有健康人格的人来说，只有稍微给他一点机会，他就肯定能成功，即使没有机会，他也会千方百计地找机会；而对于人格不健康的人来说，你帮他找一百个机会，他也不会抓住时机，你帮他、扶他都扶不起来。

只要孩子拥有健康的人格，他的家庭教育就是成功的；人格不健康，即使他学习再好，他的家庭教育都是失败的。

孙云晓老师曾说过这么一段话："什么是教育，我之所以反复强调教育的核心不是传授知识，而是培养健康人格，是因为有健康人格的人，才是走遍天下都可以让人放心的人；一个人的人格不健康，他就是表面上再辉煌，都可能随时崩溃。"

人格不健康的人会怎么样？

一个人拥有了健康人格，应主要归功于他的家庭教育。相反，人格不健康，其主要责任也在于他的家庭教育。

你可能会说，有那么可怕吗？人格不健康又会怎么样呢？

人格不健康什么都有可能发生，比如人际交往困难，社会适应困难，干什么都困难重重，没有责任心和进取心，缺乏自信等；重则难以自立，越来越走下坡路，还很可能会走极端，危害他人，违反犯罪，难以适应社会，消极逃避，不能担负起自己的责任等等。

家庭教育不当还会引发人格障碍，如依赖型人格障碍、偏执型人格障碍、强迫性人格障碍、反社会型人格障碍、边缘型人格障碍等等。

具有这些人格障碍的人智力正常，但思考问题的方式和为人处世的方式有异于常人，难以融入社会，人际关系紧张，是常人眼里的怪人。

人格障碍一旦形成就非常稳定，难以改变和治疗，自己和家长都非常痛苦。他们本来在人际关系、工作、生活等方面很不顺心，如果再有激烈的精神刺激，很有可能诱发精神疾病。

人格障碍在成年前就早已经形成了，主要是在幼年期或童年期形成的，还有可能更早。虽不能把所有类型的人格障碍的成因统统归因于家庭教育，但家庭教育一定难辞其咎，家庭教育不当是导致人格障碍形成的主要原因之一。

比如：幼年时缺乏母爱，经常被指责和否定，生活在不被信任、常被拒绝的家庭中，会导致偏执型人格障碍；父母过分溺爱，孩子没有长大和独立的机会，从小习惯依赖父母，会导致依赖型人格障碍；父母对孩子管教得过分严厉、苛刻，会导致强迫型人格障碍等等。

身体残疾者，只要人格和心理健康，他们照样可以自立和生存，很多残疾人还做出了远超乎正常人的事业和贡献；而人格不健康的人，即使身体健康、四肢健全，但他们很可能无法自立，他们在人格上有“残疾”。

身体残疾的人，还有政府、社会和爱心人士的关爱，可人格不健康的人，却完全没有人关心和关注，有的反而是冷落、嘲笑和排斥。谁会想到这些人是痛苦无比的，他们生下来的时候并不是一个注定人格不健康的人，他们成了这样本不是他们的错，却要让他们承担后果。谁来帮他们？谁又来帮他们的父母？

唯有我们自己要尽早地重视这个问题，尽早学习家庭教育的知识，才能培养出一个人格健康、快乐幸福的人。

我们不能只盯着眼前的学习成绩和培养特长，更应该着眼于孩子一生的发展和幸福。培养孩子的健康人格应坚定不移地放在家庭教育的第一位。

既然培养健康人格是第一位的，那么什么是健康人格呢？培养健康人格和抓学习二者是相互矛盾和相互排斥的吗？培养健康人格会影响孩子的学习吗？

请看下一篇《注重教子做人才是父母最重要、最成功、最有价值的投资》。

2 注重教子做人才是父母最重要、最成功、最有价值的投资

几乎所有的家庭教育专家都在强调要注重培养孩子的健康人格，那么究竟什么是健康人格呢？

什么是健康人格？

健康的人格有哪些标准呢？

心理学家们对此有很多的研究和定义，我们来看一种比较有代表性的观点①：

奥尔波特，美国人格心理学家，人格心理学的先驱，实验社会心理学之父，美国人本主义心理学家的代表人物之一。1939 年当选为美国心理学会主席。

奥尔波特认为，具有健康人格的人是成熟的人。成熟的人有七条标准：

①专注于某些活动，在这些活动中是一个真正的参与者；②对父母、朋友等具有显示爱的能力；③有安全感；④能够客观地看待世界；⑤能够胜任自己所承担的工作；⑥客观地认识自己；⑦有坚定的价值观和道德心。

如果你有兴趣去查阅和搜索，你还能找到很多关于健康人格的定义和标准，这些标准大多都是心理学家提出的，往往比较专业化和理论化，不便于理解和记忆。如果你不是专业研究人格的心理学家，对于我们普通大众来说，怎么来理解这些标准呢？

我们不妨先通过以下的词汇来感受一下：

合群——孤僻　　　　诚实守信——自欺欺人

① 内容来源：http://baike.baidu.com/view/2056190.htm

独立——依赖　　乐于助人——自私自利
勤奋——懒惰　　积极进取——消极逃避
坚强——脆弱　　有责任心——无责任心
自信——自卑　　独立思考——人云亦云
勇敢——懦弱　　有同情心——无同情心
节俭——挥霍　　自尊自爱——自暴自弃
客观——偏激　　灵活变通——刻板僵化

看完这些词汇,相信你对什么是健康的人格已经有了初步的判断和印象。

你有没有发现,那些用来描述健康人格的词语,也常常是用来告诉我们怎么做人的。

如果你觉得培养健康人格这句话还是过于书面化,那么你不妨记住这句话:

培养健康人格重在教子做人,家庭教育的主要任务就是教子做人。

留给孩子受用一生的财富

有一句话说得好,"学会做人,不成功是暂时的;不会做人,即使成功也是暂时的"。

不管社会将来会发展和变化成什么样,注重教孩子做人永远不会错,永远不会过时。注重教子做人,孩子将来不管到哪里,不管在什么环境中,你都可以放心。

为人处世的能力是一个人得以生存、得以发展、得以成功的必备条件。高尚的品格是一个人最高贵的财富。

英国著名教育家约翰·洛克说:"教育上最难达到同时又最有价值的那部分目标——核心的目标是人的内在品德。其余的一切目标和追求都应该在德行的追求面前退后一步。"

凡是那些取得较大成就的成功者,或者是那些受人尊敬、值得人敬佩的人,绝不是因为他们学习好,而首先是做人成功;那些自欺欺人、害人害己、生活一塌糊涂的失败者,也绝不是因为他们学习不好,而首先是做人的失败。

说到品格和做人对一个人一生的影响,有一个人不得不提。他是 18 世纪美国最伟大的科学家和发明家,著名的政治家、外交家、哲学家、文学家和航海家以及美国独立战争的伟大领袖。美国总统杰斐逊说他是他生活的时代和国家中最伟大和最出色的人,100 美元面上的人物就是他,他就是本明杰·富兰克林。

富兰克林曾给自己定了 13 项必需的美德,下定决心要在自己身上培养这些美德。一星期重点培养一项,再循环往复,为此他还给自己专门设计了表格,来严格检查自己每天有没有做到,要是违反了哪项,就在相应的格子上打上小黑点,然后特别注意,避免再次发生。

富兰克林有句名言:“我未曾见过一个早起、勤奋、谨慎、诚实的人抱怨命运不好;良好的品格,优良的习惯,坚强的意志,是不会被假设所谓的命运击败的!”

《富兰克林自传》其实是一本他写给儿子的书,在读这本书的过程中,我常常会感慨富兰克林为什么总会得到大家的赏识和尊敬?为什么总会处处逢源?为什么会不断地取得成功?

在这本书的序言中,另一位著名的作家为我们揭晓了答案:“《自传》始终彰显这样一些大众美德:诚实、节制、勤奋、温和和简朴,并且挖掘出其中种种寓意:任何人只要奉行这些美德,就一定能生活幸福。”

可见,留给孩子金山、银山,不如培养孩子怎么做人。教子做人就是留给孩子受用一生的财富。

留给孩子再多的财富都不能保证孩子一生幸福和成功,唯有良好的品行和人格才能让孩子一生无往不胜。

3 原来注重教子做人，才是促进学习的最根本办法

注重教子做人远比抓学习重要得多

鸿伟是一个生活在我的身边的孩子，他的成长经历让我感慨万千，唏嘘不已：

鸿伟从小聪明活泼，家里人都对他寄予着厚望。除了学习，家里就是再苦再忙，也尽量不让他做任何事，怕影响他的学习。

他除了上学，其他大部分时间就在自己房间里学习，有时候吃饭都是母亲端到他的书桌上，而他却从来不知母亲是多么的辛劳。

他上小学时，学习还算认真，一直成绩不错，上中学后因为在学习上不能吃苦，学习也远不如以前那样优秀了，后来家里只得掏钱让他上了一所民办大学。

亲戚们都知道他学习的基础很好，在文科方面几乎是本活字典，几乎没有他不知道的。

可是他不会和人相处，凡事都只从自己的角度出发考虑问题。在为人处世、待人接物上很不成熟，根本没有诚信意识，很少能从他嘴里听到一句实话，没有人愿意和他来往。又不能吃苦，应聘了好几个工作，干不了一个星期就因为些小事不干了，或是人家把他辞退了。

受过高等教育，满腹经纶的他现在整天待在家里，不想找工作，平时在家里脾气暴躁，从不知关心和体贴父母，还常对他们吆三喝四，言语粗暴，指挥父母为他服务。

并不富裕的家庭，抱着很高的期望，花费了很大的心血和精力供他上完大学，现在却是这样的情况，让家人痛苦万分。

这样的家庭还能找到很多，比这更严重的也常有耳闻。究其原因，就是因为家长只知关注孩子的学习，而忽略了教孩子做人，偏离了家庭教育的方向和重点。

现在很多家长都把抓学习当成了家庭教育的第一要务，有几个家长把培养孩子的健康人格和教孩子做人放在第一位？

很多家长经常这样说："只要孩子好好学习，将来能考上一所好大学，找到一份好工作，我的任务就算完成了。"

为了这个目标，常听到家长对孩子说："只要你好好学习，其他的什么事都不用你管。"

就是这样的目标不知培养了多少高分低能，具有人格缺陷，情商低的孩子。

即便在家长的严格督促下，孩子学习很好，也不见得长大后就能成才。

在成人和成才之间，首先要选择成人，一个人拥有了健康人格，干什么都更容易成功；一个人有了良好的道德和品格，他至少能得到别人的尊重，他身边就会有人愿意和他合作。

首先选择成人，因为当一个人懂得做人的道理，知道怎么为人处世时，他就会对自己和他人负责，就会勇于担起自己的责任，即使能力还比较弱，他也会顽强地进取；首先选择成人，至少可以保证不危害别人和社会。

不成才，可能是天分如此，也可能是机遇不好，自古以来，怀才不遇的人太多了；但不成人，一定是家长的错，更何况，只有先成人才能成才。

退一步讲，就算孩子学习很差，但只要人格健康，你就无须担心，他至少一定能生存，他或许有其他方面的特长，或者上个职高，学一门自己喜欢、前景又好的技术也不错，自己开个店，做生意也很好，只要头脑灵活，生意还能做得很大呢！总之，只要孩子人格健康，他就懂得自己为自己负责，他就一定能找到自己的路，将来很可能比那些学习好的孩子生活得更幸福，更成功。

但只抓学习而忽视孩子的人格健康，就是上再好的大学也没用。由于家长的角色定位错误，造成了孩子社会化的不完全，孩子的成人成才也就会成为泡影。

教子做人是父母留给孩子最重要、最珍贵的礼物，是真正让孩子享用一生的宝藏，是在人生低谷或危难关头时，最能拯救他的力量。

家庭教育的主要任务就是教子做人。为家庭教育设定好目标，围绕着目标时时调整和修正我们的教育行为，这样才不会舍本求末、南辕北辙。

注重教子做人会让孩子学习更好

或许大家都知道教子做人比抓学习更重要，可你知道吗？要想让孩子学习好，也得先要做人好。

教子做人和抓学习难道是水火不容的吗？

当然不是，这两者完全不矛盾，而且还可以相互促进，注重教子做人可以促进学习，但只抓学习却不能培养孩子的健康人格，还会危害孩子健康人格的发展。

一个孩子具有合群、自信、勤奋、自主、有正常的进取心和良好的行为习惯等人格特征，他就会在学校适应得很好，并且表现良好，就会受到老师的表扬，同学的欢迎，他就会喜欢学校、喜欢老师、喜欢同学，进而喜欢学习。他就知道学习是自己的事，他在学习上就会努力刻苦、积极进取等等。

即使孩子小时候学习不是很好，但如果他能成为一个有责任心、进取心、有毅力并且勤奋的人，当他走上社会发现学习和学历的需要后，他会找各种适合他的途径来学习和进修，现在已有很多可供大家学习和提升的机制和机构。

这些人因为深深体会到了学习的重要性后，往往更珍惜学习的机会，并且在学习中更能结合实际，在工作中更能学以致用，后来在自己的行业里比那些科班出身的人干得更有特色，取得的成就更大。

其实，到底是先抓学习还是先抓做人，古代先贤们早已告诉我们了，《弟子规》开篇就说："首孝悌　次谨信　泛爱众　而亲仁　有余力　则学文"，是说首先要孝敬父母，友爱兄弟姐妹，其次要谨言慎行、讲求信用，博爱大众，亲近有仁德的人，有多余的时间和精力学习有益的学问。

父母和教师的最大区别

家长非常注重抓孩子的学习，经常辅导孩子学习，孩子的学习成绩就能提高吗？

常有家长跟我说："我辛辛苦苦给他讲了一晚上，他还是不懂，还说我讲得不对，跟他们老师讲的不一样，我都快被他气死了。"

回忆一下我们小时候，家长几乎从没辅导过我们的学习，但我们也都学习很好，没有哪个孩子是靠家长的辅导才学习优秀，考上大学的。

现在很多家长都把精力放在了如何提高孩子的学习成绩上，用很多的时间来辅导孩子学习，其结果，由于相当一些家长不懂教学规律，不了解教学内容和方法，往往让孩子无所适从。

事实上，教孩子学习本是学校老师的任务，不是家长的主要职责。更何况老师比家长更专业，更懂教学的规律和方法。

学校重在抓学习,如果家长也重在抓学习,那谁来教孩子做人呢?

即使家长抓孩子的学习,也不应该是知识本身,而是注重良好学习目标的建立、学习态度、学习兴趣和良好学习习惯的培养。

你做得怎么样呢?

下面这段话值得我们认真看一下①:

许多家长虽然重视孩子的家庭教育,但内容主要集中在孩子的学业上,普遍缺乏对孩子身心健康、生活习惯、交友情况等方面的关注和教育。

天津社会科学院研究所研究员关颖说:"许多家长充当了'助教'和孩子学习的'拐杖'。她们忽略的,恰恰是教孩子做人、做事这些最基本的内容。这是家长角色的'错位'。"

关颖认为,一个孩子的失败,首先是家庭教育的失败,其次才是学校教育和社会教育的失败。家庭教育的错位,很可能造成孩子日后生活中偏离社会需求。

她指出,对孩子进行道德、人格教育才是家庭教育的最大优势。家庭是孩子成长的天然环境,在家庭教育中过多地掺入学业内容,是"扬长避短"。

家庭教育有别于学校教育和社会教育,它有其特有的领域、方向和内容,有其独有的特点和优势。

教师在教孩子学知识方面有优势,毕竟他们是专门研究教学和教法的;父母在教孩子做人和培养好习惯方面有优势,在这方面对孩子的影响更大。

当一个人做了危害别人,或者违法犯罪的事,大家的第一反应都是想看看他的父母是谁,他从小在怎样的家庭环境中长大,他的父母是怎样教育他的,绝对不会有人想到去看看他的老师是谁。

国外一项调查表明,在道德判断和价值定向方面,父母与子女的相关性是0.55,而教师与学生的相关性是0.03,前者远远超过后者。②

家庭教育一旦出现失误和偏差,就会在孩子身上形成很深的烙印,是很难在学校教育中弥补和剔除的。而孩子如果在学校教育中有缺失,家庭教育则可以起到挽救的作用。

---

① 引自《78.9%的家长甘当助教使家庭教育"被学业化"》,原载于2010年5月13日《中国青年报》。

② 袁敏:《关于教育、家庭教育和家庭德育的思考》,《教育科学研究》1990年第4期。

4 方法可以不知道，但最重要的理念和原则一定要切记

现在越来越多的家长开始热衷于家庭教育的学习，看家庭教育类的书籍、报纸和杂志，上网、听讲座、家长之间交流等等。

这当然是一种好现象，但学习的效果和现状又如何呢？你真的掌握了家庭教育的科学理念和最重要的教育原则了吗？

我相信一定有一些家长通过学习，确实有所提高，但很多家长仍存在以下的问题：

第一，看书和听讲座的时候觉得很有道理，看完、听过就忘了，还是按自己的老一套办。

第二，今天觉得这个人说得有理，明天又觉得那个人说得对；今天学这一招来对付孩子，明天用那个办法来对付孩子，把孩子当成了自己的试验品，结果孩子越来越反感，最后不管再变什么方法都不被孩子接受。

第三，这看一点，那看一点，零零散散，东拼西凑，到最后还是稀里糊涂。

第四，赶潮流，什么书卖得火就买什么书，谁家的孩子考上了名牌大学，就按他说的办法来教育孩子，对书上的东西盲目地“拿来主义”，没有结合自己的实际。

第五，等发现孩子出现问题了，觉得孩子太难教育了，才来学习，殊不知孩子的人格和个性已形成，习惯已养成，已很难改变。

家庭教育应该怎样学才有效

(1)方法可以不知道，但科学的理念和原则一定要切记。

曾有媒体评论说“家庭教育动物凶猛”，意思是在说现在社会一会儿流行“虎妈”、“狼爸”、“鹰爸”式的教育，一会儿又到处宣传“猫妈”、“羊爸”；一阵子家长们迫不及待地给孩子报早教班、兴趣班、课外辅导班，过一阵子这个风气又淡下来，

家长们又都在犹豫到底要不要报这些班。社会上宣传的家庭教育方法可谓乱象丛生,把家长们搞得不知所措。

我也深深理解家长们的苦衷。现在家庭教育类的书籍众多,质量参差不齐,有些作者为了吸引人的眼球,就提出一些响亮的口号,片面地强调一种观点,在理论上、数据调研和分析上不足,缺乏系统的论述,再加上商家的宣传和炒作,使得家长们确实不知该如何选择,只能看广告或随大流。

于是,很多家长只能这看看,那听听,今天觉得这个说得很有道理,就马上用这个办法对待孩子,明天又听说那个专家说得好,又改成那样对付孩子,结果让孩子烦透了,最后你再用什么办法都无效,还会故意和你对着干。

还有很多家长看书是三分钟热度,在书上看了一种方法就马上拿来用,恨不得马上看到改变和成效,一旦发现这种方法不能"药到病除",就认为这本书不好,又立刻换另一本书。对每本书都一知半解,没有形成一套系统的、科学的理论和体系,这样只能是有害无益。

就算这个办法被很多专家认可,被家长们证明是正确的,只学这一点也还是远远不够,你和孩子并不会因此改变多少,因为你的性格和习惯根深蒂固,不会因为谁的一两句话就彻底改变。其实,当你零散地学的时候,基本上都是看过一段时间之后就几乎都忘了。

有的家长热衷于听专家讲座,这固然很好,但你听一场肯定不会有多大效果,听十场也不够,因为它不系统,每个专家讲的侧重点不同,每场讲座之间是割裂的、零散的、缺乏联系的。

现在很多80后家长喜欢在网上看教子秘籍,我曾经认真搜集过这些所谓的"秘籍",比如"家长不能对孩子说的十句话""要常对孩子说的十句话""怎样才能培养出优秀的孩子"等等,绝大部分都说得较为浅显,零散程度就更不用说,没两天就都忘了。

家庭教育是科学,一定要系统地学才有效,只有系统地学才不会有失偏颇,才不会顾此失彼,才不会走错方向,才不会看过就忘,才能真正提高自己的教子技能。

怎样系统地学呢?

我们需要先了解儿童身心成长的规律和特点,要知道家庭教育的基本原则和科学的理念,当你知道了这些,至少你就能把握好大的方向,你就能理解孩子的很多心理和行为,并且自己就能找到正确的、适合自己孩子的方法,而不会轻易信服或者道听途说别人的方法，你就会对这些方法有个基本的分析和判断。

所以说，要先学原则和理念，再学方法。

通过以上的分析，大家在选择书时，就要优先选那些比较系统和全面的，重点介绍科学的家庭教育原则和理念，有理论，有调研数据，有正反案例，有注意事项，有提醒和启发的书，其次才是介绍具体的方法和技巧的书。

当然，这些也正是我写作这本书时的指导思想。

现在很多妈妈热衷于看那些介绍具体的教育方法，以及如何处理日常生活中的问题，并能够立竿见影的方法，比如怎么让孩子打针不哭闹，全世界的小孩子打针都会哭，却很少见到成人打针还哭的。孩子哭是非常正常的，哭又有什么关系呢？哭才能释放孩子内心的伤痛和委屈，是孩子调节心理的好方法，如果一个小孩子打针从来不哭，你觉得这样正常吗，好吗？

再比如怎么让孩子好好吃饭？怎么让孩子不怕小动物等等？习惯关注这些小问题的妈妈，常常会忽略了大问题。其实那些小问题，只要你认真观察和思考，你也能找出好的应对办法，而且比书上的更适合你的孩子，因为没有谁比你更了解你的孩子。

教育孩子不能过于精细、面面俱到，只要大的方面不出问题，应该允许孩子有缺点和不足，这才是正常的，因为这世界上根本没有完美的家长和完美的孩子。

从古至今，大部分家长并不知道书上介绍的那些具体的应对方法，但只要他们在大的方面是正确的，大部分孩子照常能健康地成长，能很好地适应社会，能自立，也能发展得很好。只有那些在大方面和原则上走偏的家长，孩子才会出现大的问题，会造成孩子人格不健全，心理不健康，难以适应社会。

所以，我们一定要先了解这些大的方向和原则。

（2）理念、原则学得越早越好。

家长的教子观念其实很早就形成了，甚至是在孩子还没有出生的时候，就可以大概预测他会怎么对待和教育孩子，这跟他从小接受的家庭教育有关，也跟他的性格有关。

当你跟孩子已经形成了一定的相处模式后，才发现这样做不对，想要改变，这对你来说很难，更重要的是，这时孩子也已经习惯了，有些人格特征已经养成了，你再想改变是很难的，或者说几乎不可能。不相信的话，你可以试试去改变一个人的性格，你便知道其中的艰难。

来看看我的一个朋友的成长经历：

宁大学毕业后,不想出去找工作,没有责任心和进取心,也没有朋友,就整天窝在家里,不想见人,家里实在待烦了,就出来走走,在这家门口看看,在那家窗口瞧瞧,见人也不打招呼。

周围人都觉得他行为有点怪异,有人就劝他妈妈带他到精神病院去检查一下,别耽误了孩子。他妈妈赶紧带宁到医院检查,医生说精神上没什么异常,让去找心理咨询师。心理咨询一周或两周才去一次,坚持了一段时间,发现还是没有什么改善。他妈妈又给换了几个心理咨询师,结果宁越来越厌烦,每次都被他妈妈硬拉着去,刚开始还跟咨询师说说心里话,后来就什么也不想说。

宁的妈妈现在非常紧张和焦虑,想不出更好的办法,也不知下一步该怎么办,身心俱疲。

尽管现在我是研究家庭教育的,如果宁的父母来问我,应该怎么办,怎样改变孩子的性格,我也只能说这个确实很难,就算我给你一些好的建议和方法,但还是要你去和孩子相处,你先试着改变,并且要用超常的意志长期坚持,即使如此也不敢绝对保证一定有效果。

家庭教育重在预防,越早学越好,千万不要等孩子已经出问题才来学习。

(3)不要迷信专家。

市场上有很多介绍自己如何把孩子送进名校的书,比如《高考状元的教子手记》、《哈佛男孩》、《耶鲁女孩》等等。我们暂且不论考上名校是不是就算成功,但有一点可以肯定,那就是每一个孩子的天赋和个性不同,适合这个孩子的方法不一定适合那个孩子,再说每个家长的性格以及每个家庭环境都不一样,要不然我们都按书上说的做,岂不是孩子们都能成为高考状元。

当今的父母,要能抵挡住媒体的宣传和诱惑,当你每看到一种教育理念和方法,都应该先想一想,他说得对吗?这一点适合我的家庭和我的孩子吗?

(4)乐于改进才是真正的学习。

改变是非常艰难和痛苦的,是需要意志来坚持的,但是这种改变是非常有价值,是值得我们全力以赴的。

学习就是为了提升,就是为了发现自己的错误和不足,然后改进。这样的学习才真正有效,乐于学习和改进的家长才是真正的好家长。

如果你明知自己不对,可就是不愿意改变,还义正词严地说:"我就是这样的人，我就是这样的性格，改不了。”那你就不要再浪费时间学习了，更别期望孩子会发展得好，但我还是要友情提醒一下，不要等到出现问题了，你才流出后悔的眼泪。

有一句话说得好：“家长好好学习，孩子才能天天向上。”以此与大家共勉。

第二章

培养健康人格重在教子做人

培养健康人格的重点是教子做人。良好的品格是成人和成才的前提，是立身之本。

家庭教育有别于学校教育，其重点就在于教子做人。可以肯定地说，一个人的品行问题主要根植于家庭，而绝非学校之责。

顾此失彼，终将让你后悔莫及！

1 教子做人第一课：心中有父母

孩子人格是否健康，将来长大有没有出息，跟心中有没有父母有什么关系呢？

大家有没有发现，凡是那些有好吃的会想着给父母留一些，出一趟远门时会想到给父母带点纪念品，经常给父母报喜不报忧，只想让父母高兴，不想让父母为自己担心的孩子，往往都是很懂事、很有出息的孩子。

与此相反，那些凡事只想到自己，还总是抱怨父母为自己做得不够的孩子往往都问题很多，更不会有什么成就，这样的孩子恐怕以后连自立都成问题。

心中没有父母的孩子

由于父母们过度的、无原则的爱造就了大批心中没有父母的孩子，他们有了好吃的，从不知礼让父母；父母如果因为有急事没有按时给他们做饭或者做得不好吃，他们就会向父母抱怨或发脾气；他们只知要爸爸妈妈给他过生日，却根本不记得爸爸妈妈的生日。

有一位妈妈曾伤心地说："我为了孩子起早贪黑，工作再忙都要亲自给他做好丰富的三餐。有一天我病了，难受得实在下不了床。儿子放学回来后看我躺在床上，还没有做饭，就冷冷地问我为什么还不做饭。我说我病了，很难受，他就拿钱出去吃了。回来也不知给我带些，直接一甩门就钻进了他的房间，始终都没进来看过我一眼。我那天流了一晚上的眼泪。"

从小不知为父母着想，从来体会不到父母养育自己的辛劳，认为父母对自己做的一切都是应该的，从小养成了习惯，形成了这样的性格，等到他长大成人后，他也还是不懂得为父母着想，他根本就没有这个习惯和品德。

和孩子接触最多的是父母，对孩子付出最多的是父母，最关心、最爱孩子的还是父母。如果孩子对父母这种深厚、无私的爱视而不见，认为父母这样做是应该的，从来体会不到父母的苦衷，从来不知为父母着想，这样的孩子是很自私的，是不通情理的，长大后也不会站在别人的角度考虑问题，他的人品、人际关系，能否有成就，大家是可想而知的。

若孩子心中没有父母，他就不知要通过自己的努力让爸爸妈妈高兴，也不在乎做了坏事后爸爸妈妈失望和伤心的眼泪。

若孩子心中没有父母，他就不会把父母的话放在心上，父母的鼓励绝不会成为他努力的动力；若孩子心中没有父母，他的心中就缺失了权威，当有外界的不良诱惑时，我们很难保证他肯定不会去跟随。

心中有父母的孩子

从小心中有父母的孩子就完全不一样，他会替父母分忧解愁，父母希望他做到的，他会努力做到，会让父母生气和失望的，他一定会尽量克制自己不去做，亲情的力量会成为他“出轨”之前挽救他的最后一根稻草。

可以肯定地说，心中有父母的孩子绝不会学坏。心中有父母的孩子更懂事，将来也更有出息。

这种亲子间的至亲至深的情感，会成为孩子进取的巨大的动力，其感染力是其他教育所不能及的，也是任何教育也不能替代的。

立爱自亲始

孔子云：“立爱自亲始”，意思是说，爱这种感情的培育是从爱亲人开始的。培养健康人格，教育孩子做人，先从教育孩子心中有父母开始。

俗话说“百善孝为先”，心中有父母是每个人做人的根本，是所有品德中最根本的要求，由此出发才能产生和建立起更多优良的品质。

心中有父母的孩子，一定是有责任心、有爱心、有同情心和同理心的孩子，也一定会是为自己负责、为他人负责的孩子，这样的孩子才是人格健康的孩子。

怎样培养心中有父母的孩子？

怎样才能让孩子心中有父母呢？难道就是整天在孩子耳边讲：“你看爸爸妈

妈为了你多辛苦,你也要多为爸爸妈妈着想,你要好好学习,将来才有能力孝敬我们。”经常这样讲只会适得其反。

引导孩子心中有父母,我们可以从以下几点着手:

(1)不能溺爱孩子。

溺爱的孩子已经习惯了父母无条件的付出,认为这都是应该,已经形成了自私、以自我为中心的习惯,并且深深地影响了他的人格,他哪里能体会父母的良苦用心,哪里还懂得父母也需要关心,哪里会懂得为父母着想,只怕是父母把心掏给他,他还嫌不够呢。要引导孩子心中有父母,首先就不能溺爱孩子。

(2)让孩子体会父母的辛劳和不易。

我曾亲眼看见过这样一幕:

一个农民家庭,父母为了供孩子上学,卖命地辛勤劳作,吃尽了苦头。自己从来都舍不得吃好的、穿好的,却绝不会忽略了孩子的营养,也总是让孩子穿得漂亮整洁;父母再苦再累,也很少让孩子去帮忙、去吃苦。

这个孩子在家里自私自利,凡事只考虑自己,只知道向父母不断地索取,从不知回报,即使父母生病,他也很少去关心父母。

孩子习惯了养尊处优,从来体会不到父母的艰辛和不易,这样的孩子,当然在学习上也吃不了苦。考高中时,还报考了一所硬件很不错的学校,因为分数不够,需要多交好几千块钱,几乎是这个家庭一年的收入,父母怕难为孩子,还是决定给他交。

给学校交钱那天,看着他那一脸沧桑和愁容的妈妈从包里一点点掏出一大堆钱,在场的人无不被感染,可是他却表情麻木,毫无感觉。他不知钱来得艰难不易,自然也不懂得珍惜,学习也当然不会努力。

这个孩子成长在贫苦家庭,却并没有“穷人的孩子早当家”,原因就在于,穷的只是父母,从没有让孩子去参与和体会。

让孩子从小参与家庭劳动,做一些力所能及的家务活,哪怕是帮爸爸妈妈摘菜、洗菜,孩子也能体会到以前自己只知道饭来张口,原来吃到嘴里的每一口饭菜都来之不易,要经过买菜、摘菜、洗菜、切菜、炒菜等等很多程序;哪怕只是洗自己的小衣服,孩子也能体会到以前自己只知衣来伸手,原来自己每一次穿的干净整洁的衣服饱含着父母辛勤的劳动;孩子只有在亲身的劳动中才能真切体会到父母的辛苦和不易，才会懂得珍惜。

你也可以把你工作中的辛苦和不易讲给孩子听，因为你不说，孩子是不知道的，孩子还以为工作是很轻松的，赚钱是很容易的，上班就是看电脑，出差就像旅行。孩子不了解你工作和养家的辛苦，就不会同情父母，不会为父母着想，不会珍惜父母的劳动成果，只知一味地索取。

（3）“母慈子孝”。

你对孩子好，不是说要让你无条件地满足孩子，溺爱孩子，而是温和、耐心地对待孩子，接纳和尊重孩子。这样才能建立起良好的亲子关系，亲子关系好，孩子就喜欢父母，爱父母，心中自然会有父母。

我们常说“母慈子孝”，父母慈爱，经常关心自己，理解自己，尊重自己，孩子就会心中有父母，将来自然会孝敬父母。相反，如果你忙于工作，忽视孩子，或者经常指责孩子，控制孩子，不尊重孩子，粗暴对待孩子，那么即使你为孩子付出再多，孩子也不会理解你的苦衷。

（4）自己做好榜样。

中央电视台曾多次播出过一则公益广告：一个小男孩看到妈妈为奶奶打洗脚水，帮奶奶洗脚，他也学着妈妈的样子为妈妈打洗脚水，帮妈妈洗脚。结尾时出现一句话：父母是孩子最好的老师。

你平时是否总在说父母当初为了你是多么不易，你平时是否常替父母着想，是否常关心你的父母，是否常回家看父母，孩子都看在眼里，记在心上，孩子由此才知道了父母有多重要，由此才学会了应该怎样对待父母。他会受到你的感染，迟早会学你的样子。

（5）父母之间相互引导。

我们不好直接对孩子说：“你看我为你多辛苦，你要为我着想”，但可以借助父母之间的相互引导来影响孩子。

比如，妈妈可以对孩子说：“你爸爸辛苦一天了，快帮你爸爸倒杯水。”爸爸可以对孩子说：“这个蛋糕真好吃，我们可别一下吃完了，给你妈妈留些。”在生活中长期反复地这样引导，孩子就会养成为父母着想的习惯，也就学会了心中有父母。

（6）不要做“铁人”，要做有福气的父母。

有些父母把孩子看得重于一切，牺牲自己的快乐和幸福，恨不得把一切都献给孩子，把自己放得很低，把孩子抬得很高。有好吃的先让孩子吃个够，剩下的才自己吃；自己再累，即使生病，也要强忍着先照顾好孩子，却从不让孩子来照顾自己，让孩子感觉到父母好像就是个铁人；孩子过生日时，一定给孩子做一顿丰盛的饭菜，自己的生日却从不提起，就是孩子提起，他也会说："大人过什么生日"……

说到这里我羞愧万分，因为这很像是在说我。

我和哥哥小的时候，父母对我们多少是有些娇惯的，他们把孩子看得太重了，为了两个孩子吃了太多的苦。他们总是把好的先留给我们，精心地照顾我们的日常起居。每天换着花样给我们做好吃的，我清晰地记得我已经上初中了，他们还会在我们晚上睡觉时来给我们压好被角。饺子煮好了，妈妈总是先给我们一人盛一碗，然后妈妈才给自己包，我们吃得心安理得，直到今天我们这样做时也丝毫不会感到脸红。父母总会提前很多天就想起我们的生日，而我们从来都没有给爸爸妈妈过过生日，让我至今难以自容的是直到前些年父亲去世，我还不知道父亲的生日，而我永远也不会有机会了。

直到我结婚后，深深地感受到了两个家庭的不同，我才开始觉醒了。先生家的两个孩子对父母都非常孝顺，和父母说话和颜悦色，父母身体稍有不舒服，他们就赶紧想办法，经常给父母买东西，有什么好吃的，他们绝不会忘了让父母尝一尝，平时总是想办法让父母高兴，父母的生日他们总会提前想起。

有一次我亲眼看见，先生和父母从外面回来后，因为鞋沾上了泥水，先生先给父母拿来了拖鞋，让父母换上，给父母把鞋认认真真地擦干净后，又擦上了鞋油，还顺势从鞋柜里把父母所有的鞋都拿出来擦了一遍鞋油。看到这一幕，对我来说，简直就是天方夜谭，因为近30年来，我对父母从没有做过这样的事，而先生却说，这有什么，他早习惯这样做了。

在家里吃饭时，如果因为凳子不够，我们坐着父母站着，我们不会觉得奇怪；而同样的场景在先生家，先生就会觉得很不对劲，会坐得很不安。

我曾认真地想过，为什么我们两家会有这么大的不同？

其实就是因为我父母一直把我们看得太重了，把孩子看得高于父母，为了孩子可以付出一切，根本不知心疼自己。

先生家的父母和孩子都是平等的，从不娇惯孩子，比如同样吃饺子，先生家就会全部包好，然后一起煮一大锅，大家坐下来一起吃；父母身体不舒服了，就会告诉孩子；父母忙不过来，就让孩子帮忙，让孩子懂得父母也不是"铁人"，也有脆弱和需要关心的时候；父母记得孩子的生日，也从小就提醒孩子记得父母的生日。而当我们小时候突然感兴趣地问起父母的生日时，妈妈总会说："大人过什么生日？"

很长时间以来，我都没有勇气说出上面这段话。父亲的离世让我长久地陷在自责的深渊里不能自拔，母亲辛苦劳累、从不知享福的这大半生让我感慨万千、羞愧不已。如果不是因为研究家庭教育，我可能一生都不会注意到这个问题。

孝顺父母一定要从小培养。我最终鼓起勇气把我们的故事讲出来，希望能阅读这本书的你有所借鉴，提醒你好好珍惜你的父母，也从小教会孩子学会关心父母。

父母也是人，该示弱时要示弱，你珍爱自己，孩子才会珍爱你。

不要把自己塑造成家庭的牺牲者，这样对孩子、对你、对家里的每一个成员都没有一点好处，只会让你的福气慢慢流走。家庭成员之间互相关爱、关心，这才是幸福的家庭。

你身体不舒服就告诉孩子，让孩子帮你倒水拿药，帮你按摩和捶背；你忙不过来或者太累了，就喊孩子来给你帮忙；有好吃的别总是全给孩子，也别总让孩子先挑、先吃，最好大家一起吃……

当孩子为你付出爱时，哪怕只是很小的动作，或是只言片语，你都欣然接受，流露出高兴和欣慰，并赞赏孩子。孩子就会觉得他的付出是值得的，自己一点点付出就让父母如此高兴，那下次一定还会这样做。

做个有福气的父母，接受孩子的帮助、关心和爱，孩子付出爱，就会有成就感，知道了父母不是"铁人"，父母也需要关心，孩子由此学会了关心他人，为他人着想，同时也快乐了自己。

从小懂得为父母着想的孩子更懂事，将来更有出息。如果父母一味地把爱塞给孩子，孩子没有付出爱的机会，慢慢孩子就会失去爱的能力。

2 “心中有他人”的孩子，你一生都可以放心

“心中有他人”才是人格健康的人

如果一个人凡事只知为自己着想，只从自己的角度出发，自私、狭隘、冷漠，不知同情和帮助别人，这个人一定没有朋友，人际关系会很糟糕，他用冷漠筑起了一道与别人隔绝的墙，他做任何事情都会存在着很大的障碍，他的自立和生存就会成问题。

道德发展是孩子健康人格和社会性发展的重要方面，而利他和亲社会行为是孩子道德发展的关键。

利他和亲社会行为是指有利于别人的行为，要做到这一点，就应从小培养孩子心中有他人。心中有他人的孩子才会有爱心，才会有责任心，至少绝不会去做危害别人的事。

心中有他人是道德发展的关键，是为人处世的基本原则，是一个人是否成熟、人格是否健康的重要标志，是家长必须要教给孩子的重要一课。

怎样培养孩子“心中有他人”?

什么样的父母能培养出心中有他人的孩子？怎样教育孩子心中有他人？

(1)心中有他人从培养同情心开始。

一个幼小的孩子看到一个小伙伴在哭，就把自己最喜欢吃的糖果分给了那个小朋友。他为什么要那么做？他还那么小，那可是他平时自己都舍不得吃的糖果。

一定是他感受到了那个小伙伴的痛苦，自己也感到很难受，他想帮助和安慰

那个小伙伴。

心理学家马丁·霍夫曼说:“如果不是具有分享他人情感、体验他人痛苦的能力,难道人还有别的理由置自私的动机于不顾,而去帮助他人或不去伤害他人吗?”

我们为什么要去献爱心,为什么要去帮助和关心别人,首先是因为对别人的不幸产生了同情。一个人的同情心与其利他和亲社会行为联系非常密切。

孟子言:“恻隐之心,仁之端也。”意思是说,同情心是爱的萌芽。

可以肯定地说,有同情心的孩子绝对不会学坏,一辈子你都可以放心。要培养孩子心中有他人,先从培养孩子的同情心开始。

怎么培养孩子的同情心呢?首先,家长对不幸的人和事要有同情心。其次,引导孩子去设想别人的处境,理解和体会别人的痛苦。

(2)父母心中有他人,孩子才会心中有他人。

如何培养孩子心中有他人,我自己的成长经历让我对这一点的体会尤为深刻:

我的父母一向与人为善,为人处世习惯于先为别人着想,我从小受父母亲的影响,也慢慢开始学父母的样子,逐渐形成了多为别人着想、礼让他人、乐于助人的性格。

上小学时,我会把我带的好吃的分给同学吃,同学有什么困难,我总会热情帮助。从低年级开始,老师和同学就都选我当班长、三好学生,后来还当了少先队大队长。记得每年的考试通知书里,老师的评语里总少不了“乐于助人”四个字。

中学时,“习惯为他人着想”为我带来了很多的好朋友,至今想来,我都觉得那个阶段是我人生最快乐的时期。我每年都会被老师和同学们评选为区级三好学生或市级三好学生,还有一次被评选为省级三好学生。在我留存的那张《省级三好学生审批表》,老师还工整地写着我如何帮助班里一位身患残疾同学的事。

为他人着想,让我得到了别人的信任和尊重,为我带来了很多的朋友和快乐,是我人生的一笔非常宝贵的财富。我要感谢我的父母,感谢他们为我做出的榜样和示范,也感谢他们对我的引导和教诲。

我的亲身体验告诉我,教育孩子心中有他人,最好的办法就是家长的亲身示范和引导。自私、狭隘的父母很难培养出一个豁达、宽容、心中有他人的孩子。

实验室实验一致表明,幼儿在观察了友善或助人的榜样行为后,自己也会变得更友善，更乐于助人。特别是与他们建立了亲切友好关系的榜样能向他们说明友善行为的充分理由、并经常身体力行的时候。①

成人不仅应做出榜样，还应经常向孩子做有关利他的口头宣讲，这样可以帮助孩子内化道德规则，从而促进孩子利他行为的发展。

(3)经常引导和鼓励孩子做一些利他的行为，并及时肯定和表扬。

没有谁天生就愿意牺牲自己的利益而为别人考虑，都是靠家长一次次的引导和鼓励，才逐渐学会了为别人着想。观察那些经常做出利他行为的儿童，你会发现通常他们的父母总是鼓励和引导他们为别人着想。

当孩子做出了利他行为后，父母的肯定和表扬能强化他们的利他行为，并还愿意这样去做。

(4)引导孩子从别人的角度考虑问题。

心中有他人，还包括在考虑问题时不只是从自己的角度出发，也要站在对方的角度想一想。同样一件事情，只从自己的角度出发和从双方的角度出发考虑，处理的结果就会大不相同。

孩子还小的时候，我们就应引导孩子遇事要多从别人的角度考虑，你就会发现孩子慢慢变得更懂事了。从小养成这种思维习惯，他将来考虑问题会更全面，为人处世会更成熟。

(5)溺爱的孩子绝不可能心中有他人。

溺爱的孩子都是自私自利的，他们只知为自己着想，为了满足自己，连自己的父母都不顾，怎么可能心中有他人呢？

每个孩子天生都是以自我为中心的，都是非常自恋的。做父母的如果再一味地纵容孩子的欲望和要求，孩子的自恋没有遇到挫折，孩子就无法打破自恋，无法走出以自我为中心。

我们必须尽早让孩子明白“我不是世界的中心”，从1岁后就可以逐渐开始对孩子延迟满足，孩子哭着要什么东西，你可以让他等一等，一边解释，一边帮孩子拿。等孩子稍大一些，就更不能及时满足孩子，或者全部满足孩子，要让孩子意识到世界不是围绕着他转的，大家都一样，告诉孩子“你爱自己，但也得学会爱别人”。

---

① [美]戴维·谢弗著，陈会昌译：《社会性与人格发展》，人民邮电出版社2012年6月第1版，第352页。

3 责任心是健康人格的基础

什么样的家庭会培养出没有责任心的孩子？

责任心是健康人格的基础，是一个人应该具备的基本素养，是孩子日后能否成人、成才，能否自立的决定因素，也是孩子一生能否幸福的强有力的保障。即使孩子能力较弱也没关系，因为责任心还可以推动能力的发展，或者说，能力不足，责任心可以弥补，但如果责任心不足，那什么也难以弥补。

可以肯定地说，人格健康的人一定有责任心；没有责任心的人，其人格一定有缺陷。

不敢想象一个没有责任心的成人会是怎样？很可能是不思进取、荒废时日，生活上依赖父母，工作上不负责任、得过且过，做事不计后果，出事后又逃避责任。这样的人不仅给他的家庭带来了困扰和苦恼，在社会中也难以立足。

责任心对一个人来说如此重要，可为什么有的人没有责任心呢？什么样的家庭会培养出没有责任心的孩子呢？

责任心不是与生俱来的，它需要从小培养。家庭是培养孩子责任心的最初场所，也是最重要的场所。一个人如果没有责任心，其主要的原因在家庭。

这样的教育方式最容易培养出没有责任心的孩子：

- 娇生惯养；
- 父母替代过多；
- 父母管得过太多、太严；
- 父母没有责任心；
- 对孩子缺乏必要的约束和限制，忽视孩子的做人教育。

怎样培养孩子的责任心？

(1)培养孩子责任心的最好办法就是让孩子去承担责任。

很多家长一心只盯着孩子的学习，对孩子说："只要你能好好学习，家里什么事都不用你管，我们就是再累再忙，也绝不影响你的学习。"这句话绝对是培养孩子责任心的大忌。要知道，一个没有责任心的孩子，比一个成绩不好的孩子导致的后果要严重百倍千倍。

一个没有承担过责任的孩子，他不会真正理解什么是责任，也就不可能有责任心。培养孩子责任心的最好办法就是让孩子去承担责任。

你越是放手让孩子去独立完成一件事，独立去承担一项责任，孩子在这过程中就越认真负责，就越能体会到责任感和成就感。事情越重大，就越能锻炼和增强孩子的责任心。

我身边的这两个人就是最好的例证：

我有两个表弟，现在都早已成年，一个严重地依赖父母，学习和工作上也没有责任心，不思进取，不愿意出去找工作，即使逼其找到了工作，也会因为不负责任而干不长久；另外一个学习优秀，工作努力，不断进取，懂得关心和照顾家人，为人处世方面也比较成熟。

我曾认真分析和思考过他们的家庭教育，发现他们俩最大的区别就在于是否有责任心，而这在很大程度上取决于他们俩的家庭教育。

我记得到其中一个表弟家走亲戚，那时表弟上小学，他看到母亲在厨房很忙碌，就走进去想看看有没有自己能做的，他的母亲着急地说："快出去，快出去，你能做什么呀，别给我添乱了"。

就像这样，不管是重要或不重要的事，他的母亲都不放心，也不让他做，长此以往，这个表弟也就什么事也不管，逐渐也就没有了责任心。

而同样一件事情发生在另外一个表弟家里，情形就大不相同。这个表弟也还小，当他走进厨房想做点什么时，他的母亲说："行，那你来做，我来帮你。"表弟也知道这顿饭很重要，于是就干得很认真、很用心，做得不好时，他的母亲会说："没关系"，他也就做得更大胆了。

现在我每次去这位表弟家，他都是大厨，煎炒烹炸样样行，甚至连蔬菜雕花都做得很好,真是让人佩服。

他的母亲总是信任和鼓励孩子,小小的表弟常能得到独立担当和锻炼的机会,每一次都得到了锻炼,体会到了责任,在有意无意中培养了他的责任心。这位表弟从小学习一直很好,现在已从全国重点大学硕士毕业了,在工作上也认真负责,能独当一面。

让孩子做家务事,是培养孩子责任心的一个好办法。首先,做家务能让孩子体会到自己是家里的一员,家务活要共同分担,从小就学会对家庭负责任。其次,每一个家务活都是一个任务,孩子在做家务的过程中,就体会到了这是一份责任,我要认真完成它,做好它。每完成一项任务,就增加了一份成就感和责任心。第三,孩子在做家务过程中体会到父母的辛苦和劳累,理解父母的不易,产生帮父母分担的想法,从而增强责任心。

(2)孩子的事情就让孩子自己做。

很多家长总认为孩子还小,就不由自主地代替、帮助或督促孩子做很多事,使孩子失去了承担责任和锻炼自己的机会。

什么事你都替孩子安排好了,孩子该承担的责任你也替孩子承担了。那孩子当然就什么事也不用愁了,什么责任也不用承担了,当然也就没有责任心了。一个习惯了依赖父母的孩子,很难有责任心。

责任心的培养一定要从小就开始。只要孩子能做的事情,要让孩子自己去做,自己的事情更要自己去做。比如洗自己的小袜子,收拾自己的房间,自己整理自己的书包等等。

娇生惯养的孩子绝不会有责任心。他已经习惯了饭来张口衣来伸手,习惯了别人无条件地对他付出,他会觉得这一切都是理所当然的,他的责任心已经逐渐被无形地扼杀了。

(3)引导孩子为自己的行为负责。

有一个著名的故事①:

1922年7月4日美国国庆日前夕,一个11岁的美国男孩搞到了一些禁用的烟火爆竹。一天下午,他走近一座桥边,朝桥边的砖墙放了一个"鱼雷"大鞭炮。

---

① 孙云晓:《教育的核心是培养健康人格》,江苏教育出版社2009年8月第2版,第16页。

一声巨响，让男孩神采飞扬，可就在这时，警察来了，把男孩带走，去了警察局。判定交14.5美元的罚金，这在当时可算是一笔大钱。这个男孩自然交不起，只好由父亲代交。

这位名叫杰克的父亲虽然没说太多的话，却让11岁的儿子打工挣钱还罚金。

后来，这个小男孩成了美国的总统里根，他在回忆录中写道："我做了许多零工活才还清了我欠爸爸的那笔罚金。"

这件事情让一个小男孩懂得了什么叫责任，懂得了一个人要对自己的过失负责。懂得对自己的言行负责才会成为一个有责任心的人，一个勇于担当的人，一个真正的男子汉。

这样的故事离我们很远吗？其实我们的身边有很多教育孩子负责任的故事。多家媒体报道了这样一件发生在小学生身上的事，我们来看看这个孩子的妈妈是怎么做的：

2013年7月19日晚，中国，长沙，11岁的刘一凡骑车不小心撞上一辆私家车，刮出一条划痕，打电话问妈妈该怎么办，妈妈说：男子汉要有担当。于是妈妈和小一凡就站在车边等，一直等到晚上12点，也没等来车主，就留下了一个纸条，上面是这样写的：

叔叔(阿姨)：我是刘一凡，是一名小学生。在骑车时不小心擦到您车的油箱后面，因时间太晚，又没有您的联系方式，请你看到纸条后拨打我的电话133……对给您造成的损失非常抱歉，我愿意用零花钱赔您200元。

刘一凡　7月20日　0:04

第二天，刘一凡收到了车主的回信：

一凡小朋友：你好！你的留言条已收阅，固然我的车有点小损坏，肯定心情不悦，但当看到你的便条后感觉就不一样了。因为我能看得出，虽然你小小年龄但有担当，敢于负责，说明你是一个诚实有家教的好孩子。所以赔偿就免了。希望你以后注意安全，好好学习，天天向上。早日成为国之栋梁。

假如你的孩子遇到这样的情况，打电话问你应该怎么办，你会跟孩子怎么说？你也可以这样说："有没有被人看见，如果没人看见，就赶紧走，小心一会儿车主来了，会让你赔很多钱的。”

这样做固然可以免于赔偿和麻烦，一走了之，也不会有人找到你，就跟没有发生过一样。可是这样做对孩子的影响呢？孩子还没有形成鲜明的是非观念，还正在跟父母学怎么做人，你这样教孩子，等于是在告诉孩子“做了伤害别人的事，应该赶紧跑”，那么以后孩子就会觉得做了伤害别人的事也没什么大不了的，只要没被人发现就行，只要能跑掉就行，大家想一想，这样会培养出一个怎样的孩子？

还有很多父母选择了自己出面替孩子解决，如果孩子每次遇到困难，或者每次犯了错，都是父母出面帮他解决，那孩子就无法学会承担责任，也没有吸取经验教训，他以后还会犯错和惹祸，因为他知道出了事还有父母，这样的情况无疑是非常危险的。

一个不懂得为自己行为负责的人，将来会成为一个非常危险的人，总有一天会让家长后悔莫及。

告诉孩子要承担责任，或许会花一点钱，但孩子学会了诚信、负责和勇于担当，这样的孩子一生都不会走向邪路。

与此类似，家长经常要面对孩子各种各样的失误或者错误，孩子犯错误是难免的，但犯错误是孩子成长的最佳契机，关键是家长怎么对待孩子的错误。

孩子犯了错误后，父母应保持泰然自若的态度，心平气和地和孩子谈，引导孩子认识自己该承担的责任，根据实际情况让孩子适当地去承受自己所犯错误的后果，和孩子一起商量一个可行的、孩子能接受的解决方式，这样才能建立和培养孩子的责任心。

如果你在孩子的错误面前，只是简单粗暴地指责或打骂，那孩子就会在这次犯错中学会撒谎或逃避，他就会把精力放在怎么对付家长上。我们常能听到孩子在犯错误时会说：“这不是我干的，都怪某某。”

(4)家长经常这样说，孩子更有责任心。

父母在生活中常对孩子说：“这是你的事情，你得自己去做”，“这件事情是你做的，你必须得为这件事情负责任”，“我们每个人都肩负着责任，我们有我们的责任，你也有你的责任”等等。这样的引导方式对于孩子责任心的形成会起到很大的作用。

4 自信是健康人格的核心

美国亿万富豪洛克菲勒先生曾这样说:“当我还是个穷小子的时候,我就自信我一定会成为天下最富有的人,强烈的自信激励我想出各种可行的计划、方法、手段和技巧,一步步攀上了石油王国的顶峰。”①

人只有相信能,才会去做,才真的能。相信你也一定深深体会过自信和信心对于我们人生的影响。

自信是人格的核心,是健康人格的必备要素,人格健康的人都是自信的人,取得较大成就的人也都是自信的人,自信的人才是快乐的人,也是充满希望的人。

我们看到很多心理咨询师帮助来访者的时候,常常是从帮助他们建立自信开始,对自己有了自信,一切才会慢慢好起来。

自己不接纳自己,不认可自己,这样的人是非常痛苦的,是容易引发很多心理问题的,他的前途也是难以有希望的。

自信对孩子来说有多重要?

一个弱小的生命,身体还不够强壮,也没有足够的生活经验,各方面的能力也都还很弱,可他却要学着面对一个复杂的世界,一切对他来说都是新的,什么都要去学,什么都要去尝试,在这个过程中,一定困难重重,不知要面对多少挫折、打击和失败才能长大成人。

如果孩子没有足够的自信,他怎么能有勇气面对这一切?他遇到了挫折和困

---

① [美]洛克菲勒著,张占磊编译:《洛克菲勒留给儿子的38封信》,中华工商联合出版社2012年10月第1版,第92页。

难，怎么会有信心去克服和战胜这一切？

自信也是影响学业的关键因素，一个相信自己能学会、能学好的孩子，才会去努力学习，一个明知自己再怎么努力也学不好的孩子当然不会在学习上浪费时间。

对于学习成绩中等以及偏下的孩子，要想有所改善，首要任务是重建他们对于学习的信心，让孩子相信自己是能学好的，只是不够努力，只要努力，就能有进步。

一个拥有自信的孩子会勇于尝试和挑战，会不断进步，即使遇到了困难和挫折，他也有勇气和信心去克服和战胜，他的路会越走越宽；一个缺乏自信的孩子，习惯于退缩、逃避，他的路就越走越窄。

怎样的父母能培养出自信的孩子？

如何培养自信的孩子？很多人说，就是要多表扬，少批评，如果建立自信有这么容易就好了，就不会有那么多痛苦的人和自暴自弃的人了。

自信需要从小培养，要让自信深植于孩子的人格中。自信的培养跟其父母、家教方式和家庭环境有着很大的关系。

怎样的父母、怎样的家庭环境才能培养出自信的孩子呢？

(1)温暖的家才能培养出自信的孩子。

家里经常充满关爱和欢笑，一家人其乐融融，孩子才会有安全感，心里会有一个强大的安全基地，这样才会有源源不断的动力，孩子才会有最基本的自信。

反之，父母之间经常争吵，家里冷漠冲突多，温暖关心少，在这样家庭中长大的孩子大多会比较敏感和自卑。

在孩子看来，别人的家庭总是那么温暖，爸爸妈妈都是那么爱自己的孩子，而自己的家为什么总是在争吵和互相指责，为什么自己的家跟别人的家不一样？孩子能不自卑吗？

不是说家里经济条件好，爸爸妈妈地位高，孩子才会自信，其实只要家庭温暖，即使房子比别人的小，物质条件比别人的差，孩子照样可以很自信，而且还常常比那些“富二代”、“官二代”更有进取心。

尽力让家里充满温暖和关爱，爸爸妈妈都尽力承担起自己的责任，别的爸爸妈妈能做到的你们也应尽力做到，要让孩子感觉到自己的爸妈和别人的爸妈没什么较大的区别。即使实在无法达到，也应和孩子说明原因，引导孩子理解和接受现实。

(2)父母接纳孩子，是孩子一生自信的源泉；父母不接纳孩子，是孩子一生自卑的根源。

有一句话说得好，“一个人能面对自己、面对事实，便可以面对任何人”。人人都有缺点，而只有能正视自己缺点的人，才是真正自信的人。

在孩子小的时候，父母接纳孩子、喜欢孩子，孩子才会感到自己是重要的、可爱的、讨人喜欢的；父母若接纳孩子的不足，孩子也就从小学会了坦然面对，积极对待；父母若没有接纳孩子的不足，总是指责、批评和嘲笑孩子的缺点，孩子就会固着于自己的缺点，终生都难以走出来。

即使身体上有缺陷，只要父母完全地接纳孩子，孩子会觉得这是无法改变的事实，没有什么大不了的，你有你的好，我有我的好，孩子可以比那些身体健全的人更有自信，做出的成就更大。父母在孩子幼小的时候没有无条件地接纳孩子，会造成孩子自我确认不足，是孩子一生自卑的根源。

为什么父母的关爱和接纳是孩子自信的根源，我想还有一个人的故事一定会让你有所感悟：

我从小就有口吃，而且似乎根除不掉。有时候我的口吃会引来不少笑话。在大学的星期五，天主教徒是不准吃肉的，所以我经常点一份烤面包夹金枪鱼。不可避免地，女服务员总会给我端来两份而不是一份三明治，因为她听我说的是“两份金枪鱼三明治”。

我的母亲呢，总是为我的口吃找一些完美的理由。她会对我说：“这是因为你太聪明了。没有一个人的舌头可以跟得上你这样聪明的脑袋瓜。”事实上，这么多年来，我从未对自己的口吃有过丝毫的忧虑。我充分相信母亲对我说的话：我的大脑比我的嘴转得快。

多年来我一直不知道，母亲在我身上倾注了多少关爱和信心。几十年后，当我翻看以前我在运动队拍的照片时，我惊奇地发现，我几乎总是整个球队中最为弱小的一个。读小学的时候，我曾当过篮球队的后卫，那时我的个头几乎只有其他队员的四分之三。

然而,我对此居然从来没有察觉。现在,每当看到这些照片时,我总禁不住嘲笑自己就像一只小虾米。可笑的是,我竟然从未意识到自己的个子小。这一点充分说明了一位母亲可以为你带来多大的影响。她给了我那么多自信。她对我说,我想做什么都会成功。这句话总是萦绕在我耳边:“你尽管去做好了!”①

这个故事的主人公就是杰克·韦尔奇,美国通用电气历史上最年轻的董事长和CEO,在全球享有盛名,被誉为“美国当代最成功、最伟大的企业家”。

同样是口吃,我身边一个人的经历却完全不同:

这个男孩小的时候有点口吃,但并不严重,大部分时候都是好好的,只是一着急就口吃,越是着急,口吃就越严重,有时急得面部表情都会变形。他的爸爸妈妈每次看到他这个样子,总会指责他:“你那么着急干什么,有话不会慢慢说,你再这样别人都会说你是个结巴。”男孩一口吃,他们就会说:“又结巴,又结巴”,有时他们为了提醒男孩不要口吃,还会学男孩说话的样子,让男孩看。

男孩的父母越是这样子,男孩说话的时候就总是害怕父母的指责,结果就越紧张,越容易口吃,父母的指责也就越来越多。

男孩为此非常自卑,生人面前和人多的时候,他都尽量不讲话,怕别人嘲笑他。慢慢地就习惯了回避人群,习惯了退缩,后来成为一个喜欢独处,非常孤僻的人。

看完这两个故事,你感受到父母对孩子的深刻影响了吗?

其实这个男孩完全可以有另外一种结局:即使想不出“这是因为你的大脑比你的嘴转得快”这样的话,父母也可以先接纳孩子,让孩子觉得这并不是什么大问题,只是有点着急。首先让孩子在父母面前感到安心和放松,父母不过于在意和纠缠这个问题,孩子也会觉得这没什么,慢慢就会忽略掉自己的口吃。只要放松下来,男孩的口吃自然就会慢慢有所改善。即便是非常顽固,难以改善,也不至于会让男孩自卑到不愿见人,不至于会制约了他的人生。

---

① [美]杰克·韦尔奇、约翰·拜恩著,曹彦博、孙立明、丁浩译:《杰克·韦尔奇自传》,中信出版社2013年6月第5版,第5—6页。

对于孩子来说,父母是孩子最重要、最亲近的人。父母爱孩子,孩子才会觉得自己是可爱的,孩子才会爱自己;父母接纳孩子,孩子才会觉得自己挺好的,才能真正接纳自己。而接纳自己,是一个人自信的根源。

忽视孩子、嘲笑孩子、指责和奚落孩子,孩子一生都会缺乏安全感,一生都无法真正正视和接纳自己,一生都会活在自卑的阴影里。

一个人是否有自信,关键要看他小的时候父母有没有真正接纳他。

试想一下,如果一个孩子感到连自己最亲近的人都不喜欢自己,经常贬低、批评、责骂自己,孩子能自爱、自信吗?

为人父母,要尽可能地接纳孩子的天性、特点和不足,尽可能多地陪伴孩子,关心孩子,鼓励孩子,这样孩子才能有足够的安全感,这样的孩子往往开朗活泼、自信和自尊。

(3)自信的父母才会培养出自信的孩子。

家长在孩子心目中有着很重要的地位和权威,是孩子学习的榜样,是孩子安全、坚强的后盾,能给予孩子力量和勇气。父母自尊、自信,能给孩子无穷的力量,如果父母本身自卑,孩子就会比父母更自卑。

如果家长在生活和言语中经常表现或流露出自卑,比如经常说:“咱们不如别人”,“我不行的”,“我没有那本事”等等,肯定会潜移默化地影响到孩子。

所以,我们要多说积极的话,自信的话,尽量避免在孩子面前表现出自卑,尽量避免说会引起孩子自卑的话,如“我们家比不上他们家”“你跟谁谁比差远了”“有没有人笑话你啊?”“是不是有人又欺负你啦?”

怎样的教育方式能培养出自信的孩子?

(1)从幼儿阶段起,孩子能做的事情就让孩子自己做。

孩子在大约1岁以后,你会发现孩子很多事情都喜欢自己动手而不喜欢别人干预,因为这时期孩子已经逐渐有了自主性,孩子想要自主,想要自己吃饭、拿玩具、学着大人的样子做家务等。这是孩子在发展自主性,如果孩子有机会并且能做到这些,也就有机会实现自主,孩子就会觉得自己是独立的,能干的,就会产生自信。

在这个阶段,很多父母因为怕孩子弄脏衣服,怕孩子自己做不好,或者嫌孩子做得慢,太耽误时间等等,就干脆直接夺过来替孩子做。可知这样会大大打击和阻碍孩子自主性的发展,如果孩子没有机会实现自主自立,孩子就会怀疑自己的能力,自信心就会受挫。

这一阶段自主性的发展对于孩子以后的发展具有重要的影响,自主性得到很好发展的孩子以后更自信,更愿意迎接挑战和克服困难。相反,自主性差的孩子在以后的生活中依赖性更强,对自己的能力和判断缺乏足够的自信。

(2)小学阶段要多鼓励,并引导孩子通过勤奋来争取进步。

这个阶段的孩子要面临很多与同伴之间的比较和竞争,孩子会发现自己在一些方面并不是自己认为的那么好,常常要面临失败,且感到不如别人,比如,学习不顺利,别的孩子会干的事情自己不会干,没有别的孩子那么聪明灵巧等等,从而引发自信危机。

孩子在这个阶段突然感觉不那么相信自己了,开始自我怀疑了,怎么办呢?这个阶段的孩子遇到失败很容易自卑,我们千万不要夸大孩子的缺点,不要因为学习不好就否定孩子的全部。家长要及时鼓励孩子,给予孩子信任,降低孩子的焦虑,告诉孩子失败很正常,人人都会失败,引导孩子认识自己、接纳自己。让孩子知道每个人都有自己的优点和长处,都有自己比较擅长的方面,每个人也都有自己的弱点和短处,都有自己不擅长的方面。俗话说:“尺有所短,寸有所长。”引导孩子发现和肯定自己的长处,也认识和接纳自己的短处。

别忘了,人是靠优点活着的。我们要努力帮助孩子寻找自己的优势和特长,比如在体育、艺术、习惯、品德等方面,让孩子觉得自己在某些方面是很棒的,帮助孩子重拾自信。

儿童心理学领域的先驱——埃里克森认为,勤奋感对这个阶段的孩子非常重要,如果儿童很勤奋,并获得重要的社会和学习技能,产生自我确定感,孩子就会自信。相反,不能获得这些技能,儿童就会体验到一种无能感、失败感、自卑感。

我们都知道一句名言,“世上无难事,只要肯登攀”。家长要引导和帮助孩子通过勤奋来提高不擅长的方面,告诉孩子“勤能补拙”,任何事情,只要引导孩子多用心,多观察,多练习,就会有提高。

(3)有自尊才有自信,培养自信先从尊重孩子开始。

父母不随便责骂孩子,关于孩子的事情会征求孩子的意见,当孩子说的有道理时就听孩子的话，来自于大人的尊重，孩子会感到莫大的被尊重感和成就感，自信就是这样慢慢建立起来的。

相反，父母经常漠视孩子的权利，随意指责和否定孩子，动不动就说："你懂什么""你怎么连这都干不好，将来还能干什么?""你怎么这么笨"等等，孩子连最基本的被尊重感都体会不到，那么自信又从何而来呢?

(4)总拿孩子跟别人比，再好的孩子都没自信。

为什么美国人看起来比较自信，都敢于自信、从容地表达自己的想法? 因为在他们成长的过程中，他们的父母总是鼓励他们成为自己，而不是总拿自己的孩子去跟别的孩子比。

人人都有缺点和不擅长的地方，而我们的很多家长总是习惯于拿别人的特长来比自己孩子的不足，"你看人家谁谁多优秀""同样的事，同样的年龄，别人能做到，你怎就做不到""你看谁谁比你强多了"。这些话如果从别人嘴里说出来，这种"激将法"很有可能会激烈孩子奋起，可如果这话从父母嘴里说出来，绝对只能是对孩子的打击和刺激，让孩子失去自信和勇气。可事实偏偏是，别人很少这样说孩子，而父母却说得最多。想一想，其实不用你说，孩子们自己本能地也会去跟别人比，感到不如别人时本来就很容易自卑，这正是孩子最需要鼓励的时候，而我们却常常在孩子的伤口上撒盐，让孩子更加自卑，更加没有勇气。

这样比下去，再好的孩子也会没有自信。

有这样一个故事，值得我们回味：

1975年母亲节时，正在哈佛大学读书的比尔·盖茨在寄给他妈妈的贺卡上，用斜体英文写着这么一段话："我爱您！妈妈，您从来不说我比别的孩子差，您总是在我干的任何事情中不断寻找值得赞许的地方，我怀念和您在一起的所有时光。"

有几个妈妈能做到这一点："从来不是说自己的孩子比别的孩子差，还总是在寻找孩子身上值得肯定的地方"，如果你的周围真有这样的妈妈，那她的孩子也一定会感念她一生，这个孩子也一定会更有出息。

5 必须要让孩子从小明白“诚信是无价之宝”

“人而无信，不知其可也。”大家都知道这句话的含义。诚信是立身之本，诚信更是一种高贵的品格，也是成功必不可少的根基。

培养健康人格，教孩子做人，诚信是一门基础课和必修课，因为人格健康的人都是诚信的人，诚信的人才是成熟的人，诚信的人才是最聪明的人。让孩子从小了解诚信的价值，养成讲诚信的品格，他一生都将活得坦坦荡荡，受益无穷。

一提到要教育孩子从小讲诚信，很多家长都会想到教育孩子讲诚信，就是教育孩子不说谎，其实诚信的范围和价值要远大于此，至少还应包括讲信用和勇于承担责任。

如何面对孩子的撒谎？

其实每个孩子都说过谎，而且几乎从刚学会说话就开始。我们千万不要轻易地将此视为道德问题而大动肝火，因为孩子的谎言和成人的谎言有本质的区别。

但我们不能轻视或忽视孩子的撒谎，切记：撒谎一旦形成习惯，再期望去改变它，那就很难了。

面对孩子的谎言，我们一定要具体问题具体分析。我们大致可以把孩子的谎言分为三类：

(1)“吹牛”。

比如“我敢像我爸爸一样，把一条蛇放在我的脖子上”诸如此类的谎言，年幼的孩子常常把想象中的世界和现实混淆，大家不必担心，等孩子慢慢长大后，这类谎言可自行消失。

但如果孩子“吹牛成性”，常在小朋友或同学面前吹嘘自己，我们就有必要对他进行教育和引导，否则长大后会养成夸夸其谈、虚浮不实的性格，让人不可信任。

(2)害怕受到批评或惩罚而撒谎。

著名的哲学家罗素说："孩子不诚实几乎总是恐惧的结果。"孩子为什么要说谎？害怕受到惩罚是最主要的原因。

我上小学的时候，就常看到一些同学没考好时，就擅自改写考试通知书，再拿回家给父母看，因为他们怕挨打。

想一想，擅自改成绩欺骗父母，和一次考试没考好，哪个更严重？说真话和看到一张满意的成绩单，哪个更有价值？

家长的选择和导向作用，往往决定着孩子是否撒谎。当你看到一张不理想的成绩单，首先肯定的是孩子的诚实，"你能告诉爸爸妈妈真实的情况，我们很欣慰"，然后再引导孩子分析没考好的原因，孩子以后再遇到类似这样的问题，就不会选择说谎。

相反，当孩子第一次带回一张不理想的成绩单，你就粗暴地加以训斥和指责，甚至是打骂，那孩子下次能不学会说谎吗？

面对孩子的撒谎，重要的是，你看重的和强调的是什么？你看重的是孩子面对错误或失败时的诚实和勇气，那孩子就会选择诚实和勇气；你只是一味地强调孩子的错误和失败，还要加以严厉的批评和处罚，那孩子下次就会选择撒谎或逃避。

坚定而明确地告诉孩子，大人们欣赏的是诚实和勇气，而撒谎只能带来更重的惩罚。

(3)为了获得父母或别人的赞扬而撒谎。

害怕受到惩罚而撒谎，有时是出于人的本能，一种自我保护，是被动的，是由家长的行为引起的。而为了获得父母的赞扬而撒谎是主动的，但有时又是出于善意的。

对于这样的谎言，我们不能因为孩子的出发点是善的，就轻易地让孩子得逞，送上你那廉价的、虚假的赞扬。要让孩子感觉到，说实话会更让爸爸妈妈高兴和欣慰，而为了获得爸爸妈妈的表扬而撒谎，只能让我们更失望。

为了得到别人的欣赏和赞扬而撒谎，常常还跟虚荣心有关。在孩子还小的时候，我们就应该引导孩子思考：怎样才能得到别人真正的尊重和欣赏？怎样做反而会得到别人的唾弃和鄙视？引导孩子正视现实，悦纳自己，实事求是。

孩子说谎并不可怕，我们每一个人谁也不能保证自己从没说过谎，从不会说谎的孩子长大后可能又太过老实。所以，不要轻易给孩子下定论、贴标签，不要动不动就说"那么小就骗人，长大后肯定学坏"，"这孩子就是爱撒谎"，"你又在骗人"等这些最伤害孩子、最误导孩子的话，你越这样说，孩子反而会越像你说的那样发展。

让孩子知道"一个人的信用是无价之宝"

"一言九鼎"、"一诺千金"、"言必信、行必果"，这样的词语听起来都给人以响当当、顶天立地的感觉。如具备这种高贵的品质，那这个人就是个可以顶天立地的人，在任何时候，别人都会信任他、支持他。

要让孩子知道，一个人的信用就是他最重要的标志，是无价之宝。这种品质需要从小养成，我们发现很多有成就的人，无不是从小就养成了这种高贵的品质：

备受尊敬的宋庆龄先生，从小父母就教育她要做一个讲诚信的人。

有一次，父母要带全家去伯伯家做客，其他孩子都穿戴整齐准备出发了，只有宋庆龄仍然坐在钢琴前不停地弹琴。

母亲喊道："孩子们，我们该走了！"

宋庆龄不由自主地站了起来，但又很快坐了下去。父亲问道："孩子，你怎么了？"

宋庆龄说："今天我不能跟你们一起去伯伯家了。"

"为什么呢？"妈妈焦急地问道。

"我昨天已经答应了我的朋友小珍，她今天要来我们家，我要教她叠花。"宋庆龄说。

父亲说："要不就下次再教她吧！"

"不行，我已经跟小珍约好了，她来会扑空的。"宋庆龄着急地说。

"要不，你回来后到小珍家去解释一下，向小珍道个歉，明天再教她。"妈妈出了个主意。

"不行，您不是经常教育我要信守诺言吗？我已经答应了别人的事情，怎么可以轻易改变呢？"宋庆龄坚定地摇了摇头。

"哦，我们的小庆龄真是一个讲信用的孩子，"妈妈会心地笑了笑，"就让庆龄留下吧!"

父母带着其他孩子去做客了。回家后却见宋庆龄一个人在家里。父亲问道:"庆龄,你的朋友小珍呢?"

"她没有来,可能她临时有什么事吧。"小庆龄平静地回答。

妈妈心疼地问:"小珍没有来,那我们的庆龄不是很寂寞吗?"

宋庆龄却回答:"不,妈妈,虽然小珍没有来,但我仍然很高兴,因为我信守了诺言。"①

每一个孩子都应该熟知几个关于诚信的故事,如那个影响了几代人、流传至今的故事《狼来了》,如上面讲的小宋庆龄的故事,还有你身边遇到的讲诚信的正面故事和不讲诚信的反面故事。

你必须先给孩子演示什么是诚信

对孩子的诚信教育除了言传以外,更重要的是身教,在孩子的思想品德尚未定型时,父母的一言一行都对孩子有着重要影响,我们首先要为孩子树立好榜样。

曾子(名参)是我国古代著名的思想家,我国历史上有一个很有名的曾子杀猪行诺,教育孩子诚信的故事②:

有一次,曾参的妻子要上街,可是小儿子拉着她的衣襟,又哭又闹,要求跟着去。曾参的妻子被闹得没有办法,就对孩子说:"你留在家里,妈妈回来杀猪给你吃!"孩子被哄回家去了。

曾参的妻子从街上回家,只见曾参拿着绳子在捆猪,旁边还放着雪亮的尖刀,正在准备杀猪呢。他的妻子赶忙制止他说:"我刚才是和小孩子说着玩的,并不是真的要杀猪呀!"

曾参说:"孩子是不能欺骗的。孩子小,什么也不懂,只会学父母的样子,听父母的教训。今天你说话不算数,骗了孩子,就是在教孩子讲假话。再说,母亲骗了孩子,孩子觉得母亲的话不可靠,以后再对他进行教育,他就不容易相信了。这样做,对家教是很不利的。"

---

① [德]卡尔·威特著,赵健、邹舟主编:《品格决定孩子的未来》,内蒙古人民出版社2008年10月第1版,第28—29页。

② 常瑞芳主编:《幼儿家庭教育与指导》,高等教育出版社2005年12月第1版。

结果，他说服了妻子，还是把猪杀了。

为了让孩子乖乖地听话，为了不给自己添麻烦，很多家长会随便给孩子一些承诺，比如“我明天一定带你去”“咱们先回家，回家我给你讲故事”“我下次一定给你买”，孩子听信了你的话，顺从了你的意思，等孩子达到你的要求以后，你却把这些承诺忘得一干二净。你一定觉得孩子也一定早忘了，孩子确实有可能忘了，但如果你还记得，并且兑现你的承诺，你在孩子心目中的形象和魅力会在一瞬间大大提升，孩子以后会更信任你，你对孩子说的话会更有分量。你用实际行动为孩子示范了什么是诚信，让孩子体会了诚信的魅力和力量。

你如果总认为只要这次把孩子哄过去了，时间长了孩子就会忘了，请记住，孩子不会每次都忘，即使真忘了，孩子一定有感觉，你下次再哄孩子的时候，孩子就会记起来，你再说什么都不管用了，更重要的是，你在孩子心目中的形象已经大打折扣了。

一位母亲的危机处理

一个讲诚信的人一定懂得自己要为自己说过的话负责，自己要为自己做过的事负责。一个从小就学会了勇于担当、知错能改的人，长大后也会是一个讲诚信、负责任、值得信任的人。

孩子尚小，他还不能深刻体会勇于承担责任的重要性；他能力尚弱，勇于担当对他来说还需要很大的勇气，这就需要家长坚定地支持、引导、鼓励和示范。

在《读者》2010 年第 9 期上看到过这样一篇文章，题目叫《一位母亲的危机处理》，这位母亲的做法和教育方式值得我们每一个做家长的借鉴和学习：

在杭州一个小区，宁静的小区道路两旁，停满了私家车。谁也没有想到，平时停得好好的小车，瞬间惨遭毒手，被利器划得伤痕累累。粗略估计，仅这些划伤的修理费，就需要四五万元。有人报了警，愤怒的车主们发誓要揪出恶意划车的人。

小区的监控录像被调了出来，从监控录像上可以看出，是一大一小两个孩子干的，大一点的像个小学生，小的估计才上幼儿园。他们一路走，一路划……这是谁家的孩子？但监控录像看不太清，没人认识这两个孩子。

警方开始调查。网络和第二天的报纸上，都报道了这件事。

第二天下午，一位妇女给派出所打电话说，划伤汽车的是她的孩子。

她也住在那个小区。她是第二天才从网上看到小区车子被划伤的帖子的，帖子中描述的两个孩子，大的很像她的孩子，而小的是她同学的孩子。她赶紧跑到小区物业公司，调看了监控录像，果然是她的孩子。

她意识到问题的严重性。冷静下来后，她是这样处理的——

给派出所打电话，毫不犹豫地告诉民警，车是自己的孩子划的，我们将承担全部责任。

晚上，儿子放学回家。她问他：是不是你干的？儿子低头不说话。她对儿子说：你是男子汉，是你做的，就要勇于担当。儿子承认，是他干的。又问他：如果你的折叠车被人划伤了，你心疼不心疼？儿子说：心疼。她说：你的折叠车几百元就可以买到，而人家的车，一二十万，有的甚至上百万，你说会不会心疼？儿子向她连鞠了几个躬，说：妈妈，我错了！

她打印了一份致歉信，向所有被划伤车的车主表达歉意，并表示愿意承担全部责任和修理费用。致歉信复印了几十份，张贴在小区所有的出入口和楼梯口。

她还联系了一家信誉很好的汽车修理行，负责修理所有被孩子划伤的汽车。

第二天、第三天，连续两个晚上，等儿子做完作业，她领着孩子，挨家挨户登门道歉。她要求，门铃都由儿子自己摁，这是让儿子面对错误的第一步。儿子在课余折叠了很多纸船，上面都醒目地写着“对不起”三个大字，他要将这只船作为礼物，送给车主们。每到一家，孩子一进门就说：“对不起，我不知道划车的后果这么严重，请你们原谅我。”所有的车主都表示，愿意原谅孩子。

她对儿子说：叔叔阿姨都很宽容，原谅了你。但是，你要记住，千万不要把别人的宽容当成自己犯错的借口，你要敢于担当，知道什么叫责任心。

一场危机，被这位母亲成功地化解了。而作为犯错孩子的母亲，她自始至终都没有推卸责任，没有逃避，也没有雷霆大发。

事情圆满解决，车主都很满意，更重要的是，孩子认识了错误，学会了担当，获得了原谅。他这辈子都不会忘记这次教训，但也不会在心灵上留下难以弥补的阴影。

孩子不是天生就能学会勇于承担责任的，也不是每一位家长都能像上面那位母亲那样勇于担当，能为孩子做好榜样的。这个孩子有这样的母亲，通过这次危机的处理，他一定深切理解和学会了勇于承担责任，一定得到了锻炼和成长，将来肯定会成为一个讲诚信、负责任的人。

6 成功的人都是勤奋的人

曾国藩说，勤奋乃人生第一要义。

美国实业家、慈善家洛克菲勒，被誉为人类近代史上的首富，他从一个周薪只有5美元的书记员，到拥有巨额财富的全球首富，他是怎么做到的？我们来看看他自己是怎么说的①：

机会如同时间一样是平等的，为什么我能抓住机会成为巨富，而很多人却与机会擦肩而过、不得不与贫困为伍呢？难道真的像诋毁我的人所说，是因为我贪得无厌吗？

不！是勤奋！机会只留给勤奋的人！自我年少时，我就笃信一条成功法则：财富是意外之物，是勤奋工作的副产品。每个目标的达成都来自于勤奋的思考与勤奋的行动，实现财富梦想也依然如此。

……

我自孩提时代就坚信，没有辛勤的耕耘就不会有丰硕的收获，作为贫民之子，除去靠勤奋获得成功、赢得财富与尊严，别无他策。上学时，我不是一个一教就会的学生，但我不甘人后，所以我只能勤恳地准备功课，并能持之以恒。在我十岁时我就知道要尽我所能地多干活，砍柴、挤奶、打水、耕种，我什么都干，而且从不惜力。正是农村艰苦而辛劳的岁月，磨炼了我的意志，使我能够承受日后创业的艰辛；也让我变得更加坚忍不拔，并塑造了我坚强的自信心。

实业家的成功靠的是勤奋，科学家、艺术家、作家、企业家，凡是有成就的人，

① [美]洛克菲勒著，张占磊编译：《洛克菲勒留给儿子的38封信》，中华工商联合出版社2012年10月第1版，第128—130页。

都是勤奋的人，没有人能随随便便、轻轻松松成功。

沃尔夫数学奖获得者，瑞典皇家理工学院数学研究所的数学家卡尔森，曾这样总结数学家们的成功之道：

数学家中确有极少数宛如有神助般的天才人物。高斯是“解题数学家”的典范，牛顿、爱因斯坦、希尔伯特和格罗腾迪克是建构体系数学家的代表。在我的一生中，仅仅遇到几个很少这样的数学家。就包括诺贝尔奖获得者在内的大多数数学家而言，除了良好的智力外，成功的最重要原因仍然是吃苦耐劳与坚持不懈。即使是牛顿，其万有引力定律也是“长期专注思考的结晶”。①

勤奋是我们得以生存的保证，是任何事业成功的基础。即使你有再高的天赋和才华，如果缺乏勤奋，终将一事无成。

我们身边有太多原本资质聪颖，却因为懒惰而毫无建树，荒废了学业和事业的人。反而是那些资质平平，但勤于学习和积累的人最终取得了成功和成就。

勤奋还常常和吃苦耐劳、俭朴、诚信等优秀的品质息息相关。可以说，勤奋能造就更多的好品质，而懒惰却是万恶之源。一个人如果懒惰成性，可能连基本生活都无法维持。

如何让勤奋成为习惯？

其实，我们每个人都深知勤奋的价值和意义，可为什么还是有很多人却做不到呢？

这是从小的习惯使然。若从小就养成了饭来张口、衣来伸手的习惯，从小就懒散成性的人，很难指望他日后成为一个勤奋、努力奋斗的人。

勤奋要从小培养，让勤奋成为受用一生的好习惯。

你或许不知道怎样培养一个勤奋的孩子，但你一定知道怎样会养育出一个懒散的孩子，那就是溺爱，溺爱的孩子没有一个是勤奋。

下面我们就来探讨一下，如何培养孩子勤奋的习惯：

(1)勤奋从做家务开始。

从小娇生惯养、养尊处优的人，绝不会成为一个勤奋的人。

---

① ［美］阿卜杜斯·萨拉姆国际理论物理中心编，赵乐静译：《成为科学家的100个理由》，上海科学技术出版社2006年版。

既然家长们都知道这个道理,可为什么就是做不到呢？家长们一定会说:“现在孩子的学习压力大,也很忙,只要他能好好学习,家里什么也不让他做。”

大家别忘了,懒惰的孩子,学习好不了,以后的生活也好不了。可如果养成了勤奋的习惯,一定会有利于孩子的学习,他日后的生活也会因勤奋而美好。

我常听到家长说:“我家的孩子懒得不得了,在家里什么都不做,现在都上中学了,连他的袜子都是我洗,我简直就是他的佣人。”我心里在想,这又能怪谁呢?你为什么不让孩子做呢？再这样下去,你的苦日子还在后头呢。

请家长们引以为戒,千万不要因为孩子要学习,就不让他做家务。孩子自己的事情,就让他自己做,同时还要做一些公共的家务活。

偶尔做一两次家务不行,经常做才能养成习惯。常做家务,不但能培养孩子的责任感和动手能力,积累生活经验,还会让他更加珍惜学习的机会和时间,提高学习效率,勤奋的习惯更会让他在学习上努力钻研。

(2)引导孩子制定作息时间表。

不要小看制定作息时间表的功效,举个很简单的例子,放假时,假如你不在前一天计划一下你明天要做的事,你可能会懒懒散散地睡到很晚才起床,即使早醒了,可能还要在床上赖很长时间。可如果你前一天晚上计划一下明天的安排,你可能就不会稀里糊涂、无所顾忌地在床上赖很长时间。

人只要心里有事,有目标,就不容易懒惰。只要孩子制定了作息时间表,他至少计划和思考了每天的安排,他就知道自己还有很多事要做。请你放心,没有哪个孩子会计划要从早玩到晚,他们往往会计划得比你想象的还要细致。

不要担心孩子制定了计划,坚持不下来,坚持不下来很正常,但只要制定了计划就比不计划要强得多。建议孩子把作息时间表贴在自己的床头,每天睡觉和起床都能看得到的地方,这样会对孩子有一定的约束力。当孩子哪天没有按计划做到时,他也会感到内疚和后悔,下次会注意和改进。

有了作息时间表,你提醒和督促孩子时也就有了依据和标准。孩子刚开始执行计划的时候会比较难,需要毅力和勇气,看到孩子能坚持时,家长要及时肯定和表扬;孩子忘记时,要及时提醒和督促。有实验研究表明,只要坚持下来,一般21天左右,便可养成习惯。

需要提醒的是,作息时间表一定要先让孩子自己制定,而且一定要写出来。他制定的过程,就是他自我教育、自我管理的过程,越是他自己制定的,他越会愿意去执行。当然,家长也可以提一些让孩子觉得有道理的建议。

(3)当孩子表现得勤奋时,要及时肯定和赞扬。

享受比劳动舒服,懒散比勤奋舒服。对于孩子来说更是如此,早上多睡一会,比早起读书或锻炼要舒服、容易得多。

要培养孩子勤奋的习惯,离不开家长的肯定和赞赏,只有这样,孩子才能更有信心、更有兴趣地坚持下去。

当孩子辛辛苦苦地洗了一堆衣服,或自己为家人准备了一顿饭,可你却一句表扬的话都没有,也没有表现出欣喜和高兴,好像做和没做没有什么区别,孩子一定会大失所望,甚至倍受打击,他下次再去做这些事的可能性就极低。可如果你及时地称赞和表扬,孩子一定会大有成就感,也会倍受鼓舞,这会促使着他下次再去做这些事,做得多了,就会形成习惯。

(4)用勤奋的故事和名言激励孩子。

就像每个孩子都需要熟悉几个诚信故事一样,每个孩子也需要熟悉几个关于勤奋的故事。故事这种寓教于乐的形式,孩子既感兴趣,又容易接受,故事中的人物常常会成为他们学习的榜样,激励着孩子不断进步。

为了养成勤奋这一美德,父母还应经常对孩子进行这方面的宣讲,常对孩子说一些关于勤奋的名人名言,如"一分耕耘一分收获""勤奋乃人生第一要义""天才出自勤奋"等等。还可以让孩子把这样的名言警句写出来,贴在墙上,提醒和激励孩子。

勤于思考的人才更接近成功

在当今这个科技高度发达、社会发展日新月异的环境里,培养孩子勤于动脑,就显得尤为重要。越勤于思考的人越聪明,独立思考的能力越强,也更容易成功。

如何引导孩子勤于动脑呢?

(1)耐心对待孩子的"为什么"。

孩子对千姿百态、五彩缤纷的世界充满了好奇,经常没完没了地问"为什么"。心理学上将孩子成长的这一时期称为"询问期",这个时期,孩子的大脑处于快速发育阶段,语言和智力突飞猛进。

只要孩子能提出问题,就说明他在思考和探索,我们千万不要去打压孩子这种勤于思考、勇于探索的热情。问的问题越多,说明孩子越爱思考,很多科学家、名人从小都很爱提问。

我时常观察家长们怎样对待孩子的为什么，发现很多家长对孩子太多的为什么，总是缺乏耐心，要么是简单、草率地直接告诉孩子答案，要么就是不耐烦地打压孩子的热情。

比如，一位上小学一年级的小男孩，在下雨天和他的妈妈一起出行，小男孩很好奇地问他的妈妈："天为什么要下雨？"只见他妈妈不耐烦地说："我怎么知道，老天爷要下雨，我有什么办法。"这位妈妈错过了一个绝好地引导孩子去探索和思考的机会，更重要的是无情地打击了孩子探索和思考的热情和精神。

面对孩子的问题，如果是简单的常识，我们可以耐心地告诉孩子答案，对于稍复杂的，或你还不太清楚的，要鼓励孩子去积极探索。你可以告诉孩子："这个问题问得很好，妈妈还不太清楚这其中蕴含的科学道理，我们回去好好查下这方面的资料，说不定你以后还能成为这方面的科学家呢。"孩子听到这样的肯定和鼓励，一定会更有探索的热情，当孩子通过自己的努力和探索得出答案时，他会充满成就感，也会更加喜欢动脑和思考。

如果你为了方便和省事，总是直接把答案告诉孩子，或者用简单的答案打发孩子，孩子就会习惯依赖家长的答案，而不会自己去思考和探索。

(2)鼓励和引导孩子多思考。

我们不但要耐心对待孩子的主动思考，还要鼓励和引导孩子多思考。我们可以经常主动地创造一些问题去引导孩子思考，如"你知道电话的原理吗？"还可以常和孩子商量生活中的问题和解决办法，如"你觉得这件事情怎么办好？""你有没有更好的解决办法？""你是怎么认为的？"等等。

当孩子通过自己的努力弄懂了一个原理，或独自解决了一个问题，我们不要忘记送上表扬和欣赏。孩子自身的成就感再加上家长的肯定和赞赏，一定会鼓励和激励着他不断地去思考和探索。

第三章

最危险、最失败的家庭教育

很多家长对孩子的教育尽心尽力，生怕因为自己的疏忽耽误了孩子的未来。可由于不懂得家庭教育的科学和规律，家长越是尽职尽责，就越偏离了正确的方向，用自己的满腔热情耽误了孩子的一生，也错失了整个家庭的幸福和美满。

1 溺爱是毁灭性的教育方式

娇生惯养恐怕是当今社会家庭教育失败的最主要原因之一。要培养健康人格,要让孩子以后能自立和幸福,溺爱和娇惯就是最大的敌人。

司马光说:“为人母者不患不慈,患于知爱而不知教也!”意思是说:做母亲的人,不用担心她不爱自己的孩子,担心的是只知道爱孩子而不知道怎么教育孩子。

说到这个话题,就有一幅画面展现在我的眼前:

以前我所住的小区里,常能听到一位老母亲坐在自己家门口放声大哭,其状深深地感染着每一个见到和听到的人,到底是什么原因让一个历经风雨的老人如此痛心,老人的心里到底有多大的痛楚和委屈。

周围的老邻居们纷纷走上前去安慰老人,后来得知原来老人有四个儿子,前三个儿子都成家立业了,只有这个小儿子,已经40多岁了,以前结过一次婚,但因为他整天游手好闲,不务正业,妻子早就和他离婚了。他曾几次被警察逮捕过,但还是不知悔改。

老人说这个小儿子到现在还和自己住在一起,靠她的退休金勉强度日,根本没有多余的钱供儿子开销。这个小儿子经常向她要钱花,老母亲没有及时给他,他就和母亲吵架,言辞激烈,甚至用难以入耳的话骂母亲,有时候急了,还会对母亲推推搡搡,施以拳脚,要么就是在家里大发脾气,摔家里的东西。

这位老母亲已经快70岁了,哪能受得了这般折磨?难怪她会哭得那样痛彻心扉。

每当这时,老人都会痛心疾首地说:“都怪我把儿子从小给惯坏了。”

我们能体会到这位老母亲的心情,自己辛辛苦苦把儿子养大本已不易,为儿子倾注了那么多的爱,最终却换来这样的结果,老人追悔莫及,我们也为她痛惜不已。

我们同情老人的境遇，同时老人的那句“都怪我把儿子从小给惯坏了”也给我们敲响了警钟。

因为从小娇生惯养，长大后问题不断，依靠父母，指使父母，不能适应社会，不能自立的案例比比皆是，举不胜举。

尽管我们都知道娇惯孩子的危害，可娇惯孩子的现象较过去还是有过之而无不及。

溺爱孩子的家长，你们知道吗，孩子小的时候，你还可以满足孩子的要求，可当孩子长大以后，当孩子对你的娇惯和依赖习以为常以后，如果有一天你没有满足孩子的要求，或者是你突然觉悟，觉得不能再这样娇惯孩子的时候，孩子却根本无法接受，不知有多少血淋淋的教训摆在我们面前。

他为什么会杀害自己的亲生母亲？

中央电视台《心理访谈》栏目曾报道过这样一个案例：

2010年10月的一天，上海的林某在自己家里杀害了自己的母亲。

这个家庭到底发生了怎样的事呢？是什么让一个孩子对自己的亲生母亲痛下毒手呢？

林某大学毕业后，在一个工厂里工作，因为经常要上晚班，林某就犹豫要不要再干下去，心疼他的母亲就对儿子说：“儿子，那你就不要去了，妈妈养你到老也没关系。”

儿子回家时简直欣喜若狂，心安理得地开始了啃老的生活，天天在家里上网、睡觉，浑浑噩噩地过了几年。

有一天，他突然给父母说他想炒股，父母这些年第一次看到儿子主动想要谋生，当然倍感欣慰，父亲把自己20万的安家费都拿出来支持儿子，母亲开始和儿子共同炒股。

一段时间后，因为炒股他和母亲发生了矛盾，就向母亲要炒股赚来的钱，认为这钱都是他赚的。

可是母亲却一反常态，没有给他，他就开始以绝食、离家出走来威胁母亲，心想母亲一直疼爱自己，自己这样做，母亲一定会很快向他妥协，可结果却出乎他的意料，母亲并没有向他妥协。

他和母亲发生了激烈的争吵，情急之下，竟对母亲连刺数刀，致母亲当场死亡。

在采访中，父亲说："在我们居委会，母亲宠孩子的，我老婆算第一，没有第二了。"

我们从各种媒体中了解的类似事件还少吗？如果你还觉得这还只是个例的话，那么那些成年后从不知体贴父母，还伸手向父母要钱，或者为了争夺家庭财产和父母针锋相对，父母如果不满足他，就大发脾气，砸家里的东西，甚至拿自杀和跳楼来威胁的常有耳闻。

以前的家庭大多是一对父母要带好几个孩子，再加上生活的压力，父母很难对每个孩子精心呵护。每个孩子不但要自己照顾好自己，还会照顾弟弟妹妹，懂得帮父母分忧解愁。正是这样的氛围让孩子们有了更多的机会去体验和锻炼，从中体会到了生活的不易，懂得了一分耕耘一分收获，各方面的能力也得到了很好的锻炼和提高，生活教会了他们很多做人的道理。

而现在的很多家庭是多个大人围着一个孩子转，生怕孩子吃苦受累、受委屈，恨不得什么都替孩子做。可知娇惯孩子的背后隐藏着巨大的隐患，可知娇惯孩子是好心办坏事。

她为什么要杀害自己的亲生儿子？

2012 年 5 月的一天，新疆昌吉市发现了一具男尸，后经警方调查，原来竟是被害者的母亲亲手策划了这一幕，到底是什么原因会让一个母亲想要结束自己儿子的生命，中央电视台的《今日说法》栏目对这一案件进行了报道：

被害者马某的母亲曾有过几次婚姻，早年的生活并不富裕，后来生活条件好了以后，她就尽量地弥补儿子，经常给孩子钱花。民警说："马某的母亲对他比较溺爱，逆来顺受，要什么给什么，从小养成了他嚣张跋扈的性格。"

马某 19 岁的时候染上了毒瘾，而那时他的母亲还并不知道毒品的厉害，儿子找她要钱她就会给，直到前夫因儿子吸毒的问题和她离了婚，她才知道了问题的严重性。她几次把儿子送到戒毒所去戒毒，但出来后还是会吸。

为了帮儿子戒毒，她不再给儿子钱，儿子就经常殴打她，周围人尽皆知。母亲后来又帮儿子买了房，开了出租车公司，买了几套门面房，希望儿子能自食其力，但根本不起作用，积累的300多万家产在四五年间被儿子挥霍一空。马某还会到处找母亲要钱，动辄就打母亲，连继父也跟着一块打。马某因吸毒染上了艾滋病，有一次他用自己吸毒的针管扎母亲，说要把艾滋病传给母亲，尽管后来母亲没有染上艾滋病，但这件事伤透了母亲的心。

马某的母亲说，儿子对她的折磨让她无法忍受，她多次想到了死，可是自己死了，儿子还会去找亲戚，她实在没有办法了才想到了杀死自己的儿子。

父母结束自己孩子生命的事情，我们听过的不止这一件，有的是老人家不堪忍受孩子的殴打和折磨，有的是怕孩子出去危害社会。

不管你的一生有多成功、多富有，一个不成器的孩子会让你的晚年不得安宁，痛苦不堪。

娇生惯养的孩子将来最痛苦，父母将来最命苦

大家都知道娇生惯养的孩子都缺乏同情心，没有责任心，都极度自私自利，都懒散成性，吃不了苦，难以自立。

你相信有人因为娇生惯养而饿死吗？还真有这样的事。

据《扬子晚报》(2010年8月6日)报道：

一个23岁神智正常的小伙子杨某，居然活活饿死在自己家里。

他的堂哥在接受记者参访时说："他是我们堂兄弟八个当中长得最英俊、最聪明的，也是最懒的。"

村里人议论纷纷："这孩子就是被父母给娇惯的，长这么大什么也不会。""真没见过这样的孩子，宁愿饿死、冻死，也不干活。""他8岁时，父母出门时，还把他用担子挑着，不让他走路。""他有时也试着干活，他父母看见后就说，你到一边玩吧，别累着。"

杨某13岁那年，父亲因为肝病去世。他的母亲仍然宠着他，一点农活也不让他干。到后来，他的母亲身体越来越不好，不得不叫他去干活时，杨某根本不干，一不高兴就打母亲。

杨某每天无所事事，他母亲承担着一切农活和家务，结果积劳成疾。他18岁那年，他母亲因病去世。

父母相继离世后，他还是什么都不愿意干，母亲去世没多久，他便卖光家里所有值钱的东西，最后就到村里各家讨饭吃。村民们说："吃到一顿饱饭后，他就一直睡，有时能睡一两天。饿到不行的时候，他再出门讨饭吃。"

杨某的堂哥说："2009 年 12 月，下了几天大雪，我估摸着他好几顿没吃饭了，就提着饭、拿着被子到他家去，结果发现他全身僵硬，已经断气了。"

为什么说"惯子如杀子"，这就是一个最好的例证。每个人天生都有惰性，都愿意舒服和享受，没人天生就愿意受苦劳累。勤劳还是懒惰，都在于后天的培养，进而养成习惯。

如果不经常让孩子干活，不经常让孩子参与家庭的事务，不让孩子积极地动起来，甚至孩子自己的事情也不让孩子干，长期下去，就会养成懒惰的习惯，这种习惯会根深蒂固，终生都很难改正。

娇生惯养的后果，其实还远不限于此，最常见的还有：

(1)娇生惯养的孩子都没有进取心。

孩子想要什么，就能马上得到什么。孩子不用努力，不用劳动，就可以得到他需要的和想要的，甚至比他想要的还要多、还要好，他当然就不用去思考怎么通过自己的奋斗来获得自己想要的东西，也不用去思考怎么通过自己的拼搏来过上自己想要的生活。

人的欲求有一种张力，当欲求被满足时，人往往比较松弛，没有进取心。这就是为什么富裕的家庭不要全方位满足孩子的物欲，而要让孩子处在欲求不满中，促使他为自己奋斗的原因。①

为什么我们总说"男孩要穷养"，就是说不要总给孩子吃好的，穿好的，孩子一要什么，家长就马上给什么，很多时候，孩子还不需要什么，家长就已经给买回来了。有些东西可以让他等一等、盼一盼，能通过自己努力争取到的就自己去争取。让孩子体会别人有的你没有，让孩子经常有想要的欲望，这样的男孩子才会去努力、奋斗、竞争和珍惜。

最糟糕的就是家长给的比孩子想要的还要多，家里一堆好吃的，孩子吃厌了，一点都不稀罕，连看也不看；一大堆好衣服、玩具、文具，什么也不缺，想要什么就

---

① 李子勋著：《陪孩子长大》，中国广播电视出版社 2006 年 2 月第 1 版，第 67 页。

有什么,他还有什么可期盼的呢?

(2)娇生惯养的孩子最痛苦。

你以为溺爱孩子,孩子就会感到更快乐吗?完全不是这样。

著名教育家卢梭在《爱弥儿》中对父母们说:“你知道用什么办法使你的孩子得到痛苦吗?那就是:百依百顺。”

孩子想要什么马上就能得到什么,孩子就没有期待、渴望和梦想,也就不会去努力和奋斗,无法体会到经过等待、努力和奋斗后收获时的喜悦和兴奋。

如果很容易地满足孩子的要求和欲望,他的要求和欲望就会无止境地增加,直到有一天你无法承受而最终拒绝他。可他因为从未受过拒绝,这个拒绝对他来说就是晴天霹雳,让他无法接受,他会感到万分痛苦。

娇生惯养的孩子不但现在不快乐,他一生都不快乐。

(3)娇生惯养的孩子往往都在家里凶外面弱。

如果家长把孩子摆在高于父母的位置,让孩子感到父母所做的一切都是为了孩子,从小就及时满足孩子的各种需求,孩子要父母怎么做,父母就怎么做,孩子就会恃宠而骄,习惯指挥和控制大人,不顾他人的感受来满足自己。当家人没有及时满足孩子的时候,孩子就会感到无法接受、异常急躁,直接的表现就是发脾气,甚至骂人、打人,直到满足自己的需求为止。

从小被宠的孩子往往都自尊心很强,别人说不得,如果是家人说他,他就很容易冲动和暴躁,和家里人对着干,外人说他,他就很难接受,很容易受挫折。

娇生惯养的孩子会在家里很凶,脾气很大,因为他知道他再放肆,父母也不会真生他的气,而父母的过度保护,又会让他在外面显得很无能、很懦弱。

(4)娇生惯养的孩子都很脆弱,与坚强和坚定的意志无缘。

娇生惯养的孩子在家里“唯我独尊”,习惯了受全家人的宠爱和保护,这样的孩子在外面会处处碰壁,当他受到挫折、失败和打击后,会难以接受,很容易钻牛角尖、一蹶不振。这样的孩子以后做什么都不会有坚强和坚定的意志。

(5)娇生惯养的孩子各方面的能力都很差。

父母已经替他们做好了很多本该自己去做的事,父母也替他们解决了很多本该他们去解决的问题,他们从小就被剥夺了锻炼和成长的机会,能力当然要比别的孩子差。

(6)娇生惯养的孩子永远长不大。

娇生惯养的孩子从小习惯于依赖、依靠和指使父母,慢慢就会缺乏独立的意识、勇气和动力。他会总把自己当孩子看,他知道凡事都有父母替自己担着,他的思维方式和性格也会慢慢变得简单和幼稚。没有独立、自立意识的人永远都是个孩子。

(7)娇生惯养的孩子以后难以适应社会。

在家时不会做的事有父母帮着做,想要什么东西可以直接向父母要,凡事都有父母宠着。可社会跟家里完全不一样,没有人会像父母一样帮你惯你,一切都要靠自己去努力争取,娇生惯养长大的孩子当然很难适应,很难转变。

加之娇生惯养的孩子往往都很自私,不懂得站在别人的角度为别人着想,做事又拈轻怕重,这样的孩子人际关系会很差,很难融入一个集体。娇生惯养的孩子能力很差,缺乏责任心和进取心,又懒惰、吃不了苦,这些因素决定了这样的孩子很难自立。

(8)娇生惯养的孩子往往都人格不健全。

对孩子替代和保护过多,妨碍了孩子独立性的发展;溺爱的孩子自私自利,不懂得为别人着想,不能与人正常相处,又影响了孩子社会性的发展;溺爱使得孩子各方面的能力都得不到锻炼;溺爱使孩子不能融入社会……

总之,溺爱使孩子的人格不能健康发展,很容易养成人格缺陷,而这是最危险的,也是最失败的。

(9)娇生惯养的孩子容易走向犯罪道路。

娇生惯养的孩子只想享受,想过好的生活,但又吃不了苦,好逸恶劳,总想不劳而获,不知同情和体谅别人。如果家长对他从小比较放纵,管教和限制得较少,他长大后,迫于生存,或者是想得到他想要的东西,就会不择手段。

(10)娇生惯养的孩子身体也更娇弱。

很多家长一定以为,对孩子的身体精心照顾,孩子将来才能有一个好身体。如果你这样想的话,那恐怕要让你失望了。为什么我们常说“温室的花朵经不起风雨”,那些经常风里来雨里去、磕磕碰碰长大的孩子,身体会更强健、更“皮实”,不让孩子经历一点寒冷和饥饿,不经历一点风霜雨雪,孩子会变得很娇气,受到一点风吹日晒就会觉得不舒服,很容易生病。

说到这里,我想到了一位非常有影响力的教育家约翰·洛克,他是17世纪英国著名的哲学家、政治思想家、教育思想家。他所著的《家庭学校》曾风靡欧美，掀起了家庭教育的浪潮，在中外教育史上占有举足轻重的地位。

他主张要让孩子从小体验艰苦，如别给孩子穿得太暖，给孩子用冷水洗脚，要让孩子学会游泳，让孩子经常过露天生活，清淡简单的饮食有益健康等等。

在《家庭学校》一书里，他有这样的论述①：

其实要孩子健康，说来非常简单，可以归结为这么一点：给孩子体验艰苦。话一出口，就可能遭到天下父母的非议，母亲们可能会觉得这简直就是老粗的方式，太过残酷，父亲们也可能认为我说得太轻飘、缺乏可信度。对此我可以详细地解释一下：别的先不谈，有一点是我经过大量悉心观察后得出的结论，大多数孩子之所以身体不够强壮，都是因为娇生惯养。

……

即使在冬天，也应该尽量少躲在屋里烤火，到外面去走走。这样，孩子的身体冷热晴雨都能适应自如。一个人活在世上，总不能连冷啊热的，或者下雨放晴都不能适应吧。这种基本的素质如果等孩子长大成人再着手去培养，那就太晚了，一定要尽早养成，因为只要着手够早，身体对于任何情况都是能够适应的。问题就在于：在习惯最初养成的时候，把他培养成什么样的习惯——是强健活泼的呢？还是娇弱不堪的？如果把男孩老放在阴凉处，不让他经受一点点风吹日晒，免得他皮肤变黑变粗，这样带大的孩子或许会成为一个美男子，可是肯定不能成为一个有用的人才。至于女孩对于容貌固然要多注意一些，但我还是要说，户外活动对于面容并不会有损害。越多地在户外活动，她们就长得越健康，适应力就越强。越是把女孩像男孩一样放手去带，对她们将来一生一世的幸福就越是有好处。

(11)溺爱是把双刃剑。

为什么说溺爱是把双刃剑？溺爱孩子的父母把孩子看得太重，对孩子付出的太多，自然就对孩子的期望更高，要求更多，正所谓“爱之深，恨之切”。而这样就又犯了两方面的错误，对孩子期望过高、要求过严都很不利于孩子的健康成长。

对孩子溺爱而又对孩子要求过多、指责过多，随着孩子的长大，孩子会把这些年内心的压抑，以及在外面受到的挫败、不安、恐惧、愤怒、敌意都投射给父母，发

① [英]约翰·洛克著：《家庭学校》，京华出版社2005年8月第2版，第3、6页。

泄在父母的身上。关系依恋越严重的家庭，孩子和父母的冲突也越激烈，这会让父母苦不堪言，这些父母在孩子成长过程中对孩子付出的比一般的家庭多得多，但结果却比一般家庭痛苦得多。

溺爱的同时对孩子要求严，孩子长大会在家里面没大没小，无法无天，而在外面胆小懦弱；溺爱的同时对孩子不严，纵容孩子，孩子就会在外面惹是生非，无法无天。总之，只要溺爱孩子，其他的不管怎么做都不对。

溺爱可以把一个原本正常的人变成“魔鬼”，可以让一个人丧失人性。溺爱绝对是毁灭性的教育方式。

教育家马卡连柯说：“一切都让给子女，牺牲一切，甚至牺牲自己的幸福，这就是父母所能给孩子的最可怕的礼物。”

全世界的多少教育专家都证实，权威型的教养方式孩子的成才率最高，溺爱型的教育方式孩子的成才率最低。

什么是权威型的教养方式，我将在第五章《最有利于培养健康人格的家庭教育方式》一篇中详细介绍。

不信大家可以去观察一下，现在很多孩子的问题归根结底都是溺爱造成的，只要不溺爱，就可以避免很多问题的发生。

全家人辛辛苦苦、尽心尽力把孩子抚养成人，可最终孩子长大后却无法自立，还习惯于依靠、苛求和指使父母，这是每一个父母都不愿意看到的。娇生惯养不但毁了孩子的一生，也毁了父母原本可以安详幸福的晚年，毁了一个幸福美满的家庭。溺爱孩子的家长最命苦！

2 藏起你一半的爱

有些家长迷惑地问:“我们也知道娇惯孩子不好,可现在就一个小孩,父母总要尽到责任,都想对孩子好一点,可到底怎么把握好这个度呢?”

是啊,父母的爱多了少了都不行,都会影响孩子的人格健康。对于这个问题,我们关键是要把握住以下几点。

不可替代过多

有一则很有寓意的小故事:

蛾子在破茧而出之前要经历一次痛苦的蜕变,他拼命地挣脱那束缚它的厚厚的茧,它一次次地努力、挣扎,却每次都收效甚微。

看着它是那么艰难,那么痛苦,有人索性就帮它剥开那个又厚又硬的茧,直接把它取出来。结果却发现,小蛾子要么会很快死掉,要么就根本不会飞。

原来蛾子自己挣脱茧的时候,要不断地撞击,其实是在练习飞行,让它的翅膀充血,锻炼翅膀的肌肉,翅膀才能有力量,将来才会飞。

相信大家一定能从这个故事当中有所启发,很多事情一定要孩子亲身去体验和经历,才能获得经验,才能成长,这个过程谁也无法代替。你可以代替孩子做事和选择,但你代替不了孩子成长和锻炼,你代替了孩子做,孩子就不会做。我们不要剥夺了孩子成长的权利。

中国青年政治学院陆士桢教授的一段话应该引起我们的注意:

“很多父母对孩子的这种过分替代和保护,小到生活,吃喝拉撒睡,全部都替孩子打理。大到涉及孩子生存发展的很重大的问题,也都替孩子做主。这种过分替代,会带来很严重的后果。

你有多大能力,把孩子一生中所有的不良境遇都给他摆平?你又有多长的生命,能够伴随他一生?如果你让他自己去体验,自己去面对,他有可能痛苦,甚至有可能摔跤,但是他获得了经验,获得了一生当中不断要面对不如意的生存环境的经验。"

不要对孩子照顾得太周到,太体贴,孩子自己能干的事情,就让孩子自己干,是孩子自己的事情更应该自己干。

当孩子学会自己穿衣服的那天,就开始让孩子自己穿衣服;当孩子学会了自己整理书包,从此就让孩子自己整理书包;当孩子能洗自己的袜子时,就让孩子自己洗;当孩子学会洗更大衣服时,自己的衣服就应自己洗,孩子没有时间时,大人才帮他洗,如果有时间还可以让孩子帮家人洗衣服。

孩子很忙时,你帮孩子洗洗衣服没关系,但不要经常替孩子洗衣服。如果每次都是你洗,孩子就习惯了等着你洗,哪次你没洗,孩子就会不满意,就会对你有意见;如果你平时很忙,很少帮孩子洗衣服,孩子已经养成了自己的事情自己干的习惯,你偶尔帮孩子洗一次衣服,孩子反而会感激你。

教育家陈鹤琴说:"凡是孩子能做到的事情,能做的决定,大人不要替他去做,孩子进一步,大人退一步,这就是成长。"

我还要再加一句:"凡是孩子能做到的事情,能做的决定,而且有时间做,大人还替他做,这就是溺爱。"

做父母的最好藏起一半的爱,长远来看,这才是真正对孩子有利的爱,这才是对孩子真正的爱。

不可对孩子保护过多

不要怕孩子会犯错误,会遭遇挫折,会走弯路,也不要怕孩子会吃苦受累、受委屈,这些都是孩子成长过程中的必需。

黑格尔说过,假如你将所有困难都关在门外,那么成功也将被你关在门外了。"人生不如意之事常八九",孩子将来一辈子要经历和承受的困难还很多,挫折和失败也很多,孩子必须学会忍耐和面对。如果从小有任何困难和挫折,家长都出面帮他"摆平",那这个孩子将会变得非常脆弱和无能。对孩子过分的呵护和保护，只能让孩子将来遭遇更大的痛苦。

对孩子保护过多，孩子就不会自我保护；孩子经历的挫折太少，就不会面对挫折；经常帮助孩子解决问题，孩子就不会自己解决问题。长此以往，孩子就缺乏经验和勇气，变得娇气、懦弱、无能。

吃一堑长一智，每一次挫折都是一次宝贵的经历和经验，都能让孩子得到锻炼和成长。在孩子每一次战胜困难和挫折时，他的信心、勇气和能力都在增强，他会变得更加顽强和坚韧。

当然，也有一些困难和挫折对孩子来说是难以承受的，这就需要我们给予及时的鼓励和支持，引导孩子战胜困难。

孩子的成长是逐渐脱离父母，逐渐学会独立，最终得以自立的过程。父母对孩子保护过多的最终结果就是，孩子无法脱离父母，无法自立。

我们可以引导孩子学会自我保护，而不是把孩子严严地包裹在自己的庇护之下。自古雄才多磨难，从来纨绔少伟男。温室的花朵经不起风雨，娇生惯养的孩子难成栋梁。既然我们不能保护孩子一辈子，那就从小教会孩子自我保护，让孩子自己去锻炼，去磨砺。

我们小的时候，经常能看到孩子们在操场、野外疯玩，翻墙爬树，赛跑，长途跋涉，骑大人的自行车，冬天在结冰的路面上滑冰，那时哪有防护啊。可孩子们一个比一个灵活，一个比一个坚强，摔倒了，马上笑嘻嘻地就爬起来了，即使有谁受伤了，也很少见他坐在地上哭鼻子。

现在的孩子大部分时间在看书、学习、补习、上兴趣班，看起来是很安全，可别人稍微碰一下，就可能会摔倒受伤，在操场上站得时间长一点，就会晕倒……

法国伟大的教育家卢梭在他那本闻名世界的专著《爱弥儿》中，讲述了他将会这样教育爱弥儿：

我非但不小心谨慎地预防爱弥儿受伤，相反，他要是一点伤都不受，不尝一点痛苦就长大的话，我反而会感到苦恼不已。遭受痛苦，是他应该学习的第一件事，也是他最需知道之事。

我不会让他待在空气污浊的屋子里，而是每天都把他带到草地上去，让他跑，让他玩，让他每天跌一百次，越多越好。他很快就学会自己爬起来。

现在的很多家长对孩子都是呵护备至，生怕孩子受一点伤害，一个没有经受过磕磕碰碰，被呵护着长大的孩子将来怎会有坚强的意志，怎能顽强地去迎战人生中的艰难困苦？今天不让孩子“冒险”，他将来如何应对生活中的危险，这对孩子来说就是最大的危险。

不可轻易满足孩子的要求和欲望，必须让孩子从小学会克制和等待

我想先给大家讲一个小故事，这个故事摘自美国心理学家华莱士所著的《父母手记：教育好孩子的101种方法》，相信这个故事一定会给你留下深刻的印象。

冬天的一个晚上，妈妈带着3岁的皮鲁去朋友家串门。回到家里后，皮鲁突然发现一直攥在手里的一块糖果不见了。那块糖果是妈妈的朋友给的，他家没有这样的糖果。发现糖果没有了之后，皮鲁着急地哭了起来。爷爷、奶奶、爸爸、妈妈都来安慰他，并承诺第二天给他买他最喜欢的玩具。但是，皮鲁没有妥协：“我要！我要！！我一定要！！！”

皮鲁打着滚哭闹，爷爷奶奶、爸爸妈妈看得实在心疼，便带上照明工具，“倾巢”出动，沿着回来的路进行“拉网式”搜寻。眼看到了午夜12时，糖果还是没有找到，妈妈看到因绝望而死去活来的孩子，终于硬着头皮敲响了朋友家的门……

经历小小的失望就这样歇斯底里，预兆了未来灾难的来临……

皮鲁长大了，想找一个女朋友，但他看上的女孩根本看不上他。他不再打滚哭闹，而是拿起一把刀子割破了自己的手腕……

在医院里，皮鲁被抢救过来了，但是他却又开始绝食。父母哭着对他说：“你想把我们急死？不就是一个女孩吗？人生的路还长着呢，好女孩多的是。”但是他恨恨地说：“我就想要她！要她！一定要她！！”

从一块糖果开始，皮鲁被无休止的满足温柔地包围着，直至失去了理性……

溺爱和无原则的满足，让这个孩子经不起一点挫折，得不到想要的东西，他就会痛苦地难以忍受。如果等到孩子长大后，才意识到这一点，这时的父母根本束手无策。

柏拉图说：“对一个孩子最残酷的待遇，莫过于让他心想事成。”对孩子百依百顺，孩子就会成为凌驾于家长之上的皇上，一个不讲理、不考虑别人感受的霸王。最后你会发现你完全控制不了孩子，而是孩子控制着家长。

以前常说：“再穷也不能穷教育”。现在有句话说得好，“再富也要穷孩子”。

即使你家里条件再好,都不要随意满足孩子的要求,对于孩子不合理的要求决不能姑息纵容,可有可无的要限制,合理的要求也可以适当地引导孩子靠自己的努力去争取。因为,得到的太容易,就不会懂得珍惜。

从小不让孩子等待,以后当他有什么需求时,你稍晚一步,他就难以接受,你再尽力,他也难以满足。

不要一味地顺从、讨好孩子,只让孩子去做那些让他快乐的事,也应该让孩子去经历那些不快乐但也要接受的事,这才是真实的生活。

人这一生的欲望和诱惑无处不在,必须从小学会克制和等待。

20 世纪 60 年代,美国斯坦福大学心理学教授沃尔特·米歇尔设计了一个著名的关于"延迟满足"的实验。

这个实验是在斯坦福大学校园里的一间幼儿园开始的,研究者对这些孩子们进行跟踪研究,从他们 4 岁一直持续到高中毕业。

实验的过程是这样的①:

研究人员找来数十名儿童,发给每人一些好吃的糖果,同时告诉孩子们:可以马上吃,但如果能等到研究人员回来后再吃,就可以再奖励一颗糖果。

对这些孩子们来说,实验的过程颇为难熬。有的孩子为了不去看那诱惑人的棉花糖而捂住眼睛或是背转身体,还有一些孩子开始做一些小动作——踢桌子,拉自己的辫子,有的甚至用手去打棉花糖。结果,大多数的孩子坚持不到三分钟就放弃了。大约三分之一的孩子成功延迟了自己对棉花糖的欲望,他们等到研究人员回来兑现了奖励,差不多有 15 分钟的时间。

研究人员在十几年以后再考察当年那些孩子现在的表现,研究发现,当年那些马上就吃掉糖果的孩子无论在家里还是在学校,都更容易出现行为上的问题,成绩分数也较低。他们通常难以面对压力、注意力不集中而且很难维持与他人的友谊。而那些可以等上 15 分钟再吃糖的孩子在学习成绩上比那些马上吃糖的孩子平均高出 210 分。

事实也确实如此,那些从小能够为了一个目标而等待和克服困难的孩子,一定比那些从小经不住诱惑,缺乏耐心的孩子具有更强的自制力和竞争力,他们能

---

① 内容来源:http://baike.baidu.com/view/368968.htm

够更好地应对挫折和压力，当然更容易获得成功。

从一岁开始，就应该对孩子延迟满足，孩子有什么需求，可以给他解释，让他等一等，而不是只要孩子一哭闹，全家人就马上迫不及待地跑过去，立即满足孩子的需求。小时候没有学会等待和控制自己的孩子，长大后也难以有耐心、有毅力，不能很好地控制自己。

人天生都是以自我为中心的，这与自制的品质是相反的，所以必须要从小培养。只有能控制和驾驭欲望的孩子将来才能驾驭人生。

如果父母被动满足孩子的每一个要求，那么父母就会成为孩子的奴隶，即使忙得四脚朝天也不会让孩子得到一半的满足。

最重要的是，我们应该设法让孩子懂得：诱惑无处不在，欲望随时会产生，但是，世界不是以他为中心，因此，必须学会等待，学会控制自己的情感和行为。①

都说父母的爱是无私的，但这种爱绝不是毫无条件、毫无限制、毫无保留的，我们不能重感情而轻教育。必须让孩子在延迟满足中学会克制、学会等待，这样他才能学会感恩、学会珍惜，才能成长。

从小对孩子延迟满足，孩子将来才会真正得到满足和幸福。与此相反，随便满足、轻易满足孩子，孩子一生也得不到满足和快乐。

不可对孩子特殊对待

我们应该尽早让孩子明白“我不是世界的中心”。

如果家里每个人都很忙，很辛苦，就不要舍不得让孩子干活；如果家里每个人都吃的粗茶淡饭，就不要给孩子一个人特殊加餐；如果家里每个人都勤俭节约，就不要对孩子一个人花钱大手大脚……

偶尔这样做，孩子还能体会到父母的良苦用心，如果经常以这样的态度对待孩子，孩子就会对你所有的付出都习以为常，而且还会不断苛求，会产生一种独特的优越感，成为一个不知体谅别人，自私、清高、不通情理、唯我独尊的人。

应该对家里的人都一视同仁、平等相待，有福同享，千万不要把孩子摆在高于父母的位置。不要因为孩子牺牲了自己的幸福，不然的话，等孩子成人后，你会强

① 陈忻著：《高效能父母的21个教子习惯》，金城出版社2005年1月第2版，第89页。

烈地感受到你为了孩子失去了自己的人生和幸福，而孩子却不成器，这会让你痛苦不堪，难以忍受。

把你的爱藏起一半

现在很多年轻的爸爸妈妈对待自己的孩子就像对待自己非常喜欢、非常金贵的宠物一样，当孩子还没有要求让爸爸妈妈抱时，动不动就把孩子抱着、搂着，一会亲一个，刚过一会儿，又美美亲一个。孩子看到你张开的双臂和一张大嘴袭来时，只会感到厌恶，只好哭喊着拼命挣脱，一点也不稀罕你的爱。

你觉得孩子还小，很可爱，总忍不住要去抱他，亲他，可是很快你就会发现，当你要求孩子不要做某件事时，孩子根本不听你的，于是你不断地提高嗓门，可孩子还是我行我素，因为孩子确信你那么爱他，你一定不会真的生气，生气了也没关系。家长和子女无原则的过分亲昵，会使孩子变得放肆，对家长毫无敬畏之心。

凡事过犹则不及，孩子渴望得到大人的拥抱和喜爱，得到了，孩子才会感到快乐、温暖和幸福，也会更加珍惜，更加喜欢父母。当孩子还不需要的时候，你就主动地献上你的拥抱和吻，只能让你的爱变得索然无味，令人讨厌。

人们常说爱孩子要在心里爱，不要在表面上爱。孩子两岁以后就不应该随便亲孩子，不随便亲孩子，也是对孩子的一种尊重。你珍惜你的爱，孩子才会珍惜你的爱。

同样的，在普通的日常生活中，把你的爱藏起一半，不要频繁地、轻易地送上你的爱，不要把自己当个仆人一样去尽心照顾好“小皇帝”、“小公主”，平时最好对孩子淡一点，在孩子需要的时候才表现出来，这样的爱对孩子来说才更有意义，更有力量。

和孩子保持适当的距离

很多亲子冲突都是因为家长和孩子之间的心理边界模糊所致。家长和孩子关系太过亲密，就会纠结不清。家长随意闯入孩子的私人空间，干涉孩子的生活，而孩子在被照顾、被管理、被规划的过程中一定不会觉得这是父母的爱，反而产生强烈的束缚感和压力感，让孩子感到非常压抑和痛苦，慢慢就会产生怨恨情绪，当这种情绪积累到一定程度时，孩子就会爆发，开始和家长激烈地对抗。

家长和孩子关系太过亲密，在父母的保护、照顾、疼爱和呵护中，孩子的心理边界就无法形成，也无法形成自己独立的人格，这样的孩子就会永远长不大，心里永远有对父母的依赖感。

孩子的成长是逐渐脱离父母的过程，和孩子保持适当的距离，给孩子成长的空间和自由，孩子才能长大。

必须对孩子从小进行规则教育

爱孩子就应为孩子的终身负责，再爱孩子都得告诉他什么事情可以做，什么事情不可心做，即使你再哭闹也没用。犯了错误就要承担责任，甚至要接受惩罚。

为人父母，万不可忽略了对孩子做人的教育。

尽管娇生惯养的后果如此严重，但还有些家长心存顾虑，担心如果不满足孩子的要求，或者对孩子“照顾不周到”，孩子会觉得父母太冷漠，对自己不够好，会不会对孩子的心理造成不好的影响。

这样的顾虑大可不必，只要是在孩子脆弱和无助的时候，也就是说在孩子需要的时候，你能在孩子身边，孩子就不会觉得你冷漠。事实证明，越是娇生惯养的孩子，长大后对父母的苛求和指责越多，总觉得父母对自己不够好。反而是那些父母不是特别看重，放得比较开，从小自己的事情自己干，还经常帮家里人干活的孩子，长大后更懂得体贴和孝敬父母，觉得父母为了自己很不容易，总觉得自己对父母做得还太不够。

这篇文章有点长，但只要提起家长溺爱孩子这个话题，我就总有许多话想说，因为我亲眼看见太多因溺爱孩子而造成的痛苦和悲剧。溺爱毁了孩子的一生，也毁了父母的后半生。

3 忽视比毒打对人格的伤害更大

一个向法官请求速死的孩子

据《南方周末》报道，20 岁的马某因不满尹女士让他帮忙照看孩子，持斧子将她及其 2 岁的儿子砍死。

案发前在他在一家商贸公司当搬运工。被害人尹女士是公司会计、老板的儿媳妇。马某说，他与尹女士以前并无矛盾。

整个庭审过程，马某都没有向死者及死者家属表达任何歉意和悔意。最后陈述时，他说："我希望法官能尽快判决本人死刑并立即执行，谢谢！"并向法官鞠躬。

马某的律师提出，希望法院考虑他的成长经历对他判刑时留有余地。马某放弃了自我辩护。对于童年，他不愿多谈，只说小时候的经历让他经常失眠，他自幼就有轻生念头。马某曾告诉律师说，自杀是他一直以来的打算。为此，他特意从网络上买了镇静药三唑仑，希望以一种睡过去的方式死去。后来，这些药品被用于凶案发生当天，他放进了公司员工早餐的粥中。

这孩子到底有怎样的成长经历？

马某幼年父母离异，跟随父亲生活，遭受过后母虐待。4 岁时父亲因杀人被判死刑，马某又被带回到了生母身边。之后他又相继有了两任继父，但他感到自己在每一个家庭都是多余的人。

他幼年时，也是个品学兼优的孩子，他的母亲说："奖状在家里墙上左一层右一层地贴着，三好学生的、单科优秀的。记得从二年级开始一直是年级第一的成绩。"

当马某的母亲看到儿子被铐住的双手时，泪珠便滚了下来。当时，表情木然的马某用力靠近母亲拥抱的双手，贴着哭成泪人的母亲耳畔，缓缓地只说了一句："看淡漠点儿吧，活着多累，别那么拼了。"

从小没有一个安定、温暖的家庭，没有得到成人足够的关爱，孩子的一生都是悲观、脆弱和痛苦的。孩子觉得自己从小被忽视，不被人爱，自己也会轻视自己，觉得自己的生命不重要，活着没有意义。

她怎么会将两个年幼的孩子活活饿死家中？

2013 年 6 月，南京饿死女童案震惊了全社会。21 岁的乐某在明知两个孩子没有生活自理能力，在给孩子预留了少量食物后，离家出走，长时间不归，导致两个亲生女儿饿死家中，一个才 1 岁，另一个 3 岁。

孩子还这么小，一岁的孩子可能还不会走路，还是需要喝奶的时候，她们根本不会自己照顾自己，她们的妈妈怎么忍心把两个孩子遗弃在家中，乐某到底是一个怎样的人？她怎么会做出这种事情？

中央电视台的《新闻调查》栏目对这起案件进行了详细报道：

在法庭审理的现场，乐某的辩护律师这样说："21 年前，这个孩子出生的时候并不是一个坏人，怎么 21 年后就变成了这么一个不负责的人呢？坦率地讲，我很不理解，但在我知道了她的经历后，我变得逐渐可以理解了，她有原因。"

当年乐某的父母相识时一个 16 岁，一个 18 岁，因盗窃罪同时被抓，此后便没有再联系。母亲将乐某带到 1 岁后将其寄养在一个朋友家里，三年后又将她送到了乐某的爷爷家里，从此再也没有出现过。

乐某个头较高，长得不像乐家人，乐家人总觉得她不是他们家的孩子，乐某平时叫她的爸爸，她爸爸都答应得不热情。她就是在这样一个家庭中长大的。

乐某因没有户口，一直到 12 岁才在社区和民警的帮助下上小学一年级。她错过了正常入校学习以及和同龄人相处的最佳时机，难以适应学校的生活，只在学校待了一年多。

离开学校两年后，16 岁的她因盗窃罪被抓，此后经常出入网吧、足疗店，并染上了毒品，从此再也没有回家。

律师曾问她，你有了什么难处，会想到哪个人是可以信赖的，哪个人可以帮她，乐某说没有。她说有一次被绑架在紫金山上，她一个人从山上跑了下来，在玄武湖边过了一夜。她是一个被遗弃的人,她现在遗弃了别人。

在庭审时,乐某曾这样说:"一个从来没有得到过爱的人,怎么才能让自己去给别人爱!"

2013年9月18日,南京市中级人民法院公开宣判,被告人乐某犯故意杀人罪,判处无期徒刑,剥夺政治权利终身。乐某放弃上诉。

人们在对乐某的行为进行谴责的同时,又对她产生了极大的同情。她从小没有得到应有的关爱,她就不懂得爱自己,她的人格难以正常发展;家庭没有给她足够的温暖,她长大后就没有家庭观念;她从小就没有妈妈,她不知道妈妈意味着什么,她也不知道怎么做个妈妈。

父母忽视孩子,孩子就会忽视自己

教育家马卡连柯说:"没有父母的爱所培养出来的人,往往是有缺陷的人。"孩子来到这个世界上,首先应该感受到父母的关爱,孩子才能对这个世界有最基本的安全感,才会感到这个世界是温暖的,自己的人生是快乐的,在此基础上,其他一切心理和人格特征才能健康发展。

父母关爱孩子,孩子才会觉得自己是可爱的,是有价值的,孩子才能懂得珍爱自己,人生态度才会积极向上,努力奋斗。

如果在孩子童年的时候,没有得到足够的关爱和温暖,孩子的内心就会缺乏安全感,由此而变得自卑、冷漠、消极、悲观、厌世、痛苦,容易自暴自弃。如果再有不良刺激,就很容易做出极端行为。

我现在越来越强烈地感觉到,父母怎么对待孩子,孩子长大后就会怎么对待自己。父母溺爱孩子,孩子就会觉得自己很娇贵;父母忽视孩子,孩子就会忽视自己;父母关爱并尊重孩子,不替代过多,不保护过多,孩子就学会了自爱、自尊、自强。

父母的忽视和虐待到底会对儿童造成怎样的影响?

科学家们研究发现:

家庭关系可以成为关怀和支持的最大源泉,也可以成为痛苦的重要来源。最明显的例子莫过于虐待儿童了。

虽然毒打是最明显的虐待儿童的形式,同时也是非常可怕的,但现在许多研究者相信,从长远来看,严重而频繁的心理虐待和忽视对儿童的伤害更大。

受到忽视或虐待的儿童会表现出大量严重的问题,包括智力缺陷、学习困难、抑郁、社会焦虑、低自尊以及与老师和同伴关系紊乱。受忽视而导致的行为,与其他虐待类型所导致的行为有所不同。与受到身体虐待或性虐待的儿童相比,受忽视的儿童更容易出现学习成绩不良、亲密朋友少。①

让我们记住这句话:"严重而频繁的心理虐待和忽视对儿童的伤害比毒打更大",体罚只是伤害了孩子的身体,而心理虐待和忽视伤害的是孩子的心灵和人格。

一群被忽视的孩子

留守儿童长期远离父母,得不到父母足够的关爱和教育,很容易在人格和心理上产生一系列问题。

报告文学作家阮梅曾对农村的留守儿童做了广泛和长久的调查研究,出版了多部关于农村留守儿童的书籍,我们来看看她所做的一项调查②:

据我们对78所学校、7个看守所3000多名留守孩子的相关调查统计,在老师和同学眼里,行为习惯综合评定较差的多达1300多人,占39%。这些坏的行为习惯包括:花钱大手大脚,好吃懒做、小偷小摸;时常不回家,拉帮结派、打架斗殴;抽烟喝酒,甚至染上毒品;与涉黑团伙有瓜葛,成为危害社会、称霸一方的黑恶势力帮凶。

当然,也不是只有留守儿童家庭容易滋生犯罪少年,在我们所调查的2418名少年犯中,被捕前有52.3%(1264人)的人长期与亲生父母生活在一起;24.4%(591人)的人与亲生父母均不生活在一起;23.3%(563人)的人与亲生父亲或母亲中的一人生活在一起。只是在少年犯与普通初中生的比较中我们发现,前者不与父母生活在一起的比例远远高于后者。

---

① [美]戴维·谢弗著,陈会昌译:《社会性与人格发展》,人民邮电出版社2012年6月第1版,第422、425页。

② 孙云晓、阮梅著:《拿什么来爱你,我的孩子:当代未成年人心理危机调查》,湖南文艺出版社2011年1月第1版,第76页。

在《拿什么来爱你，我的孩子：当代未成年人心理危机调查》一书中，作者阮梅向我们讲述了很多留守儿童的故事：

家居鄂北大山深处的小强，在学校成绩非常优秀，却投河自杀。半月后，才在河边找到他的尸体。小强在万言遗书中写道，他只有3岁时，父母就抛下他，一直在外地打工，而把自己留给了爷爷和奶奶。有一次帮爷爷奶奶从树上摘柿子，不慎从柿树上跌下摔伤，从此就留下了头痛的后遗症……

湖北浠水县一个13岁留守女孩自杀前，在日记里写下这样一段话："我好想妈妈，妈妈从我读小学一年级就在外面打工，只有过年那短短的一段时间才能与妈妈在一起。每当有别的孩子的妈妈给自己的孩子送菜的时候，我总是想：要是我家不穷该有多好，如果家里不穷，妈妈就可以在家里，不必常年在外打工。妈妈，今晚，你是否听到我的哭声，是否感到我在想你。"

这些被父母忽略的孩子，实际上是在用自残的方式来引起父母的重视，来证明自己的存在，来争取父母的关爱。

来看看这个留守孩子是怎么说的：①

"为什么要和同学打架？"

"他们看不起我，他们总是笑我、骂我。"

"骂什么？"

"野家伙！"

"像这次，你把别人的眼睛打伤了怎么办？"

"打伤了别人，妈妈就会回来！"

"你们怎么晓得他们会回来？"

"不出事妈妈不会回来，出了事，就会回来！"

"以前出过什么事？"

"我的腿摔断了，妈妈就回来了。"

"怎么摔断的？"

---

① 孙云晓，阮梅著：《拿什么来爱你，我的孩子：当代未成年人心理危机调查》，湖南文艺出版社2011年1月第1版，第74页。

“一天下大雨，同学都有人送伞，我没人送，我一个人就在雨里跑，碰到了一辆摩托车，撞断了右腿。”

“妈妈回来陪了你多久？”

“没到两个月，腿好了，妈妈就走了。”

“你现在最大的愿望是什么？”

“愿我的腿没有好。”

……

这个孩子的心理我特别能理解，因为我小的时候也有类似的感受，现在想来还非常清晰：

记得那时妈妈每天都很忙，总是早出晚归，很少陪我。有一次妈妈又要出去，我想和妈妈一起去，可说什么妈妈都不肯带我。我觉得妈妈只知道忙工作，太忽视我了，心里特别难过。我就想有什么办法能引起妈妈的注意，让妈妈重视我呢，最好的办法只有生病。

那天妈妈走后，我就喝了很多的生水（没有煮开过的水），心想这下肯定会拉肚子或者发烧的，我就静静地躺在床上，做出一副重病的样子，一边流着眼泪，心情特别低落，希望病得越重越好，恨不得死掉最好，这样妈妈回来就一定会特别心疼我，就会好好陪陪我。

可是很遗憾，最终我还是没有生病，我的愿望落空了。

为什么这件事到现在我还记得非常清楚，因为当时被父母忽视的感觉实在是太真切了。庆幸的是，我至少是一直和爸爸妈妈生活在一起的，而且我只有过一次那样的经历。你也可以回忆一下你的童年，你就能体会到父母的关爱对于孩子来说有多重要了。

城市里也有很多“留守儿童”

不要以为只有农村因生活所迫，外出打工的父母的孩子是留守儿童，城市里也有很多留守儿童。

很多父母因为工作忙，或者是为了发展事业，就把孩子托付给父母，觉得自己只要给孩子提供好的物质条件就行了。这些孩子也是留守儿童，他们也一样地感到被忽视，一样会出现各种问题，甚至比农村的留守儿童更叛逆，以此来获得父母的重视。

你以为只要给孩子足够好的物质，孩子就能感受到你的爱吗？孩子就能成长得很好吗？

第一次世界大战以后，德国社会上出现了大批孤儿，政府建立了一些物质条件很优越的收容所，聘请了一些有文化、有修养、有爱心的妇女照料他们的生活。虽然收容所的孩子物质条件要比社会上一般家庭好得多，但孩子身心成长发育的状况，远远比不了社会上那些家庭生活虽然贫穷但有父母在身边的孩子。原因就是收容所的孩子缺少父母之爱。

父母对孩子的关注和关爱，是难以用物质条件满足所能替代的。在孩子心目中，父母的地位和作用谁也无法代替。孩子是人，不是动物或机器人，不是有吃有穿有玩就行，孩子的内心是非常敏感和丰富的，是有感情的，是离不开父母的关爱的，否则孩子就无法正常、健康地成长。

家庭教育专家赵忠心教授曾感慨地说："中国的家庭本来是不重视培养孩子自立意识和能力的。但近些年来，有的孩子一出生就交由老人或阿姨看护，不到三岁就送全托，小学生就寄宿，中学生送到国外留学，一反常态。未成年人对家庭、父母的依赖性很大，强行隔断亲情是不好的。就连一向重视孩子自立的外国，孩子 18 岁前都是不离开父母的。"

既然生了孩子，请千万不要忽略了孩子的内心感受，陪着孩子长大，否则你将后悔一生，并且永远难以弥补。

如果你的孩子有过故意装病的行为，或者是其他想引起你重视的行为，请你立即反思你对孩子的关爱是不是太少了，是不是有些忽略孩子了，并且尽快弥补，否则将会影响孩子心理和人格的健康发展。

有一种情况是最糟糕的，我们先看一个真实的案例：

一次和上海的一个朋友一起吃饭，他的事业发展顺利，稳步前进。他说孩子小的时候他们夫妻俩工作都很忙，就把孩子送回了安徽老家让爷爷奶奶带，直到要上小学时，才把孩子接到自己身边，并且给孩子联系了一个很好的学校。

说到孩子的近况时，这位父亲很激动，他说："这孩子从小被爷爷奶奶惯出了一身毛病，习惯很差，我现在每天回去坚持打他，现在已经有明显的改善了。"

孩子小的时候没有陪伴孩子，孩子没有和父母建立亲密的关系，当孩子回到父母身边时，又对孩子过于严厉，这就是我说的最糟糕的情况。

孩子迫于你的权威，表面上是屈服了，可孩子的心理却受到了很大伤害，孩子的心理会变得很敏感、很紧张，会缺乏安全感，会和你的距离越来越远，这对一个孩子来说很危险。

请记住，如果亲子关系好，你怎么说他，他可能不会受到太大的伤害；但如果你和孩子的亲子关系不好，轻微的指责也会深深伤害到他。

如果孩子小的时候不是你带大的，当孩子回到你身边的时候，首先要无条件地接纳孩子的一切，千万不要急于指责孩子。慢慢和孩子建立信任和亲密的关系（尽管这个可能很难），然后再委婉地帮助孩子改正某种习惯。但这也只是弥补措施，只能尽量缩小伤害，孩子从小就长时间和父母分离，恐怕孩子和父母之间的亲密感和信任感终生都难以建立。

我必须要提醒大家，即使有再大的困难，也请你至少在孩子6岁前，不要和孩子长期分离，哪怕事业发展得慢一点，哪怕物质条件差一点。

爱孩子最大的难度是把握好度，过多过少都不行

很多家长一定会感到有些迷惑了："对孩子关爱得多就会变成溺爱，对孩子关爱得少，又会变成忽略，到底该怎样把握这个度呢？"

关于这个问题，我觉得有一个人回答得特别好，这个人是法国家喻户晓的教育家，著名儿童精神分析大师弗朗索瓦兹·多尔多。

她是这样说的："时刻提醒自己：俯下身去，带着欣赏的心态，聆听孩子的话，关注他做的事；陪在孩子身边，却要力争'隐身'，只在他需要和迷茫的时候'显形'。"

那么什么情况是孩子需要和迷茫的时候呢？

我曾在报纸上看到过一个报道，大意是说，让孩子们写一篇《我的妈妈》的作文，全班大部分孩子在写妈妈如何爱自己，对自己有多好的时候，都会说到自己生病的时候，妈妈对自己无微不至的照顾和关爱。

有人评论说，这是因为学校的作文教学太模式化，大家互相模仿。我不太赞同这个观点，因为孩子确实是在生病的时候最脆弱，最需要大人的关爱，感受的母爱也最强烈。如果让我写一篇关于母爱的作文，我感受最深的也是小时候生病时，妈妈给予我的非常温暖和体贴的照顾，现在想起来都让人感动良久。

你平时给孩子洗衣做饭，孩子其实体会不到你有多爱他，但当孩子生病的时候，母爱就会让孩子体会很深，会让孩子感到很安全、很温暖。与此类似，还有当孩子遭遇失败的时候、受到打击的时候、不知该怎么选择的时候，都是孩子最需要父母的时候。

试想一下，在孩子最脆弱、最痛苦、最需要的时候，父母却不在身边，孩子会有怎样的感受？

所以说，在平时的日常生活中对孩子精心照顾就是溺爱，在孩子需要的时候不出现、不关心就是忽略。

除此之外，应该怎样把握爱孩子的度呢？如何进行家庭教育，如果让我用一句话来概括的话，我想我会这样说：**在精神上要多关心孩子，在生活上要尽量“硬下心来”**。

4 期望越高，失望越大

为什么不能对孩子期望太高？

父母对孩子期望高是人之常情，适当的期望确实可以促进孩子的发展，可为什么不能期望太高呢？

家长对孩子的这种高期望，将直接影响着家长的教育理念和教育行为。

我们不妨先来看看小刘的成长经历：

小刘从小聪明伶俐，能说会道，人见人爱，父母对他寄予着很高的期望，一心指望着他长大后能考个名牌大学。

为了实现这个愿望，小刘的父母没日没夜地干活，吃尽了苦头，周围的人无人不感慨，无人不赞叹。他们省吃俭用，把挣的钱全部攒下来，将来供儿子上名牌大学。

他们非常重视儿子的学习，对学习抓得很紧，管得很严，经常督促和监督儿子学习，在家里讨论最多的也是学习。很少允许儿子出去和同伴们玩，或者干其他事情。

由于父母长期的严格要求，长期被动、枯燥、单一的学习生活，让小刘对学习渐渐失去了兴趣，没有了进取心和动力，在学习上也吃不了苦。

小刘最后当然没有考上名牌大学，他的父母最后只能用多年的积蓄让他上了一个民办大专院校。

现在的小刘已过了而立之年，没有任何技能，找不到工作，更重要的是因为从小只知道在房间里学习，他不会与人交往，也不愿意与人交往，解决问题的能力和动手能力也很差，心智很不成熟，又吃不了苦，现在整日依靠着父母度日。

对孩子期望太高，直接的表现就是会对孩子要求很严，从而会改变孩子自身成长的正常规律。对孩子要求过严会引发很多弊端，过大的压力也给孩子的人格和心理的发展造成很多负面影响。最后不但达不到家长的期望，就连成为一个正常的、普通的、能适应社会的、能自立的人都很难达到。

期待越高，你发现孩子的不足就越多，失望就越多，满足感和快乐就越少，亲子关系就越糟糕；相反，若父母对孩子的期望降低，就会发现更多孩子的优点和长处，亲子关系就会更和谐，孩子也更有自信，也更乐意进取，人格发展得更好，也更容易成功。

俗话说："有心栽花花不发，无心插柳柳成荫。"观察一下，那些伟人，成大事者，立大业者，对社会做出杰出贡献的人，有几人是被父母按照自己的期望打造出来的？有谁是被父母逼着成大事的？

毛泽东的父亲当初送毛泽东去上私塾的原因和期望是，能识几个字搞清楚家中的往来账目，能代写个契约合同，同时，接受儒家思想教育，能把一个娇惯的孩子改造成一名孝顺、懂礼貌的青年。①

而那些想把孩子培养成杰出的、远高于普通人的人，最后的结果常常是很平庸，连普通人也做不好，而且还不会和普通人相处。

什么样的家长会对孩子期望过高？

为什么总有很多家长对孩子期望很高？什么样的家长会对孩子期望很高呢？

就像英国哲学家罗素讲的一句话："父亲们最大的缺点在于想要孩子为自己争光。"

很多家长是因为自己当年没有实现理想，因为自己生活得不够好，因为自己的地位不够高，因为自己不够被人尊重，因为自己很自卑等等。于是就把希望都寄托在孩子身上，希望孩子将来能出人头地，能够让自己有面子，能给自己争口气。

你没有实现你的理想，你生活得不够好，你有你的原因，你的困难你要自己克

---

① [美]R. 特里尔著，刘路新、高庆国等译，胡为雄校订：《毛泽东传》，河北人民出版社 1989 年 3 月第 1 版，1990 年 12 月第 2 版，第 6 页。

服。但孩子有孩子的路要走，怎么能把你没有实现的理想寄托在孩子身上？

我们每个人都是一个独立的个体，每个人都有自己的理想，每个人都有自己的追求，每个人也都有自己要克服的困难。我们每个人都应努力经营好自己的人生，而不是把自己的理想和缺失寄托在别人身上。

家长自己对自己负责，自强不息，克服重重困难追求自己理想的过程，就是家庭教育最好的教材，就是孩子学习的好榜样。

我们可以教育和引导孩子有理想，但不要把自己的理想强加在孩子身上。因为你的理想不一定适合孩子，让孩子背负着沉重的负担，改变了自己正常的成长轨迹，只会让孩子自身的天赋和特长毁于一旦。

要想让孩子正常发展，我们就应该丢掉虚荣心、攀比心，拥有一颗平常心。

著名教育家陶行知先生早就告诫过我们："不要让孩子成为人上人，不要让孩子成为人下人，也不要让孩子成为人外人，要让孩子成为人中人。"

只有家长拥有了平常心，才能更客观、更合理地对待孩子，孩子的人格和心理才能健康发展，才能成为一个适应社会、能融入社会的"人中人"。

合理的期望，孩子会成长得比你期望的还要好

只有在这种民主、宽松的氛围中，孩子的人格才能健康发展，孩子才能得到更全面的锻炼，孩子才能有机会发展自己的兴趣和特长，才能自己选择自己喜欢的路和适合自己的路。

只要孩子能够身心健康，能够和别人以及这个社会和谐相处，能找到自己喜欢的事业，找到适合自己的路，就足够了，就已经很好了。

其实，也只有找到适合自己的路，找到自己喜欢并为之倾心的事业，才更接近成功，取得的成就常常会比家长当初的期望还要高。

而要找到孩子喜欢的路，适合孩子的路，只能靠孩子自己来选择。家长的高期望只会干扰孩子的选择和成长，只会让孩子更平庸或者更叛逆。

我国著名儿童文学作家杨红樱，现在已出版童话、小说50余种，创下了新中国成立以来原创儿童文学作品的出版奇迹，被称为中国的J. K. 罗琳。在小学老师的印象中，杨红樱是个不爱说话的孩子。杨红樱上学早，成绩在班上只能算中下等。杨红樱说："我比同学小两岁，老师和同学都不是那么关注我，家里兄妹三个，父母也没有过分关注我或对我有特别高的期待。这反而给我留下了很大的成长空间。”①

不要对孩子期望太高，因为你并不能决定孩子的命运，决定孩子命运的还有很多因素，比如遗传、天赋、环境、机遇和运气，以及遇到的很多人和事等等。

如果你还是觉得只有现在对孩子严格要求，孩子将来才能有所成就；如果你还是放不下对孩子的高期望，相信著名心理学家李子勋的这段话会让你释然很多：

“父母们要想一想，我们谁都不能决定孩子将来在社会上的位置，不管我们多么努力，孩子的天赋和才能会决定他在社会中的位置，父母只能尽最大的努力教导他，让孩子自己找到自己在社会上的位置，而且要学会欣赏。”②

孩子在宽松、和谐的家庭氛围中长大，其人格和心理得到了健康的发展，各方面的技能也得到充分的锻炼。对他们来说，自立根本不成问题，而且常常做得比父母当初的期望还要好，还要高。

---

① 桂杰：《杨红缨：我只是认真和坚持》，《中国青年报》，2011 年 8 月 1 日。

② 和谐家庭基金主编：《做懂孩子的父母》，漓江出版社 2012 年 1 月第 1 版，第 41 页。

5 如果再给我一次机会，我绝不逼着孩子学习

据《中国青年报》（2013 年 1 月 19 日）报道：

呼和浩特市一 14 岁初一男生跳楼身亡，到底发生了什么事呢？

强强是呼和浩特市实验中学初一某“火箭班”的学生。成绩单上，他的期末考试排名从全年级的 290 多名落到了 600 多名。

孩子的父亲说，下午从家出发去学校时，孩子还没有任何异常反应。前几天全市统考结束，11 日是返校领成绩单的日子。他在家等着孩子回来……突然，窗外“砰”的一声巨响，像有什么东西爆炸，楼下很快聚起围观的人群。他也跑下楼，当时就傻了。那熟悉的帽子、衣服、书包，血泊中竟然躺着自己的儿子！

警方调取的监控录像显示，强强进入电梯，经过 3 层的家时没有停留，直奔顶楼的 11 层，出了电梯大步走向楼层的窗口，蹬上窗口前的一条木凳一跃而下。现场的民警判断，从录像上显示的毫不犹豫的态度看，强强在回家的路上已经做好了思想准备。

闻讯赶到的妈妈长跪不起，嚎哭声撕心裂肺。14 年前来到人世间的这个小生命，几乎是她生命的全部。她的一切都是为了儿子——吃好、穿好、学好。为了儿子离学校近一点，她曾在学校附近租钟点房，为了方便接送儿子上各类补习班，她省吃俭用买了一辆小车……

半年前，她费尽心血终于把儿子送到了全市首屈一指的“名校”，谁能想到竟是送上了绝路。她悲痛地忏悔，如果再给一次他们做母子的机会，她绝不会逼着孩子学习，绝不会让孩子非上“名校”不可，绝不会再抢走孩子的周末……

多么令人悲痛的一幕，是什么让这个正值花季的少年毅然决然地结束了自己

的生命？这样的悲剧发生得还少吗？

“我怎么努力都达不到父母的期望，我太累了，真想哪天离开这个世界。”

“妈妈在学习上对我要求太严了，都快把我逼疯了，她整天唠叨，谁家的孩子考上了重点大学，谁家的孩子考了班里第一名，你跟别人一个班，你怎么回事？……我感到压力太大了，我现在对学习烦透了。”

“只要我成绩好，父母才会给我好脸色。”

……

到底是谁给了孩子这么大的压力？

现在的孩子比父母的压力要大得多，对于我们成人来说，只要我们肯干，做点什么都能生存，不管挣多挣少，也不会有人随便指责、批评我们，累了我们就休息、玩、旅游，我们可以安安心心地过自己的小日子；可孩子却不行，父母经常告诫他们唯一的任务就是学习，如果学习不好，就会被同学看不起，被老师批评、点名或忽视，在家里更少不了父母的责骂和惩罚，有的还要忍受羞辱和皮肉之痛。学习和成绩时刻笼罩着他们，就像背负着一座大山一样，他们还只是个孩子，万一承受不了这么大的压力怎么办呢？

孩子的压力太大了，把成绩看得太重了。是谁给了孩子这么大的压力？

一直从事中小学教师培训工作的知名心理学家徐浩渊博士说，来自父母的压力远超过教师，是孩子们学习压力的主要来源。

一些父母把成绩作为评价孩子的最主要标准，考好了，“一白遮千丑”，其他都不是问题，都可以不追究，考砸了，“一丑遮千白”，其他方面做得再好都没有用。

将成绩作为要求和评价孩子的唯一标准，成绩就会成为孩子的精神导向和支柱，这个支柱一旦倒坍，就会对孩子形成致命的打击。很多父母把成绩看得太重，孩子将来就很容易发展成偏执型人格障碍。这就是为什么有些孩子因为没有考上大学就变得不正常，有的人还会选择自杀。

有没有想过，从小给孩子灌输只有好好学习才是最好的出路，家长一直过于关注学习成绩，以后万一孩子没有考上大学怎么办？孩子能不能接受？这些年只抓学习了，其他能力都没有得到锻炼，孩子以后的路该怎么走？这样的孩子就算最终考上了大学，他能发展得好吗？他能生活得幸福吗？

很多孩子在家长的严格要求下，最终考上大学了，多年的目标终于实现，可当他进入大学时却一下变得迷茫，一下失去了目标和方向，没有了父母的管束，也一下变得松懈和懒惰，睡觉、上网、游戏，虚度光阴，旷课、补考，对自己的专业根本不够熟悉，即使最终混到了大学文凭，也难以找到好工作，就算父母帮他找到了工作，他也难以干得好。

“学习”毁了他

只抓孩子的学习，危害还远不仅于此，我身边就有很多孩子和成人，因为小的时候，家长只重视学习，忽视了孩子心理和心智的发展，忽略了孩子道德和做人方面的培养，孩子也没有时间去锻炼和发展其他方面的技能，社会能力和生存能力低下。

我身边就有这样一个人：

欣的父母对孩子寄予厚望，一心想培养他好好学习，将来能考上大学，找个好工作。

除了学习，父母几乎什么事也不让他干，也很少允许他出去玩，整日和他讨论最多、要求最严的就是学习。就连寒暑假，他也很少有接触其他环境和事物的机会，很少有自由的时间。

从小学开始就这样长期被动、机械、痛苦地学习，让欣对学习实在是提不起兴趣和劲头，即使到了高三，他也根本不会去主动地用心思考和总结，更不会下工夫去钻研。

比这更严重的是，由于从小到大，他父母只知关注他的学习，忽视了对他做人方面的教育和引导，也没有机会锻炼和发展其他方面的能力，没有和同龄人的充分交往，造成他长大后在做人方面自私自利，不懂得站在别人的角度考虑问题，缺乏责任感和诚信，在为人处世方面简单粗暴，不会和人交往，没有朋友，动手能力和解决问题的能力很差，从小养成了懒惰的习惯，干什么也吃不了苦，就喜欢一个人待在家里，整天闭门不出。

现在他父母的期望是，只要你肯走出家门，随便找一份工作，打扫卫生也行，哪怕一分钱不挣也行。

这样的故事还有很多，不得不引起我们的警示和反思。多少父母年轻时为了让孩子能好好学习，倾其所有，吃尽苦头，绞尽脑汁，想尽办法，但后来都失望透顶,痛苦至极,最后只是希望孩子能健康正常,有口饭吃,做个最普通的人就心满意足了。

只要家长抓得紧,孩子的学习就会好吗?

每个家长都希望自己的孩子学习好,将来能上个好大学,有个好工作、好前途,再找个好伴侣,过上富裕幸福的生活。

为了这个目标,很多家长在家里和孩子谈论最多的是学习,管得最多的是学习,付出时间最多的也是孩子的学习。动不动就来一句:“学习去”,“做作业去”,“看书去”,“作业做完了再检查一遍”,“把这套卷子再做一下”,等等。

还有很多家长不惜整晚的时间陪着孩子学习,盯着孩子学习,孩子稍大一些不能陪时,就忍不住不停地去监视和监督,一旦发现孩子没有学习或不认真学习,就忍不住要冲上前去教训一番,要么就又是那一套大道理。

这样做的效果如何呢?只要家长抓得紧,孩子的学习就一定会好吗?

我们在前面分析过,那些学习优秀的孩子,尤其是那些在学习上很有后劲的孩子,几乎没有一个是靠家长狠抓出来的。家长越是信任他,越是给他宽松的环境,他反而越懂得要为自己的学习负责,为自己的将来负责。

有的家长可能要说:“正因为我的孩子学习不好,所以我们才要狠抓呀。”也有的家长认为:“孩子还认识不到学习的重要性,自觉性还比较差,要想学习好,就要靠家长抓。”

家长适当地重视和帮助,在短时间内确实有助于孩子学习成绩的提高。但如果家长抓得太紧,管得太严,如此下去,只能让孩子更被动,更叛逆,更厌烦学习,孩子会觉得学习好像就是为家长学的。

更何况让一个正值童年和少年的孩子长时间坐下来看书、学习,一遍一遍地做题,实在是不符合这个年龄段的心理特点和成长规律。这样做只能让孩子对学习失去兴趣,一旦对学习失去兴趣和乐趣,再好的老师和家长恐怕也无法挽救。

不要说是孩子,我们成人也一样,任何事情只要是谁硬逼着我们,强迫着、监督着我们去做,不给我们足够的信任和空间,我们都会厌烦,都会没有积极性,都像是完成任务,能蒙混过关就蒙混过关。

这也难怪很多孩子在家学习时,家长在是一个样,家长不在是另一个样,即使家长在家,也是能拖就拖,能装就装,能偷懒就偷懒,你催一下才动一下。你强迫他乖乖坐在那里，看似在学习，但他并没有用心，不愿动脑和思考，心不在焉。

这样被动的、机械的、毫无积极性、毫无乐趣地学习，怎么能学好呢？

如此看来，家长紧抓孩子的学习，不一定就能抓得好，还常常会逼出孩子的“学习障碍”，最终适得其反，落得个出力不讨好。

别说为了孩子好，小心好心变坏事

很多家长认为，现在对孩子学习抓严点是为了孩子好，可如果你太把学习当回事，就会造成很多你意想不到的可怕后果，最后真是好心办了坏事。

(1)错失了锻炼和发展其他技能的机会，造成孩子社会化不完全。

一个人的成长和自立，不是光靠学习就能行的，比这更重要的是知道怎么做人，同时还需要具备很多技能，比如人际交往、解决问题、独立思考等等，而这些不是能从书本上得来的，需要从小培养和锻炼。

(2)会让孩子心理压力过大，影响孩子的心理和人格的健康发展。

学校在用学习成绩这一单一的标准来评价学生，如果回到家里家长也太过看重孩子的学习，也用这一标准来要求和评价孩子，整天逼着孩子学习，就会造成孩子心理压力过大，从而引发各种心理问题，影响人格的健康发展。

记得福建师范大学心理学系主任叶一舵教授在接受《中国青年报》采访时曾说过这样一段话：“现在家长总说：‘只要你把学习搞好了，其他什么都不要你管。’我们接触的很多家长，对孩子成绩的排名非常清楚，但孩子的心理状况怎么样，同学关系如何，完全不知道也不关心。如今，我们经常遇到学习非常优秀的孩子出现各种各样的心理问题。很多家长到那时才意识到问题的严重性，开始后悔，说：‘只要孩子平安，别的什么都不要了。’”

(3)对学习抓得严容易让孩子产生厌学情绪。

长期逼着孩子学习，让孩子把绝大部分时间都用来学习，给孩子很大压力，这种被动的学习很容易让孩子产生厌学情绪。如果孩子自己没有学习的积极性和主动性，没有明白学习是自己的事，怎么能学好呢？

(4)只重视学习，就会错失了童年应有的快乐，让孩子的一生都难以快乐和幸福。

童年原本是人一生中最快乐的阶段，这影响着孩子一生的快乐和幸福。如果童年是单调的、枯燥乏味的、被动的，与多彩的大自然和丰富的生活隔离的，缺乏玩伴和自由自在的玩耍生活，那么这个孩子的童年就是灰色的，这个孩子的性格和生活就是单调和乏味的，这个孩子就是缺乏灵性和活力的。这样一个"暮气沉沉"的孩子长大后也会是一个单调、无趣的人，难有快乐和幸福的感受。

（5）对学习抓得太严，会让亲子关系变得紧张和充满冲突。

孩子不想学时你强迫他学；孩子想做他喜欢的事时，你偏不让他做；他想自由自在，自己安排自己的生活时，你偏要事事都管着他，监督着他，这样就会造成家庭氛围和亲子关系紧张。亲子关系不好，孩子难以发展得好，这样只会加重孩子的逆反和抵抗，孩子从内心里越来越抵触学习，也使最宝贵的亲子感情也变得充满冲突。

（6）你越严格地抓学习，孩子在学习上就越没有责任感、独立性和进取心。

学习原本是孩子自己的事，只有当他自己愿意学、喜欢学，认为学习对自己很重要时，才会调动起他内在的巨大动力和积极性，他会在学习上比你想象的还要认真和刻苦，他在学业上发展得比你想象的还要好。

家长过多的要求和监督会让孩子觉得是为了让家长满意，为了逃避家长的指责而学的，无法真正体会到自己要为自己负责，无法建立起责任心和进取心，这样只会让学习越来越差，独立性也会越来越差。最后学业没有发展好，缺乏了独立性，连自立都会成问题。

（7）只重视学习，会错过孩子优势潜能的发展。

多元智能理论告诉我们，每个人都有自己的优势潜能，有的孩子擅长这方面，有的孩子擅长那方面，只有发现和发展孩子的优势潜能，孩子才更快乐，更容易取得成功。

我们不得不承认，有的孩子喜欢学习，适合学习，有的孩子不擅于学习和考试，但具有其他方面的优势潜能。

如果我们不考虑每个孩子的优势潜能和兴趣特长，只知一味地抓学习，就可能会错过孩子优势潜能的发展，不仅孩子学得痛苦，也难学得好。

三百六十行，行行出状元，我们在对待孩子的教育问题上应展现出更广阔的视野，根据孩子的特点，发展孩子的优势潜能，让每个孩子各尽其才、尽显其能。

（8）只重视学习，会让孩子养成懒惰、被动的习惯。

长期被动地坐在那里学习，他就习惯于总是待在家里，习惯于长期坐在那里，不愿意出去，也不愿意做别的事，不习惯和人交往，也不习惯动手动脑，没有活力，也缺乏动力,成为一个习惯于懒惰的人。

一篇红遍了大江南北的文章

有一篇文章在网络上红遍了大江南北,据报道,这篇文章在微博上累计转发达100多万次,上万人参与大讨论。一时之间,“学着做一个坐在路边鼓掌的人”成了“流行语”,引发众多网友的热议。这篇文章的题目后来还成为2012年浙江省高考语文的作文题。

这篇文章的题目叫做《坐在路边鼓掌的人》,作者是作家刘继荣,让我们再来回顾一下这篇文章:

坐在路边鼓掌的人

女儿的同学都管她叫“23号”。她的班里总共有50个人,每每考试,女儿都排名23。久而久之,便有了这个雅号,她也就成了名副其实的中等生。

我们觉得这外号刺耳,女儿却欣然接受。老公发愁地说,一碰到公司活动或者老同学聚会,别人都对自家的“小超人”赞不绝口,他却只能扮深沉。人家的孩子,不仅成绩出类拔萃,而且特长多多。唯有我们家的“23号”,没有一样值得炫耀的地方。因此,他一看到娱乐节目里那些才艺非凡的孩子,就羡慕得两眼放光。

中秋节,亲友相聚,坐满了一个宽大的包间。众人的话题,也渐渐转向各家的小儿女。趁着酒兴,要孩子们说说将来要做什么。钢琴家,明星,政界要人,孩子们毫不怯场,连那个4岁半的女孩,也会说将来要做央视的主持人,赢得一阵赞叹。

12岁的女儿,正为身边的小弟弟小妹妹剔蟹剥虾,盛汤揩嘴,忙得不亦乐乎。人们忽然想起,只剩她没说了。在众人的催促下,她认真地回答:“长大了,我的第一志愿是,当幼儿园老师,领着孩子们唱歌跳舞,做游戏。”众人礼貌地表示赞许,紧接着追问她的第二志愿。她大大方方地说:“我想做妈妈,穿着印有叮当猫的围裙,在厨房里做晚餐,然后给我的孩子讲故事,领着他在阳台上看星星。”

亲友愕然,面面相觑,不知道该说些什么。老公的神情,极为尴尬。

其实,我们也动过很多脑筋。为提高她的学习成绩,请家教,报辅导班,买各种各样的资料。孩子也蛮懂事,漫画书不看了,剪纸班退出了,周末的懒觉放弃了。像一只疲惫的小鸟,她从一个班赶到另一个班,卷子、练习册,一沓沓地做。

可到底是个孩子,身体先扛不住了,得了重感冒。在病床上,输着液体,她还坚持写作业,最后引发了肺炎。病好后,孩子的脸小了一圈。可期末考试的成绩,仍然是让我们哭笑不得的23名。

后来,我们也曾试过增加营养、物质激励等等,几次三番地折腾下来,女儿的小脸越来越苍白。而且,一说要考试,她就开始厌食、失眠、冒虚汗,再接着,考出了令我们瞠目结舌的32名。

我和老公,悄无声息地放弃了轰轰烈烈的揠苗助长活动,恢复了她正常的作息时间,还给她画漫画的权利,允许她继续订《儿童幽默》之类的书报,家中安稳了很久。我们对女儿,是心疼的,可面对她的成绩,又有说不出的困惑。

周末,一群同事结伴郊游。大家各自做了最拿手的菜,带着老公和孩子去野餐。一路上笑语盈盈,这家孩子唱歌,那家孩子表演小品。女儿没什么看家本领,只是开心地不停鼓掌。她不时跑到后面,照看着那些食物,把倾斜的饭盒摆好,松了的瓶盖拧紧,流出的菜汁擦净,忙忙碌碌,像个细心的小管家。

野餐的时候,发生了一件意外的事。两个小男孩,一个奥数尖子,一个英语高手,同时夹住盘子里的一块糯米饼,谁也不肯放手,更不愿平分。丰盛的美食源源不断地摆上来,他们看都不看,大人们又笑又叹,连劝带哄,可怎么都不管用。最后,还是女儿,用掷硬币的方法,轻松地打破了这个僵局。

回来的路上,堵车,一些孩子焦躁起来。女儿的笑话一个接一个,全车人都被逗乐了。她手底下也没闲着,用装食品的彩色纸盒,剪出许多小动物,引得这群孩子赞叹不已。到了下车的时候,每个人都拿到了自己的生肖剪纸。听到孩子们连连道谢,老公禁不住露出了自豪的微笑。

期中考试后,我接到了女儿班主任的电话。首先得知,女儿的成绩,仍是中等。不过他说,有一件奇怪的事想告诉我,他从教30年了,第一次遇见这种事。

语文试卷上有一道附加题:你最欣赏班里的哪位同学,请说出理由。除女儿之外,全班同学竟然都写上了女儿的名字。

理由很多:热心助人,守信用,不爱生气,好相处等等,写得最多的是,乐观幽默。班主任还说,很多同学建议,由她来担任班长。他感叹道:你这个女儿,虽说成绩一般,可为人实在很优秀啊。

我开玩笑地对女儿说,你快要成为英雄了。正在织围巾的女儿,歪着头想了想,认真地告诉我说,老师曾讲过一句格言:当英雄路过的时候,总要有人坐在路边鼓掌。她轻轻地说:“妈妈,我不想成为英雄,我想成为坐在路边鼓掌的人。”

我猛地一震,默默地打量着她。她安静地织着绒线,淡粉的线在竹针上缠缠绕绕,仿佛一寸一寸的光阴在她手里吐出星星点点的花蕾。我心里,竟是蓦地一暖。

那一刻,我忽然被这个不想成为英雄的女孩打动了。这世间有多少人,年少时渴望成为英雄,最终却成了烟火红尘里的平凡人。如果健康,如果快乐,如果没有违背自己的心意,我们的孩子,又何妨做一个善良的普通人。

长大成人后,她一定会成为贤淑的妻子,温柔的母亲,甚至,热心的同事,和善的邻居。在那些漫长的岁月里,她都能安然地过着自己想要的生活。作为父母,还想为孩子祈求怎样更好的未来呢?

看了这篇文章,相信大家这么多年为孩子的学习紧张焦虑的心情会稍有所平复。

为什么从小要给孩子那么大压力呢?为什么一定要学习好呢?我们天天给孩子强调要好好学习,将来考个好大学,却没有告诉孩子没考上大学也没关系,将来在职业学校学一门技能,只要你足够精通,一样很有发展前途,实在不行开个小店,做点生意也不错。

与以前相比,社会已经发生了翻天覆地的变化,已经变得更开放和灵活了,上大学不是改变命运的唯一途径,大学生干什么的都有,大学生也不一定比职高生更受欢迎,大学生也不见得比其他人社会地位和待遇更高。

知识不一定能改变命运,只有健康的人格才能改变命运。只有这样的人才能处处逢源,干什么都更接近成功。

随着我国高等教育的发展,现在读大学比以前更容易了,出路也比以前更多了,即使上了大学,毕业后找不到工作的也大有人在。很多大学生迫于生计,放下身价,放弃自己的专业,从事各种各样的工作,还没有那些没受过高等教育的人干得出色,也没有他们生活得快乐。

记得孙云晓老师说过这样一段话:“当孩子获得基本的技能,并且得到了基本的发展后,真正影响他们是否成功的是能力而不是学历,是情商而不是智商。因此,家长们要放下焦虑,回到常识、回到生活。当你真的回到了常识、回到了生活后会发现,天塌不下来,永远有路可走,只是看你怎么选择了。”

看到这些话,你是不是感到轻松和释然一些呢?

不是每个孩子都适合走学习这条路的,不要整天逼着孩子学习,不要给孩子和自己太大的压力,在学习上,只要孩子尽力就行了,在宽松的环境中,孩子才能学会自己对自己负责,才能找到自己喜欢和适合自己的路。

6 对孩子指责和否定过多，是不良人格产生的最常见原因

指责孩子恐怕是家长们在教育孩子过程中最常见的事了。

“你怎么连这都做不好?”“你怎么这么胆小，我平时怎么教你的?”“你看人家某某多懂事多能干，你再看看你?”……

有的还常带有侮辱性的语言，如:“你简直就是猪脑子!”“你怎么那么笨啊!”“我看你将来什么事也干不成!”……

幼小的孩子听到父母这样的评价和训斥，心里该有多难受啊！他怎么能承受得了呢？这种阴影常常会跟随孩子的一生。

可是这样的父母却大有人在，只要孩子稍一有错误，或者是稍不符合家长的期望和标准，总忍不住一定要立即去指责一番。好像如果不去指责，这个错误将来就会产生多么严重的后果；好像如果不去指责，这个错误就永远改不了。

指责过后孩子就再也不会犯了吗？指责孩子能让孩子变得更优秀吗？经常指责孩子会带来哪些影响呢?

指责和否定过多的后果

(1)指责根本不起作用。

你以为你声色俱厉、盛气凌人就会将孩子震慑到，孩子就会听你的话，那结果恐怕要让你失望了，威慑所产生的力量很快会烟消云散，这种不给孩子讲道理，没有使道德真正内化，只有空架子的“纸老虎”，孩子是不会放在心上的。当你看到不起作用，为了震住孩子，你下一次就只能更加声色俱厉、歇斯底里，一次比一次加重，这真是一条没有尽头的“不归路”啊!

指责孩子做得不好，会让你和孩子都心情不好，让彼此之间互相讨厌，而且并

不能让孩子的能力因为你的责备而有所提高。与其指责孩子，倒不如培养孩子把事做好的能力。

粗暴地训斥孩子时，其实根本不是在教育孩子，只是在发泄自己的怒火。

(2)指责太多会从根本上彻底摧毁孩子。

孩子的自我评价在很大程度上依赖于家长对自己的评价，如果家长经常指责和否定孩子，会大大降低了孩子的自我评价，会让孩子觉得自己就是一个经常犯错误、问题不断、不聪明、不能干、没有价值和前途的人。比这更严重的是经常指责孩子会挫伤孩子的尊严和自尊，而高自尊是一个人日后不断进取的重要因素和动力。

英国著名的教育思想家约翰·洛克在他所著的《家庭学校》一书里这样说①：

> 对孩子的危害性教育除了体罚就是辱骂。孩子作为一个独立的人，应该受到尊重。辱骂威胁孩子，也是一种精神虐待。有的父母总把孩子当成自己的私有财产，从没意识到孩子虽然还不太懂事，但他们也有情感：有委屈、有苦恼、有失望、有悲伤。做父母的应去理解孩子的想法，才能引导他们健康成长。
>
> 有些冲动型的家长，一见孩子做了什么淘气的事，便“你这个混球”，“数你不懂事”，“你就不知道干好事”等，随口而出。当孩子考试成绩不理想时，马上火冒三丈，“笨蛋！就数你考得差！”“以后还会有什么出息！”等难听的话接踵而至，没轻没重。却不知道自己这样笼统地辱骂和否定，会严重伤害孩子的自尊心和自信心。
>
> 有的家长更甚，一旦孩子有了过错，连骂带吓唬。例如“你再不听话，不给你吃饭”“你敢顶嘴，给我滚蛋，别回家”“还这样，打断你的腿”等等。显然，这些话将对孩子造成极大的伤害。对幼儿来说，遭到辱骂就会感到紧张、恐惧，没有安全感。心理上会受到很大伤害。自尊心遭到践踏，产生自卑感。在这种环境中长大的孩子，心理压力大，常常惶恐不安，性格容易变得内向。
>
> 作为父母必须清楚，孩子的自尊、灵性和宝贵的想象力，一旦被摧毁，是很难重建的。而一旦丧失了人最宝贵的羞耻心与尊严，此人便再无什么希望了。

---

① [英]约翰·洛克原著，张小茅编译：《家庭学校》，京华出版社2005年8月第2版，第29页。

语言的贬低和指责也是严重的家庭暴力，如果一个人的自尊在幼年时就被彻底摧毁，是很难重建的。人若失去了最宝贵的自尊心、荣誉感，对自己的名誉满不在乎，那就真如约翰·洛克所说的，这个人就真的没什么希望了。

(3)指责太多会让孩子变得更叛逆。

没有人喜欢被指责，被否定，更不要说是经常性的指责，这样做最明显的后果就是影响和破坏了亲子关系，加剧了亲子冲突。而充满冲突的亲子关系只会让孩子更不听话、更叛逆。你越指责，孩子就越差，孩子越差，你就指责得更多，从而进入了一个恶性循环。

过多地指责孩子，会不断地损害你在孩子心目中的形象，让孩子越来越不尊敬你，越来越抵触你。

(4)指责太多会让孩子更无所适从。

孩子的能力和经验有限，如果经常指责和否定孩子，“这样做不对，那样做不好”，孩子就会开始怀疑自己的能力和判断，做什么事都会缺乏自信和主见，不知到底怎样做是对的、是好的，变得更加无所适从和缺乏独立而完整的个性。

(5)指责太多会让孩子更加胆小、怯懦。

试想一下，有一个身高和力量近乎是你的两倍，能力和经验也是你若干倍的人，经常指责你，否定你，批评你，总是说你这不对那不对，你怕不怕?

过多的指责和否定会让孩子缺乏再去尝试的动力和勇气，畏首畏尾，患得患失，逃避责任。因为只有什么都不去做，就不会犯错误，就不会被别人指责。

(6)在指责中长大的孩子长大后也爱指责、抱怨别人。

父母是孩子为人处世的榜样，孩子学习人际交往首先是始于家庭，然后会把这种模式带到今后与其他人的交往中。孩子从小在家里没有得到足够的尊重，听惯了指责和否定，就会在孩子的脑海里烙下深深的烙印，形成这样的人格特征，长大后也习惯于指责和抱怨别人，习惯于怨天尤人。

毫不夸张地说，经常指责和否定对孩子来说是一种残酷的精神虐待。这样培养出的孩子没有一个是人格健康的，没有一个是快乐和幸福的，没有一个是优秀的。

为什么会有那么多的指责和否定?

这些家长为什么要经常指责和否定孩子呢?

其实很多家长可能也想过这个问题，也知道总是指责、否定孩子不好，可为什么我们的身边还有那么多的家长对这种方式“乐此不疲”呢？

概括起来，主要原因有三：

第一，对孩子的期望偏高。

父母对孩子的期望值偏高，孩子达不到父母的期望时，父母们总忍不住要去指责。期望值越高，就会觉得孩子的差距越大，就会变得更挑剔，更爱指责。

父母对孩子抱有适当的期望会激励孩子进步和成长，但如果不考虑自己孩子自身的个性和能力，只是自己单方面的、“一厢情愿”的期望，只顾逼孩子去攀比、去竞争，不断地指责和要求孩子，结果常常是孩子越来越差，连你当初最低的期望都达不到，而且是两败俱伤，你心里的落差太大，抱怨就会过多，孩子也只能自暴自弃，不愿意改变，也没有动力改变。

第二，想让孩子按照自己的意愿行事。

孩子是一个独立的个体，有自己的个性、想法和思维方式，如果父母不尊重孩子，总是希望孩子能按自己的意愿行事，一旦发现孩子不按照自己的想法去做时，就会变得非常失意和烦躁，就忍不住要去指责几句。

孩子又不是机器，只要你输入指令就可以完全按你的意愿运行；孩子又不是你肚里的蛔虫，怎么能事事都知道你是什么想法和意愿。再好的、再聪明的孩子，都不可能让父母事事如愿。

所以，我们最好一开始就有这样的心理准备：孩子是个有血有肉有想法的大活人，不可能完全按照大人的意愿发展，你喜欢这样做，可孩子可能喜欢那样做，这样想你心里就会平静很多。

第三，总是爱指责和否定孩子的父母，小时候也常被自己的父母指责和否定。

父母不尊重孩子，孩子从小没有体会到足够的被尊重感，长大后也就不懂得尊重别人，也会像自己的父母当年对待自己的方式来对待自己的孩子。

第四，操之过急。

那些性格急躁的父母常常更爱指责孩子，稍一看到孩子有错误，就会立即把孩子训一番。

有没有比指责更好的办法？

当孩子做得不符合自己的心意和期望时，所有的人都会发火和指责，可能控制住自己情绪的父母才是内心更强大、更懂教育的父母，接纳和尊重孩子的不同，宽容孩子的失误和失败，你更轻松孩子也会心存感激，宽松、温和的教育方式反而会让孩子发展得更好。

既然发火没有用，还会两败俱伤，当你想要发火时，不妨试试这样做：

(1)提醒他、帮助他，而不是责骂他、否定他。

孩子遭遇失败的时候正是他最脆弱，最需要帮助、鼓励和总结经验的时候，如果这时再加上家长的指责和否定，真不知道对孩子幼小的心灵打击有多大!

指出孩子的错误和不足是为了帮助他改正和提高，不是为了批评他、羞辱他。面对孩子的失败和错误，适当地提醒他，帮助他反思和总结，而不是简单粗暴地责骂他、否定他，这样孩子才更乐于接受，才能心悦诚服地改正和提高。

(2)变批评为鼓励，变负面为正面。

你可以说“你怎么这么懒”，你也可以这样说“你再勤快些、努力些，就可以做得更好”；你可以说“你怎么这么笨”，你也可以说“熟能生巧，再试试”；你可以说“你怎么这么自私”，你也可以说“你可以试着为别人着想”……

不要用那些刺耳的负面的词语，试着多用正面的词语，孩子就会把侧重点放在接下来应该怎么做上，指责只会让孩子更差，更叛逆，更远离你，而鼓励的力量要远大于批评。

(3)“等待5秒胜过说教一天”

当你不满意孩子的行为时，最直接、最简单、最不用动脑筋，也最不费工夫和精力的教育方式就是去指责和否定，只要会说话，人人都会做。那些能忍一忍，能想一想再决定怎么处理的家长需要耐力、耐心和智慧，因而是值得人敬佩的。

日本著名亲子教育专家河合隼雄说：“等待5秒胜过说教一天。”当你忍不住要指责孩子时，先等一下，哪怕就是5秒，你也会发现差别很大。

等待的那几秒，你可以再观察观察孩子，看看会发生什么事，这个错误可能并没你想的那么严重，或许孩子有别的原因；你也可以调整一下愤怒的情绪，避免一时冲动说出一些伤害孩子的话；还可以再想想怎么说比较好，或许你还能想到更好的教育方式。

有的时候还没等你开口，孩子就已经知道你的意思了；有的时候你不说比说的效果还要好得多。耐心地等一等，孩子会有让你感动的举动。

7 孩子是怎样学坏的？

小豪今年13岁，和几个伙伴一起“教训”一个看着不顺眼的孩子，几个人竟残忍地把这个孩子打死了。为了掩盖事实，他们还把这个孩子埋在了树下。事后得知，这个正值花季却失去生命的少年还是他们的同班同学。

培养一个遵纪守法、有道德、有良知、不危害他人、能自立的人，是家庭教育最基本的要求。

可我们身边总是不乏这样那样的问题少年，打架斗殴、逃学、离家出走、抢劫、偷窃、诈骗、过早性行为、加入社会不良团体、甚至杀人等等，他们的父母绞尽脑汁、想尽办法，结果却无济于事，孩子的不良行为反而愈演愈烈，父母根本就无法控制，想管也管不了，一些孩子由不良行为逐渐开始过渡到犯罪行为。

那么孩子到底是怎么学坏的？怎样才能保证孩子不学坏？

中国预防青少年犯罪研究会发布的《2010年我国未成年犯抽样调查分析报告》统计结果显示：家庭残缺、家庭关系不好和家庭教育不当是影响未成年人犯罪的重要因素。

那么家庭关系不好具体指的是什么？又有哪些不当的家庭教育方式会导致未成年人犯罪呢？

孩子学坏的主要原因之一——家庭关系不好

(1)父母关系不好，家庭缺乏温暖。

调查发现，家庭结构是否健全，对于未成年犯影响显著。很多未成年犯在单亲家庭长大，或者长期留守乡村。

但是我们也发现，并不是所有单亲家庭的孩子都会成为问题少年，有一些在单亲家庭长大的孩子也成长得很好；留守儿童极易出现各种心理和行为问题，但也并不是所有的留守儿童都成了未成年犯。

这其中有一个关键的因素就是家庭是否温暖，对孩子是否缺乏关爱，家长是不是疏于教育。

家庭结构不健全的孩子内心敏感、自卑、脆弱，他们原本需要比其他孩子更多的关爱，才能抚平对孩子心理的创伤。可如果和孩子生活的一方整天纠结于自己的问题，心理充满怨恨，对孩子缺乏耐心和关爱，常对孩子抱怨和发脾气，孩子感受不到家庭的温暖，那么孩子的内心就是冷漠的，甚至是残忍的，这样的孩子就很容易自暴自弃，很容易到外面去结交不良少年，有的是故意做坏事来引起父母注意或报复父母。

有的孩子虽然是和父母生活在一起，但父母之间常常充满着冲突或暴力，经常互相指责、抱怨、争吵甚至打骂，家庭成员之间互不关心，很少在一起亲切而温和地交谈，即使谈话，也是话里带刺、威胁、侮辱或挑衅，有时候孩子常常就成了父母的出气筒。

这样的父母把精力都用在了如何对付对方上，无暇顾忌孩子的感受，要么就是在教育孩子的问题上互相推卸责任。成长在这样的家庭中的孩子常常感受到的是恐惧、冷漠、暴力和不安全感，孩子在这样的环境中也学会了冷漠、争吵和暴力。

(2)父母和孩子之间的关系不好。

调查发现，高达四成的未成年犯表示，曾经恨过父母，原因是父母不够理解自己、不关心自己的心理感受、不让做自己想做的事，其他的原因还有：父母闹矛盾的负面影响、强迫做不喜欢的事、生活上不管不问、经常打骂等。

父母和孩子的关系不好，孩子就想解脱，就想叛逆，就想离家出走，就想寻求其他方面的支持。这样的孩子不听父母的话，父母希望孩子怎样，孩子偏偏就不怎样，父母根本就管不了。

就拿网瘾来说，北京大学博士赵春梅以“青少年电子游戏成瘾的家庭因素研究”为题，在北京市的中学中展开问卷调查，通过553份有效问卷和对15个家庭的深度访谈，将研究5年的结果写入《窗边的孩子》一书。

她说：“大部分孩子在成为‘网瘾少年’之前，就存在一定的焦虑和痛苦，或有一种被遗弃的感觉。也就是说，家庭氛围、亲子关系不好，很容易导致孩子迷恋网络，寻求某种解脱。”

这和中国青少年研究中心的孙云晓老师的研究结论一致，即：“缺乏支持性的人际关系是未成年人沉迷网络的根本原因。”

总之，亲子关系不好，孩子就很容易学坏。

孩子学坏的主要原因之二——家庭教育方法不当

(1)冷漠、高压、经常打骂孩子。

如果家长对孩子缺乏关心，在生活上不管不问，不知孩子在想些什么，想干什么，孩子一犯错误，不是打就是骂，在这样的教育方式下长大的孩子最想逃离家庭，最易成为问题少年。

当一个孩子知道，如果让父母不高兴就会遭到责骂或痛打，那么他们遇到惹自己不高兴的人时，他们的潜意识里也会想用相同的方式来解决。打骂式管教会对孩子的身心造成伤害，在这种环境下长大的孩子往往对别人充满敌意，防备心强，内心恐惧、冷漠、孤单。

具有讽刺意义的是，父母经常采用高强制、暴力的方式惩罚孩子，孩子就逐渐对这样的惩罚有了抵抗力，而且还学会了用反强制来对抗强制，开始挑衅和违抗父母，父母不让他们怎样，他们就偏偏怎样。

未成年犯往往都性格暴躁，容易一时冲动，而父母的打骂则是未成年犯性格暴躁以及其他不良性格产生的重要根源。

(2)缺少理解、肯定和认同，不尊重孩子。

调查发现，问题儿童的家长很少采用肯定和赞赏的方法来教育孩子，对于孩子表现出的好行为视而不见，不及时加以肯定，而对孩子偶尔表现出的并不严重的错误却大惊小怪，用粗暴的方式严加惩罚，还告诉孩子小时候犯小错，将来长大就会成为罪犯。

自我接纳良好，自认为是个好孩子的孩子，不会轻易去做一个坏孩子，自认为很差劲、一无是处的孩子也很容易成为一个自暴自弃、问题行为不断的人。而孩子的自我接纳程度和自我评价会在很大程度上受父母的影响，父母接纳、理解和认同孩子，多给他正面的引导和鼓励，让他相信自己是一个有价值、有前途的好孩子，他就不会学坏。

例如，当孩子学业不顺利时，虽然在学校被否定和排斥，但如果家长能在家里给孩子温暖，接纳孩子的不足，并在其他方面给孩子肯定，引导孩子在其他方面发展，帮助孩子找到适合孩子的路，孩子就不会盲目游离，就不会加入不良群体。

不管孩子在学校怎样，孩子如果能在家里体验到安全感、亲密感和被尊重感，感到在家里可以自由地表达与父母不同的意见，做自已想做的事，孩子就能获得一种强烈的自尊感，就不会觉得自已是坏孩子。而低自尊的孩子进入青春期后更易卷入不良团体和违法犯罪活动中。

(3)父亲没有发挥其应有的作用。

为什么说“子不教，父之过”，父亲作为一个男性角色，一般给孩子的感觉是比较坚强、坚定、理性、有原则、勇敢、果断、正义、有权威，父亲对孩子人生观、价值观、做人以及道德的形成具有重要作用。

调查显示，对未成年犯“影响最大的人”，45.6%的未成年犯选择“校外朋友”，其次是“父亲”和“网络人物”。与普通未成年人相比，未成年犯认为父亲是负面人物的比重相当高。

父亲如果以身作则，并且经常给孩子正面、积极地引导，从小给孩子一定的规则意识，经常参与到孩子的教育中来，孩子就不会学坏。

如果父亲没有做好正面的榜样，或者把教育孩子的任务都推给母亲，很少过问和关心孩子，在孩子心目中缺乏权威，如果母亲再因为心软或缺乏原则性，孩子就会缺乏刚性的约束，最终谁也管不了。

(4)父母忽视对孩子思想品德的教育和做人的培养。

孩子在道德和做人方面出问题，其主要责任在于家庭，而绝非学校。在孩子小的时候，很多做人的道理和原则需要家长教给孩子，告诉孩子什么是对，什么是错，什么可以做，什么不可以做。当孩子表现出好行为时，家长要及时肯定来强化这种行为，当孩子有不良的、伤害别人的行为时，家长也应及时制止，并主要用说理的方法来引导和教育，使道德内化，才能形成自我管理和自我约束。

家长如果一心只盯着孩子的学习成绩，或者因为工作忙，家庭矛盾等因素忽视了孩子的道德教育，孩子没有形成正确的是非观念，没有养成良好的行为习惯，将来就很容易走上歪路，到那时家长再来管就已经晚了。

忽视对孩子品德和做人的教育，是家庭教育的最大失误。

8 最失败的教育

曾读过一篇文章，文中主人公的经历从此深深地刻进了我的记忆里，仅这篇文章的题目就会让人感到震惊，叫做《史上最失败的教育》①，在此特别推荐给大家：

史上最失败的教育

明朝万历皇帝9岁登基。孩子的首要任务就是学习，毫不夸张地说，这是关系到国家未来前途命运的大事。因此，皇太后经过慎重考虑，把教育小皇帝的重任托付给了张居正。

张居正时任内阁首辅大学士，德高望重，饱学多才，由他来担任帝师，的确是再合适不过的人选。既然是皇帝，理所当然要接受最好的教育，张居正深知责任重大，亲自编写教材为小皇帝授课，讲述历代帝王治国经验。除此之外，他还任命了五名主讲经史的老师、两名书法老师，并设立起居注官，每天记录小皇帝的一言一行，监督学习情况。

小皇帝的学习任务很重，几乎没有什么休息时间，每天起早贪黑，诵读经史，练习书法。次日考核功课，如果倒背如流，张居正就会大加鼓励，称颂天子圣明；如果背得结结巴巴，他就以帝师的身份严加质问，绝不含糊。

在这种严厉的教育制度下，万历学习进步很大，尤其书法精进，十岁就能写一手好字。在所有的功课中，万历最喜欢书法，还把自己临摹的字帖赏赐给大臣。张居正见此情景，却忧心忡忡。

目的非常明确，小皇帝将来长大后要管理国家，凡是与治国无关的，都是无用

① 姜钦峰：《史上最失败的教育》，《跨世纪时文博览》2011年09期。

的学问,必须全部排斥。从此以后,张居正取消了书法课。老师义正词严,理由充分,小小年纪的万历根本无力抗争,不得不放弃了心爱的书法。

有一次,万历童心大发,逃课去与宫女太监们玩耍打闹。张居正得知后,竟如临大敌,当作国家大事,马上向太后汇报。结果,万历被罚向太后下跪,并向老师作书面检讨。为了把小皇帝教育成才,张居正殚精竭虑,事无巨细,事必躬亲,简直操碎了心。他深信严师出高徒,经过这种严格的教育,万历一定能成长为一代明君。不料南辕北辙,事与愿违。

万历长大亲政后,连续二十多年不上朝,深居大内,宁愿与太监宫女们嬉戏玩耍,打发无聊时光,也不理朝政,甚至不任命国家官员,导致国家机关长期处于半瘫痪状态。从万历开始,明朝逐渐走向衰败。虽然此后还延续了三代皇帝,但后世史学家大多认为,明朝实亡于万历。倘若要再往前追究的话,张居正难辞其咎。他是杰出的政治家,可作为帝师,他却是一个失败的教育家。

像万历这样旷日持久消极罢工的皇帝,世所罕见。造成这种历史奇观,当然有多方面的原因,也不能用"懒惰"两个字来简单概括。很重要的一个原因,就是万历存在人格缺陷。根据弗洛伊德的精神分析理论,一个人的人格形成,跟他童年时的经历密切相关。

万历的不幸在于,小小年纪就做了皇帝,被所有人寄予厚望。因此,他不能自由成长,只能按照别人设计好的路去走,最喜爱的书法不能学,该玩的时候不许玩,不准有个性,不准有自己的思想……万历从小在这种极端压抑的环境中长大,童年时代的欲望得不到满足,人格渐渐被扭曲。当他拥有了至高无上的权力之后,这种被长期压抑的欲望,终于以一种极端的方式爆发。

张居正天真地以为,小皇帝就是一台机器,只要拼命灌输,按部就班装上一套先进的操作系统,就能快速高效地运行。他忽视了一个简单的逻辑:万历首先是一个人、一个孩子,其次才是皇帝。连人都弄得不正常了,还谈什么成才,哪来的好皇帝?张居正身为帝师,虽然动机美好,用心良苦,可惜用力过猛,矫枉过正。这种急功近利的精英教育方式,终于酿成灾难。

四百年过去,世间已无张居正,然而家家都有小皇帝。前车之鉴,后事之师。

你觉得这段历史离我们很远吗?皇帝的经历不会发生在老百姓身上吗?这篇文章的最后一句话说得太好了,四百年过去,世间虽已无张居正,但小皇帝的故事却时有发生。

孩子的成长有规律，过分人为干涉只会毁了孩子

孩子有其自身成长的规律，不是你一厢情愿想把孩子培养成什么样，孩子就能成长成什么样。

玩、同伴交往、犯错误都是孩子健康成长的必需要素，孩子的成长需要宽松的环境，更何况每个孩子都有每个孩子的天性，如果成人无视这些规律和天性，强行压制和改变孩子，那孩子只能变得不正常。

我刚做教师时，经常会有这样的感受："这么简单的问题，这孩子怎么就不懂呢?"做教师时间长了，心态就会平和很多，因为孩子就是孩子，他的心智和经验没有发展到一定的程度，他不能理解的就是不能理解，他有他自身成长的规律，揠苗助长只能适得其反。

意大利教育家蒙台梭利说："每个人的成长都有一个程序，他在某个年龄段该领悟什么样的问题，其实是固定的，你没办法强求，过分人为地加以干涉只会毁了他。"

可是还有很多家长根本就不懂得尊重孩子的成长规律，只重视学习，过早地开始学习，把自己的意志和愿望强加给孩子，轻则造成孩子各方面能力以及情商低下，错过了孩子优势潜能的发展，耽误和制约了孩子一生的发展，至于快乐、幸福和成功只能是黄粱一梦；重则造成孩子社会化不完全，社会适应不良，具有人格缺陷或人格障碍，让孩子痛苦一生。

你有没有揠苗助长?

很多家长在孩子上幼儿园时就迫不及待地给孩子报学习班，学拼音、学英语、学数学、学乐器，孩子学得很吃力，孩子花了很长时间，费劲九牛二虎之力学会了几个拼音或者几道算数题，而其他孩子上小学后一节课或半节课就能学会。

幼儿阶段的孩子其主要活动和学习形式是游戏，就是去充分地感知这个世界，如果非要学习的话，这个阶段的孩子最应该学的是自理、认识和学习生活中的基本常识、学会共处，这对孩子一生都至关重要。

在幼儿园阶段学习小学的知识，不符合孩子的成长规律，也不符合孩子的天性，对孩子来说，不但没有好处，反而有害。

提早学,孩子将来就能学习更好吗?将来就能更有前途吗?

下面这段资料应该足以说明问题(据2013年8月1日《金陵晚报》报道整理):

自诺贝尔奖设立以来,德国人(含移民美国、加拿大等国的德裔)获得的诺贝尔奖人数将近总数的一半。

德国的教育有什么特点?

德国孩子在小学前“唯一的任务”就是快乐成长。教育专家认为孩子的天性是玩耍,所以要做符合孩子天性的事情,不应该违背孩子的成长规律。

如果说在上学前对孩子非要进行“教育”的话,那“教育”的重点只有三个方面:

一、基本的社会常识,比如不允许暴力、不大声说话等。

二、孩子的动手能力。在幼儿园期间孩子会根据自己的兴趣参与手工制作,让他们从小就主动做具体的事情。

三、保护孩子的情感胚胎,培养情商,培养领导力。

不要以为只有德国才有如此奇怪的规定,其实欧洲多国对待小孩子的做法基本大同小异。这些国家幼儿教育的观念是:绝对不能剥夺孩子玩耍的权利和珍贵的童年。

德国教育强调让孩子在游戏中学习知识,因此幼儿园并不进行分科教学。儿童在未进入小学之前,不会被强制学习写字和计算,孩子回家后也没有必须要做的作业。德国人注重孩子兴趣的培养以及孩子在玩耍中所表现出来的动手能力和观察能力的锻炼。

在德国,就算小学低年级,学生的基本任务也是玩。刚来德国的中国家长对这样的教学进度通常会有点诧异,一年就学26个字母也并不稀奇。如果家长在家里给小朋友“开小灶”,老师还会数落,“超前教育”并不被看好。

德国将禁止学前教育写进了宪法。

如果用时下比较流行的话来说,德国的孩子和中国的孩子相比,他们早已输在了起跑线上。可后果又有多严重呢?他们反而拿走了一半的诺贝尔奖。

你以为孩子提前学过,上了小学就会占优势,即使真有这种优势,用不了多长时间,很快就看不出来了。而更不幸的是,过早地强迫孩子学习,会打磨掉孩子的学习兴趣，磨灭了对孩子来说最珍贵的好奇心和求知欲，孩子根本体会不到学习的快乐。

古罗马教育家昆体良告诫人们："最要紧的是要特别当心不要让儿童在还不能热爱学习的时候就厌恶学习，以致在儿童时代过去以后，还对初次尝试的苦艾心有余悸。"

提前让孩子学习，孩子就会觉得有难度，"畏其难"就会"厌其学"，在还没有真正开始学习时，就已经对学习失去了信心和兴趣，在学习上，没有什么比这更糟糕的了。

幼儿还无法长时间集中注意力，无法安安静静地长时间坐在凳子上学习和背诵，即使是再优秀的小学生都无法做到整整一节课都注意力集中，更何况是幼儿。幼儿的心智和经验还不适合学习较为抽象和符号化的知识，强迫孩子学，孩子体会到的只有枯燥，感受到的是"怎么这么难"和"我怎么这么笨"，这会让孩子对即将到来的小学学习生活没有一点向往，还会让孩子感到畏惧。

我至今都记得我在上学前班时，妈妈教我背我的生日，就是那区区几个数字的排列组合，可妈妈不知教了我多少天，可我死活都记不住，每一次背时都要出错，我从那时开始就根深蒂固地认为"我真是个笨孩子"。现在想想，那几个数字对于幼儿来说真是一个难题，可如果稍微晚一年再教，就能易如反掌地记住。

孩子什么时候该学什么，是有一定规律的，为什么小学低年级的课本总是那么花花绿绿的，有很多图片，老师上课时也会借助很多教具，给孩子们演示，因为这个年龄段的孩子是以形象思维为主；为什么到小学中高年级这种情况会变少，为什么到了中高年级数学中才会出现字母和公式，以及代数的知识，因为这个年龄段的孩子才开始由形象思维逐渐过渡到抽象思维。

很多即将升入小学的孩子家长都会有一种恐慌、紧张的情绪，他们听说很多即将上小学的孩子都在提前学小学知识，还听说上小学后，班里绝大部分的孩子都已提前学过了，老师会讲得很粗、很快，没有学过的根本跟不上。

可以肯定地说，这绝对是谣言。我是小学老师，我可以很负责任地告诉大家，完全不要有这种顾虑，小学有小学的教学任务和课程标准，每节课都要完成课程标准中和教材中要求的教学内容，不管孩子有没有学过，对于老师来说，都会按新课来上。而且我们之前也根本看不出来谁提前学过，谁没学过，可能学过的也只是学了点皮毛，根本不系统，也达不到要求。

很多家长经受不住外界的宣传，和周围家长恐慌情绪的影响，面对孩子的教育和成长，总是急不可耐，争先恐后。这样肯定会做出违背孩子身心成长规律的事，给孩子以后的成长发展留下后患，任意违背规律迟早会受到惩罚的。

孩子该学什么时就学什么，孩子学得轻松，也更有学习兴趣，这才符合学习的规律。不强迫孩子长时间学习，不要一心只关注学习，给孩子宽松的环境，允许孩子玩，允许孩子发展自已的兴趣和爱好，允许孩子交朋友，这才符合孩子人格和身心健康成长的规律。

什么是最失败的教育？不尊重孩子的成长规律，把成人的意志强加给孩子的教育就是最失败的教育。

孩子将来取得成功，绝不是父母逼出来的，而首先是因为他们有一个正常的成长环境，他们可以自然、健康地成长，这种成长环境使得他们养成了健康的心理和人格，有自己的个性、喜好和特长，当然更容易成功。

9 唯独在教育上功利思想要不得

教育是慢的艺术,很多时候看似“浪费”,实则宝贵

社会上的一些培训机构给家长们营造一种非常紧张的气氛,让家长和孩子们焦虑不安,比如“不能让孩子输在起跑线上”,懂得教育的人,懂得孩子的成长有一定规律的人,一眼就可以认定这句话是在骇人听闻、胡说八道。

有人说得好,“人生是漫长的马拉松,不是百米赛跑,起跑的快慢决定不了一生的发展快慢”。对于跑马拉松来说,起跑是一个并不重要的小环节,一开始拼命冲到前面的选手,往往到中途都会落伍,因为冲在前面的人体力消耗得最快,心理压力也最大,总害怕别人会超过他,他会不断地回头看后面的选手,自己的节奏、呼吸和战术会完全被打乱。

而那些一开始并不急于领先,不急于求成,调整好自己的节奏,给自己设定好一个个小目标,一步步地去实现的人,最终才赢得了比赛。

对于人生这场漫长的马拉松来说也是一样,在人生起点时,就给孩子营造一种紧张和焦虑的气氛,早教、课外补习班、名校、名次等等,好像稍微落后一点,将来就不能生存,就没有饭吃。

不顾孩子的发展规律和承受力,只知道使劲向前冲,这样的孩子因压力和负担过重,中途都会慢下来,关键时刻想冲都冲不上去,常常会在人生的重要时刻掉链子。

对于一个孩子来说,该玩的没有玩够,该“浪费”的时间没有“浪费”,他的心智就无法成熟,他的人格和心理就无法正常地发展,他长大后反而会像个孩子一样浪费时间,别人怎么劝都没用。

在家长的重压和功利思想的教育下，小时候特别优秀的孩子，就像马拉松比赛中一开始冲在前面的选手一样，会被自己的名声所累，就像背着一个又大又重的行囊，无法轻装前进，他总会担心别人会超过他，在人生中很多挑战、竞争和机遇面前往往会选择逃避和放弃，因为他无法接受失败和落后，性格也变得不够灵活，不懂变通，不敢接受挑战，干脆不思进取。

不是说引导孩子得优秀不对，而是不能用功利的思想和出发点来要求孩子，从小给孩子过大的压力。

有多少小时候学习中等的孩子，甚至是学习较差的孩子，懂事后，意识到学习的意义后，开始发愤图强，最后取得很好的成绩，走上社会后也发展得很好；又有多少小时候学习特别好的孩子，长大后越来越厌学，心理和人格也变得异常。

我们来看看两个科学家的经历：

美国女科学家克林托克 81 岁才获得诺贝尔生理医学奖，她在领奖台上说："我是一朵秋天里的雏菊，我相信，不是每一朵花都在春天里开放。"

英国医学教授约翰·格登是 2012 年诺贝尔医学奖获得者，获奖时格登 79 岁。据英国《每日邮报》报道，15 岁时，格登在英国著名的贵族学校伊顿公学求学，当时在 250 名学生中，格登的生物课成绩排在最后一名，其他科学科目也排名非常靠后，被同学讥笑为"科学蠢材"。

在 1949 年的学校成绩报告单中，一位老师这样评价格登，"我相信格登想成为科学家，但以他目前的学业表现，这个想法非常荒谬，他连基本的生物知识都学不会，根本不可能成为专家，对于他个人以及想教导他的人来说，这根本是浪费时间。"这份成绩报告至今仍被格登放在自己的办公桌上，偶尔用来娱乐一下。

孩子小的时候暂时学习不好，不见得这个孩子将来就没有出路，就不可救药，孩子的成长有一个过程，成才和发展还有多种可能，教育千万不可急于求成，更不能急于否定孩子。

教育不是工厂里生产线上快速生产的商品，而更像是园丁在培育树苗，是一门慢的艺术，园丁要了解每一种植物的生长条件和特点，教育需要尊重孩子自身成长的规律，尊重孩子的天性。

家庭教育要以孩子的人格成长为第一，学业发展为第二。不要总盯着孩子的成绩，其他该"浪费"的，一定要"浪费"。

“儿子为什么如此功利?”

不得不承认,在社会上“功利”的思想确实让不少人得到了现实的好处,但是,在孩子的成长过程中,功利的思想却根本行不通,因为孩子的世界是纯真的,是有其自身发展规律的。孩子和成人的思维方式不一样,一味地给孩子灌输功利的思想,会改变孩子的成长规律,会让孩子变得不像孩子,会给孩子带来很大的思想负担。

我们来看看这个家庭①:

孟春光找到心理医生说儿子李泽龙的情况很严重,根据孟春光的描述,心理咨询师总结出她眼中的李泽龙有三大问题:一是不学习,每天回家书包都不打开,直接上网看小说、看电影;二是情绪不稳定,无端地发脾气、摔打物品;三是对妈妈的态度极为恶劣,经常以妈妈的不当言行破坏了他的情绪为由,不去上学。

孟春光在陪伴孩子成长的过程中一直寻求捷径,事事抄近道。儿子李泽龙刚上小学,她就计划着如何让儿子享受到直辖市高考的优惠政策,她多方面搜集信息后,得出一个结论:一定要尽早让孩子到直辖市适应环境。李泽龙初二时,妈妈就向单位请了长假,丢下丈夫,到天津陪读。

到了天津,孟春光了解到,如果在数学奥赛中获奖,可以得到进入全市最好高中的保送机会。她汇总各方面的信息,给儿子报了一个历年奥赛获奖率最高的课外班。儿子非常配合,一门心思希望获得一等奖。

升入初三,班主任几次找到孟春光,说孩子在竞赛上投入的精力过多,这种孤注一掷的做法对中考非常不利。孟春光向周围人打听,有人告诉她,只要奥赛一等奖,中考就能免试。孟春光想,班主任大概只是尽告知义务而已。

然而中考前两个月,教务主任宣布中考政策,以中考成绩为主,竞赛成绩为辅。这时,李泽龙的名次已经由班里前5名下滑到30名,孟春光急了,不顾儿子的强烈反对,坚决叫停竞赛。

李泽龙歇斯底里,以不去上学要挟妈妈,说一定要参加奥赛决赛资格选拔考试,给自己一个交代。非常遗憾,选拔中他被淘汰了……李泽龙抱怨,是妈妈半途

① 张丽珊:《知进退:成长不可能事事抄近道》,《中国青年报》2012年7月17日。

而废的态度使他前功尽弃，叫妈妈给他找一对一家教，冲刺中考。

孟春光承认，那段补课效果很明显，李泽龙的中考分数接近母校录取分，她恳请母校给儿子一个机会。李泽龙留校并进了重点班。

高一开学，李泽龙像变了个人，不再关心学习，将所有的热情投入到班委工作中。孟春光不理解儿子为什么要浪费时间去做那些琐事？李泽龙不屑地说："你懂什么？如果评上'市优干'，高考可以加20分呢。"

接着，李泽龙的问题全面爆发了——工作中，李泽龙觉得其他班委嫉贤妒能排挤他；学习上，无法集中精力，成绩每况愈下。只要妈妈提醒他学习，他就会大发雷霆，期末考试班里排名倒数第二。

面对妈妈的焦急，李泽龙振振有词，他看明白了，学习成绩与未来是否成功没有任何关系。现在是拼爹的时代，让爸爸抓紧时间找关系，为自己未来的成功积累人脉是唯一的大事。孟春光不明白，15岁的儿子为什么如此功利？

在孩子成长过程中，父母处处为孩子寻找捷径，孩子从一开始被动地接受，到后来也习惯和内化了父母的价值观。一旦没有捷径或捷径行不通，就会对孩子的打击很大。比这更严重的是父母对孩子人生态度的影响：是教导孩子做人应该脚踏实地，一分耕耘一分收获，还是让孩子学会凡事要多找捷径、多钻空子。

功利思想会让孩子的学习更差

或许你没有案例中的孟春光那么功利，那么我们再来看这样的现象你有没有：很多家长经常当着孩子的面议论哪个学校是名校，哪个学校教学质量高，哪个学校教学质量差，哪个班的老师负责任、教得好，哪个班的老师水平差，这就让孩子感到学习的好坏主要靠学校和老师，而不是靠自己。具有讽刺意味的是，他们的孩子也真的和他们的说辞一样，认为自己学习不好的原因在于学校和老师。

一个孩子怎么能这样贬低和不信任他的老师，这样怎么能学好呢？认为学习主要靠名校和好老师，那又怎么发挥自己的学习主动性呢？可知自己才是学习的主人，是影响学习的最大因素。

大家可以观察一下，身边有很多取得较大成就和成功的人，小时候是出自农村里的小学，中学也是就近选择，学习主要靠自己的努力。

家长要引导孩子明白这样一个道理，那就是对于学习来说，只有充分调动自己的学习积极性和主动性，才能学好。“师傅领进门，修行靠个人”，名校有学习好的，也有学习差的，“差”的学校也有学习很好的，这主要取决于家庭教育和孩子自己。

给孩子灌输那些功利的思想，只能让孩子学习更差。

《怪兽家长》一书曾经风靡香港，作者屈颖妍讲过一段很有意思的对话，让人忍俊不禁，又让人倍感无奈。

屈颖妍说，香港家长常常会跟孩子这样对话。女儿说：“乌龟死了……”家长说：“你做作业了吗？”一位中学校长无奈地说，其实少当几分钟的怪兽没那么难，至少你可以把孩子的话有耐心地重复一遍：“哦，乌龟死了……你做作业了吗？”

眼睛总盯着成绩，只会让孩子学习更被动、更厌学，在学习上更缺乏责任心。

功利在成人的社会里或许有用，但如果用在教育上就会害了孩子，家长越功利，孩子就会越无能、越不会努力，只想着依靠父母，依靠捷径。想要教育好孩子就容不得半点功利之心。

功利思想总有一天会压得孩子透不过气

看到这里，很多家长一定会放心地说：“这一点我绝对能做到，我从不在孩子学习上找捷径、找关系，我一直告诉孩子学习就要靠自己。”

这样当然好，但也要检查一下看你的出发点，你是告诉孩子：“学习是一件很有趣的事情，知识在生活中很重要，学习还可以扩大视野，可以更好地认识这个世界，可以从事自己喜欢的研究，将来能为社会做出更大的贡献等等。”还是一再地给孩子灌输这样的思想：“只要成绩好，排名高，你就更有面子，爸妈脸上也有光，你将来考上大学，就能挣更多的钱，生活条件就会更好等等。”

来看看这个家庭的经历①，看看其中有没有一点你的影子？

任飞翔从小就听话、懂事、成绩好。从小学一年级，任飞翔的周末就奔波于几个课外班。小升初，任飞翔考上了全省最好的中学，一家三口喜极而泣。他下定决心，初中努力三年考上本校高中的重点班，为考入清华大学奠定基础。

任飞翔每天都想象自己考上清华后如何鄙夷舅妈，如何鄙视在浙大读书的

① 张丽珊：《不想当家族学业攀比的牺牲品》，《中国青年报》2011年1月11日。

表哥。

任飞翔在全省最好的中学上初三，他的第二次月考成绩不理想，由年级第十名退到了第三十名。他觉得这样下去，肯定考不上本校高中重点班，也就难以进入清华，趁着落败之前退出总能维护点面子。

任飞翔的问题是：只要写作业，他就狂躁地难以自持，但不写作业又害怕被老师指责，老师在教室里说的每一句鞭策学生的话好像都是指向他，有如针刺一般。回避这种痛苦的唯一方法就是不去上学。

后来，他接连去了全国多家心理咨询机构，但没有人能说服他回到学校。

"你为什么一定要考清华呢？"心理咨询师问。

"我哥哥在浙江大学，小姨的儿子在北京大学，所以我必须到清华大学。"

"这好像不太符合逻辑呀。"

"我舅妈一直骑在我妈头上作威作福，如果我不能考过她儿子，我们就永无翻身之日了。"任飞翔的表情非常复杂，不像一个16岁的孩子。

"不上学就能解决问题吗？"

任飞翔沉默了，"以前我以为上学是我痛苦的源泉，不上学就一切都好了，可我在家待了4个月，反而觉得压力越来越大。"任飞翔说，妈妈每天都歇斯底里，从前因为儿子聪明、成绩好、听话而扬眉吐气，现在她再次被周围人指责，大家都说她把孩子逼成这样的。

任飞翔的妈妈孙璐在家排行老二，在孙璐的记忆中，嫂子颐指气使，尤其是孙璐找了家在农村的男友之后，嫂子认定她再也没有翻身的可能，对她的欺负更加理直气壮。

嫂子的儿子考上浙大，妹妹的儿子考上北大，成为一家人"训导"孙璐的新的资本，于是任飞翔的学习成绩成了他们一家人的救命稻草。孙璐认定只有儿子成绩好、听话、懂事，才能提高自己在娘家的地位。

孙璐对儿子的期望很高，曾经的儿子也确实是她炫耀的资本，可儿子现在成了这样，孙璐的心情我们可想而知。

孙璐说："周围人早就告诉她，孩子成这样都是我造成的。"

功利的思想不但给孩子带来很大的思想负担，也会使孩子越来越厌恶学习，即使在家长的逼迫下最终考上大学，多年功利的目标一旦实现，他还是会无所适从，将来还是没出息。

比这更严重的是在他的思想里早已种下了功利的种子，他会在漫长的人生道路中，在与人的交往中总会想到功利、竞争、利益、要超越别人、小心被人嘲笑等等，他的一生都难有平和的心态来享受生活的乐趣，也难有一个自然、随和的态度来与人相处。

功利的思想会让他负担过重，顾虑重重，患得患失，害怕失败，步履维艰，当他在功利的竞争中失败，或是无法超越别人时，他会变得敏感、狭隘、自私、虚伪、嫉妒，这会让他的人际关系变得紧张，无法和别人合作和相处，他的生活会失去很多乐趣，变得很痛苦和沉重。

用功利的思想教育孩子，孩子一生都不快乐

太过关注孩子的学习成绩，只会让孩子成为一个冷漠的、无情的、无趣的书呆子。

用功利的思想来教育孩子，孩子从小就会紧张、压抑、不快乐，他可能小的时候会比较优秀，但他一生都不快乐。孩子从小错过了很多表面对未来看似没有多大意义的事，比如玩耍、交朋友、发呆、做自己喜欢和感兴趣的事，这些在家长看来是在浪费时间，但却是孩子健康成长的必须。

如果我们一直用一颗平和、正常的心态来对待孩子，让孩子在一个宽松的环境中，顺其自然地成长，尊重孩子的成长规律，只在需要的时候给孩子讲道理和引导，孩子将来一定会是个正常的人，是个能和别人和睦相处、相互合作的人，他的人生才会变得快乐和幸福，他也一定会懂得为了家人和亲友，为了理想和事业努力奋斗。

我们不能把那些世俗的成功当成家庭教育的目标，那并不符合孩子身心成长的规律和特点。我们应先帮孩子把基础打好，让孩子成为一个具有健康人格的人，那时你会发现，成功反而更容易实现。

第四章

父母必须这样做,孩子的人格才健康

人格健康的、有出息的孩子所接受的家庭教育基本都是相似的;人格不健康的、不能自主自立的孩子也绝非是天生的。

1 先建立好的亲子关系，再谈教育

家庭教育要在亲子关系上开展，亲子关系的优劣，直接决定着家庭教育的效果。

亲子关系不好，孩子最易出问题

为什么有些未成年的孩子会成为问题少年，有的会走上犯罪的道路？专门研究未成年犯罪的专家们向我们揭示了一个重要的原因，这些孩子绝大多数都和父母的关系不好，他们的父母冷漠、粗暴、对孩子缺乏理解和关爱，孩子在家庭中感受不到温暖和支持。

中国青少年研究中心的调查研究发现，问题少年产生的原因是缺乏支持性的人际关系，其中最主要的是缺乏良好的亲子关系。

大家可以想一想，对于成年人来说，整天辛苦上班，努力打拼，是为了什么，就是因为我们心里有家，想用自己的努力让家人过得更好，让家更温暖、更幸福。再强的人都不能没有家，更何况是孩子，家绝对是孩子心目中最重要的地方，孩子在家里得不到温暖、理解和支持，对孩子来说，干什么都没有意义。

亲子关系不好，孩子根本就不会在乎你的感受，你越希望孩子怎样，孩子就越叛逆、越背道而驰，他不会为了让爸爸妈妈高兴而积极进取，也不在乎自己自暴自弃后父母是如何痛心。其实这也不能都怪孩子，亲子关系不好，孩子的内心就缺乏安全基地，没有精神支柱，他不知道为什么努力，他对什么都不在乎。

有多少孩子就是因为和父母闹矛盾，和父母赌气，离家出走，流浪街头，甚至自己结束自己的生命。有多少孩子就是因为在家里得不到温暖和理解，才选择逃离家庭到外面的世界去寻求归属感，加入不良团体。

亲子关系不好，孩子最容易叛逆，即便孩子不叛逆，他也可能很懦弱、胆小、逃避、孤僻、自卑，或者不思进取，自暴自弃。

有一段时间网上一个很火、影响很大的论坛，产生了一个近7万名成员的网络讨论小组，各大媒体都争相报道。这里聚集了一群在父母子女关系中受到挫折、苦苦思索出路的年轻人，小组名叫"父母皆祸害"。80后子女用"祸害"来形容50后父母，言语间充满了反感与痛恨。

虽然他们也知道父母都是为了自己好，但有些做法让人难以忍受。他们认为父母最大的问题是：控制欲太强，不尊重孩子的隐私和选择。

他们用逆反，甚至是自暴自弃的态度来对抗父母当年对自己的压制和不尊重。

家本是孩子最温暖、最幸福的港湾，但在这个论坛里，家却变成了"世界上最没法谅解的地方"，成了孩子叛逆的根源。我们不能简单地认为这就是一群叛逆的孩子们的反叛宣言，孩子们有孩子们的苦衷。

我经常能听到家长这么说："我为了让他明白这个道理，为了让他改正某个缺点，我都快把嘴皮子磨破了，可他就是不听，还要和我顶嘴。"

毫不夸张地说，如果没有良好的亲子关系，你讲得再有道理，孩子也不会听；你就是懂再多的教育方法也无济于事。

对于孩子来说，父母是孩子心目中最重要的人，就是孩子的"天"，和父母的关系不好，这对孩子来说就是天大的打击，这个孩子的人格是无法健康成长的，这个孩子或早或晚、或多或少都会出问题的。亲子关系不好，其家庭教育一定是失败的。

家庭首先是人情感的归宿，首先是一个讲情的地方，家不是法院，不是完全靠说理的地方。比如"要认真学习，不要逃学，不要做伤害别人的事"等等，难道孩子不懂这些道理吗？孩子当然是知道的，他不听你的话，不是因为你说的理不对，首先是因为情不通，我们常说"通情达理"，情融洽了，理才能达，情不通，再正确的理都不会被孩子有丝毫的接纳。

亲子关系好，再差劲的孩子，在父母亲情的感召下，都会产生惊人的成就。

亲子关系不好，天资再好的孩子，都难以得到发挥和发展，他内心缺乏进取的动力。

亲子关系好，一切都会慢慢变好

亲子关系好，孩子内心才有安全感，才有进取的动力，才有幸福感，心理和人格才能健康发展。良好的亲子关系是家庭教育的基础和最好的助手。

有好的亲子关系，你就会发现，你希望孩子怎样，他就会努力变得怎样。比如你希望孩子好好学习，他一定会尽力做到，因为他想让妈妈为他感到高兴，即使他觉得自己实在不适合学习，他也会在其他方面努力，争取做出成绩。

航天英雄杨利伟在他的自传《天地九重》里，曾这样吐露他的心声，“母亲是我从小到大最敬爱、最珍视的人。从懂事起，我就下决心，一定要让母亲为我骄傲，我一定要让母亲过上好的生活。”①

亲子间的情感，其感染力和力量是非常强大的，会成为孩子成长和进步的源泉和动力。

这就像一个团队，如果大家人际关系良好，这个团队就充满着希望和活力，很多时候不用去督促，他都会积极主动地去做，这个团队的战斗力一定是非常强大和高效的，甚至是无往不胜的。

良好的亲子关系让家庭教育的效果事半功倍，不好的亲子关系让家庭教育困难重重。

孩子将来有进取心，有出息，有成就，孝敬父母，不是他的父母懂得多少高明的教育方法，首先是因为有一个好的、健康的亲子关系，否则这一切都不可能。

望子成龙的父母们，总是想着怎么去教育孩子，急于培养孩子的知识、技能和特长，但你却疏忽了一点，那就是你们和孩子的关系远比教育孩子更重要。

太过重视教育，只会让亲子关系越来越差，让所有的教育都没有用；而亲子关系好，会让所有的教育都更为有效。

在我们在抓教育之前，首先应该建立好的亲子关系。

什么才是好的亲子关系？

非常亲密、无话不说、彼此依赖的亲子关系就是好的亲子关系吗？

当然不是，那样的关系只会让彼此之间的矛盾和冲突更多，只会让孩子更不

① 杨利伟著：《天地九重》，解放军出版社2010年1月第1版，第273页。

知理解和体贴父母。

在讨论这个问题之前，我想请你先思考一下：假如你是孩子，你喜欢怎样的父母？

不管是谁来回答这个问题，我想有这样几点一定必不可少，那就是：关心我，尊重我，理解我，肯定我。你一定讨厌忽视你，经常指责你，甚至打骂你，不尊重你，对你管得太多、太严，不让你做自己想做的事，不给你自由的父母。

良好的亲子关系就是一种相互关爱、相互理解、相互尊重、相对自由的关系。

“关爱”是建立良好亲子关系的前提，互相关爱的家庭才是正常的、温暖的家庭，孩子才有成人、成才的可能，反之，冷漠、粗暴、不知关心和理解孩子的父母，他们的孩子心理和人格都难以健康成长，以后连自己的生活都成问题，更不要指望着孩子会去理解和关心你，不要指望着孩子向你希望的方向努力。

你也许工作很忙，再忙都请你尽最大的努力找时间陪伴孩子，和他聊天，给他讲故事，互相说说心里话，关心孩子的困惑和苦恼。

“相互理解”有先后顺序，需要家长先理解孩子，孩子才能学会理解家长。原因很简单，首先你比孩子成熟得多，人生经验丰富得多，又是过来人，理应更理解孩子的心理和成长中的苦恼；其次，父母是孩子做人的榜样，孩子自己曾被人理解，他才能学会理解别人。

试着去理解孩子的缺点和不足，理解孩子的失败和痛苦，理解孩子偶尔的坏脾气，理解孩子的想法和要求。

当孩子心情不好时，你不要问来问去，更不要强迫孩子去学习或做其他事，只需说一句：“妈妈知道你心情不好，别着急，先静一静。”等孩子心情好些了，再试着问一问：“你愿意告诉我刚才发生了什么事吗？”

当孩子胆怯或感到压力大时，一定先理解孩子的感受，告诉孩子：“妈妈知道你感到压力有点大”，仅仅说这样一句话，孩子就会感受到你的理解，这对孩子来说就是巨大的精神支持，他就会知道自己不是一个人在战斗，父母的理解和支持会成为他的精神支柱，从而产生克服困难的动力。

人生在世，不如意事常八九，有太多让人无奈而又不得不接受的事，只要有一个人理解，人的痛苦就会少很多，人就会乐观和坚强很多。

父母的理解会让孩子更爱你，会和你建立起非常深厚的感情，亲子关系自然会更融洽。父母和孩子之间互相理解，往往会产生令你意想不到的巨大收获。

“相互尊重”对于中国家长来说恐怕最难做到。试想一下，你常对孩子命令、控制、指责，把自己的意愿强加给孩子，甚至还偷看孩子的日记和隐私，孩子能喜欢你吗？关系能好吗？

在很多家庭里，尊重孩子简直就是一种奢望。如果孩子没有体会过被尊重的感觉，他也一定学不会尊重别人，也就不会尊重父母。家长的控制和压制总有一天会带来孩子的反感和叛逆。

“相对自由”就是彼此之间要有适度的空间。再亲密的两个人，如果亲密无间、相互依赖，早晚会制造出很多摩擦和矛盾，早晚会互相伤害，早晚会“合久必分”。还是那句话说得好：“距离产生美。”亲子关系也一样，父母和孩子之间适当保持些距离，给孩子一些自由和空间，让他去做他喜欢的事（即使你不喜欢）；不要过问得太多，允许孩子有自己的隐私和秘密，你会发现亲子关系会更融洽更和谐。

除此之外，要建立良好的亲子关系还应相互信任和相互学习。

如果你经常监视和怀疑孩子，孩子能不讨厌你吗？当你放低姿态，和孩子交朋友，平等地向孩子学习的时候，孩子能不兴奋吗？

相互关爱、相互理解、相互尊重和相对自由会让亲子关系更美好，而良好的亲子关系是培养健康人格最好的助手。

2 没有接纳就绝不可能有健康人格

糟糕的家庭教育毁了他的一生

我想先给你介绍一部非常著名、引人深思的电影，它开始是一部舞台剧，后改编成电影，并成为电影史上的经典而载入了电影史册，获得过很多国际大奖，它具有古典悲剧所特有的崇高，这部影片的名字叫《大鼻子情圣》。

故事发生在17世纪的法国，男主角西哈诺是文武双全的军官，一位才华横溢的诗人，口才出众，剑法高超。他一生深爱着美丽的远房表妹，但因为觉得自己鼻子硕大，从不敢表白。

当他得知表妹喜欢上了年轻英俊的克里斯蒂安，他开始非常沮丧，但为了满足表妹的心愿，他做了件很奇特、很痛苦的事，帮这位既无文采又无口才的美男子写了许多情书，最终促成了他们的婚姻。

可刚结婚，克里斯蒂安就得远赴战场，没过多久，就战死沙场，后来女主角进了修道院，西哈诺天天去看望她。多年以后，西哈诺遭人暗算身负重伤，生命垂危，这时女主角才发现真相，原来西哈诺才是她当初爱上他灵魂的那个人！

西哈诺一生都待在黑暗的、偏僻的角落，痛苦、折磨、凄凉，最后抱憾而终，一生都不敢正视自己的感情。一切只因他有一个硕大的鼻子，这令他很自卑，跟人比剑时他拿鼻子自嘲；面对感情这也成了他逃避的借口……

垂死之际，他在自己所爱的人面前喃喃自语："亲生母亲嫌我丑陋……"

是什么造成了他的悲剧，就是因为鼻子比普通人大一些吗？

曾有人分析说，根本原因在于西哈诺的妈妈没有给他无条件的爱，糟糕的家庭教育毁了他的一生。

我认同这种说法，西哈诺的父母在他小的时候嫌弃他，没有真正接纳他，才造成了他一生都不曾真正接纳自己，才造成了他根深蒂固的自卑。

尽管西哈诺的才情令很多人欣赏和崇拜，可他自己没有正视和接纳自己，就算别人再多的赞赏，都难以进入他的内心。他觉得自己的亲人都嫌弃自己，他的表妹也一定会嫌他难看。

母亲无条件的爱和接纳，支撑着他一生的心灵

有一个值得全世界父母学习的故事：

他小时候在老师眼里是个特别调皮捣蛋的学生，总是爱问“为什么”，经常把教师问得目瞪口呆，窘迫不堪。

老师们认为他就是个捣蛋鬼，常在上课时提出一些怪的问题来扰乱秩序，捉弄老师，让老师们很厌恶，遭到老师们的严厉批评和责骂。于是，在只上了三个月的小学后，他的妈妈就只好把他领回了家。

可他的妈妈并没有因此批评和责骂他，反而觉得他具有一种与众不同的潜质，并决定自己来教他。从此开始了对儿子的家庭教育。

这个孩子最终成为一位世界上伟大的发明家，他就是爱迪生。

没有母亲的接纳和耐心，以及不断的鼓励和引导，就不可能有日后影响全世界的发明家。爱迪生和母亲的感情非常深厚，很多资料中记述了爱迪生和母亲之间的故事①：

每次小小的爱迪生遭遇失败后，妈妈总会紧紧地抱住儿子，给予他鼓励。不怕失败的秉性就这样深深地种在了爱迪生的性格中。爱迪生在发明电灯丝时，经历一万四千次的失败后而获成功，就说明了这一点。

爱迪生曾在日记里留下这样的话：“无论发生什么事，都有母亲为我支撑着，所以才会有我的今天。无论在什么样的情况下，只有母亲体谅我任性。无论在多么痛苦的时候，我都能坚持下来，努力想让母亲高兴。这都是托母亲的福。”对爱

① 引自《爱迪生的家庭教育给我们的启示》，http://kid.baby.sina.com.cn/2009-04-05/103232312.html

迪生来说，南希即是妈妈，又是老师，也是朋友，与母亲的交流对爱迪生的人格形成产生了巨大的影响。

爱迪生得到了妈妈无尽的爱，在他的内心深处，无论什么时候，无论什么场合，他都能感到妈妈的宽容、温情和鼓励。根植在爱迪生内心深处的母爱，支撑着他一生的心灵。

据爱迪生留下的日记记载：24 岁失去母亲后，爱迪生的心灵深处还一直与母亲对话，快乐的时候，寂寞的时候，痛苦的时候，爱迪生都会在心里与母亲交谈，抚慰自己的心灵，尤其是当研究走入绝境，接连遇到挫折而烦恼时，他就会怀念母亲的笑脸，在母亲的笑脸和无言的鼓励中得到安慰。在爱迪生发明灯丝失败了一万次的时候，助手们想放弃，投资人想撤走剩余资金，他陷入了绝境，他沮丧得快要挺不住了，就在这天晚上，他梦见了妈妈，听到妈妈的笑声，“妈妈”，爱迪生扑上去，妈妈紧紧地将他抱在怀里，爱迪生像孩子似的哭个不停。第二天早晨醒来时，他耳边响起妈妈的声音：“再试试看”。爱迪生又继续废寝忘食地投入实验，仍然是一次接一次的失败，一直到一万四千次实验时，他成功了，用钨制成的灯丝达到了理想中的一千小时。

试想一下，当爱迪生被老师们责骂后，他的妈妈觉得很丢人，就气急败坏地把他痛打一顿，或者是因此常常指责他、批评他、奚落他，爱迪生在学校不被老师接纳，在家又不被妈妈接纳，那结果又会怎样呢？

为什么接纳重于一切？

我观察和接触过一些这样的妈妈，她们总觉得自己的孩子是很好的，是不比别人差的，还常常觉得自己的孩子比别的孩子强，尽管这看起来会让你感觉有些狭隘，但这对孩子来说却是非常重要的，她们的孩子长大后心理和人格都比较健康，自信、坚强、乐观，社会适应良好，更容易成功，而且也更孝顺父母。

反而是很多成功的、能干的父母，对孩子的期望和要求过高，总是觉得孩子做得不够好，总是给孩子说“谁谁比你强”等等，这样长大的孩子一生都会生活在自卑的阴影里，心理和人格难以健康发展，后来真的应了父母当初的“谶言”，真的什么都做不好，别人都比他强，都比他快乐。

接纳为什么如此重要，为什么会影响着人的一生？

(1)父母是否接纳孩子，奠定着孩子一生的安全感。

在婴幼儿时期，尤其是出生第一年，父母无条件的接纳、喜欢、拥抱、抚慰和精神关注，以及敏感、细心的照顾，能使孩子与养育者建立起安全的依恋关系，孩子才会觉得这个世界是可以信任的、安全的、温暖的，这种安全依恋关系能让孩子变得健康、开朗、自尊和自信。

相反，如果父母中的一方甚至双方认为孩子不值得自己关注和安抚，孩子则会在之后的发展中出现同伴关系不良、临床抑郁症和其他适应问题。如果经常被忽视和拒绝，儿童就很难健康成长。①

得到父母足够关爱的孩子将来在情感上也会比较稳定和成熟，不会喜怒无常、顾影自怜和自暴自弃，不会太过于在意别人对自己的看法，不会太依恋和纠缠伴侣，不会因为恋爱就不顾一切，也不会因为失恋就自杀或走极端。

(2)父母是否接纳孩子，决定着孩子一生的快乐和幸福感。

父母无条件接纳孩子，给孩子足够的关爱，孩子在父母的关爱中长大，孩子的内心就是快乐的、幸福的。这样的孩子长大后，内心是坚强的、乐观的。

反之，小时候被父母忽视、排斥、嘲笑，因为没有得到足够的关爱，孩子就无法学会自爱，他终其一生都是自卑的、敏感的、脆弱的、退缩的、忧伤的、消极的、悲观的。

(3)父母接纳孩子，是培养孩子健康人格的前提。

父母的关爱和一些良好的发展结果存在稳定的联系，如安全型的情感依恋、亲社会的行为取向、良好的同伴关系、高自尊、强烈的道德感以及其他优点。

父母接纳孩子，孩子就能接纳自己，然后才能接纳别人，和别人建立起良好的关系，孩子才能正常发展；父母接纳孩子，孩子内心就感到安全、快乐、幸福、乐观、自爱、自尊、自信、坚强……

(4)接纳自己，是心理健康的最重要方面。

一个孩子的心理、性格是否发展健康，并不在于是什么样，而在于对自己个性的接纳程度，接纳程度决定着孩子对自己的满意度。②

---

① [美]戴维·谢弗著，陈会昌译：《社会性与人格发展》，人民邮电出版社2012年6月第1版，第394页。

② 李子勋著：《陪孩子长大》，中国广播电视出版社2006年2月第1版，第18页。

要让孩子接纳自己，家长首先要无条件地接纳孩子，不管孩子在别人眼里有多差，都要让孩子体会到自己在爸爸妈妈眼里是好孩子，爸爸妈妈永远会喜欢自己、爱自己。

引导孩子认识到“你有你的好，我有我的好”，引导孩子喜欢自己，但不排斥别人，不妄自菲薄，也不妄自尊大。

(5)父母接纳孩子，孩子才会接纳父母。

父母接纳孩子，孩子才会接纳父母，相信父母，才愿意和父母说话，才会听父母的话，家庭教育才可以正常地展开，否则，就会问题不断，障碍重重，再好的教育方法都无法展开。

你有没有真正接纳孩子？

有的家长会说，接纳虽然非常重要，但“接纳孩子”说起来容易，做起来难，有时候就是看不下去，简直无法容忍，怎么来调整自己呢？

无条件接纳孩子不是说永远不批评孩子，眼看着孩子在犯错，也不去提醒和教育他。

无条件接纳孩子是指要无条件地接纳孩子的外貌、天性、气质类型等这些与生俱来的、难以改变的方面，给孩子足够的理解和关爱，包容孩子因为经验和能力不足所犯的一些错误。

不管孩子是什么性格，是否优秀，作为父母，我们首先都应接纳孩子的个性和性格，不能因为你不喜欢孩子性格中的哪个方面，或者因为孩子达不到你的期望和要求，就经常指责孩子，总是给孩子很多负面的评价，或者把自己的意志和想法强加给孩子，强迫孩子服从。这样只会让孩子也从根本上不接受、不喜欢自己的性格，自卑而退缩，这样一个孩子，将来怎会过得快乐和幸福，怎会有前途和希望。

聪明的父母知道不喜欢孩子的天赋个性，等于逆水行船，喜欢孩子的个性是顺水推舟。接受并喜欢孩子的个性可以帮助孩子完成自我认同并积极上进，最终比主流文化认同的完美个性者更加杰出与成功。①

一个人的天性是难以改变的，接纳孩子，让孩子的天性得到充分的发挥，孩子就会成长得更健康、更幸福、更成功；你若不接纳孩子的天性和个性，非要试图去

---

① 李子勋：《陪孩子长大》，中国广播电视出版社2006年2月第1版，第18页。

改变他，那你注定是徒劳的，孩子反而被你越改越糟，甚至无法做一个人格健康、正常的人。

人人都有缺点、不足和不擅长的方面，我们必须要接受这个事实，要尊重孩子的差异性，这就需要我们有包容精神，需要有对不完美的莫大忍耐。否则你就会违反孩子的成长规律，揠苗助长，最后得不偿失。

有一次，我在广场上观察一群孩子学轮滑，大家都是初学者，教练给孩子们示范了抬脚、换步的动作后，就让孩子自己试一试，绝大部分孩子在练习了一段时间后，基本都能掌握怎么抬脚和换步。

只有一个男孩还不会，不停地摔倒，男孩的妈妈有些着急了，孩子一摔倒就一把把他拉起来，还不停地、暴躁地说："抬脚，快点抬脚，听到了没有"，这个孩子连站都还站不稳，她一松手孩子就摔倒，而且每次都摔得很重，可她还是一遍遍把孩子拎起来，强迫孩子抬脚。结果这个妈妈越来越急躁，越来越失态，孩子越来越软弱，越来越没有信心，本来还会站，后来连站都不敢站了。

人和人之间本来就是有差异的，有的孩子运动能力强些，有的孩子在这方面弱些；有的孩子平衡性好些，有的孩子平衡性要差些；有的孩子学习新技能快些，有的孩子要慢些。

这个孩子比较瘦弱，个子比较高，运动能力不是很强，学习轮滑可能就要比其他孩子慢些，今天没学会，回去再好好练练，晚几天学会有什么关系呢？原本只是为了玩，结果弄得两个人都不愉快。孩子原本已经够自卑的了，妈妈没有给孩子关心和鼓励，还加重了孩子的自卑和痛苦。

怎么会造成这样的结局呢？原因就在于，这个妈妈认为所有的孩子都应该一样，别人都能很快学会，自己的孩子也应该很快学会，而没有接纳孩子的自身特点和差异性，操之过急。

我们应该怎样接纳孩子？

如果说天生的因素你可以接纳的话，个性上的特点怎么接纳呢？

任何事情都有两面性，有好的一面就有其不好的一面，反之亦然，我们对任何人、任何事都应该一分为二地看，人的性格也是这样。

很多时候，你所认为的缺点并不见得有多么严重，很多小的缺点背后隐藏着更大的优点。

举几个例子来说吧：

你总是抱怨孩子性格不好，太内向，不够活泼开朗，总想让孩子改变。

你可曾发现，内向有内向的好处。著名心理学专家李子勋说："没有哪个高智商、高度成功者、统治者是特别外向、开朗、热情的；相反，主导社会生活、文化、政治的那一群人大多是内敛、沉稳、复杂的。"

别人的孩子敢走平衡木，你的孩子不敢，你非要让他去，嫌弃他怎么这么胆小。

你可曾想过，胆小有胆小的好处，胆小的人做事会比较谨慎和细心，至少不会经常在外面惹是生非。

你做事雷厉风行，利落干净，你的孩子却总是不紧不慢，慢慢悠悠，你为此总是不断地催促他，指责他。

你可曾听过"凡事欲速则不达"、"慢工出细活"，这样的人做事更从容，不容易急躁，也就不容易犯错，脾气更好，自然也更有福气。很多时候慢反而更好，慢才能体会和享受生活，有句话说得好："从生的那一刻起，生命就持续地走向死亡。"如果你听过这句话，你还会那么着急吗？

别人的孩子伶牙俐齿，活泼可爱，你的孩子不爱说话，不善表达。

你可曾发现那些特别爱说话的人，往往是不假思索，没有什么见地，还常常祸从口出。而那些不爱说话的人，往往更有思想。

你总是抱怨孩子爱哭。

其实爱哭的孩子常常比一般的孩子感情更丰富，感受性更强，更善于察言观色，更善解人意，更不会轻易去伤害别人。这样的孩子长大后可以成为一个很不错的作家或演员，即使没有从事这一行，他也会是个善良的人。

朋友的孩子考了第五名，你的孩子考了第十五名，你嫌孩子没给你争气，骂孩子笨。

你可曾发现听说过"第十名效应"，若干年后，那些当年学习特别好的孩子很可能没有那些学习中等的孩子有出息，因为学习中等的孩子发展得更全面。

……

每种性格有每种性格的好处，每一个缺点背后都可能隐藏着更大的优点。比如安迪生"爱捣乱"，其实是好奇心太强。不要把孩子的特点当缺点，当你发现孩子“缺点”的时候，不要急着去批评和指责，更不要急于改变，首先应接纳它，然后再分析和引导。

当孩子和你在某些方面不一样时，常对自己说：“我的孩子就是这样，他喜欢这样。”这样你会更从容些，孩子也能成长得更好些。

如何给孩子一个强大的内心？

我们常说，“真正爱一个人不是只爱他的优点，而是也能接纳他的缺点。”对于成人尚且如此，何况是孩子。

人的一生要遭遇多少的困难、挫折、失败和打击，怎样才能不在失败中消沉下去？怎样能有足够的勇气和信心迎难而上，战胜自我？为什么有的人可以不断地挑战困难，创造一个又一个成就？这些人内心的坚强、勇气和信心是从何而来？童年时父母的接纳和鼓励无疑是孩子内心中最大的力量。

即使孩子长得再丑，都应让孩子感到自己在爸爸妈妈眼里是漂亮的；即使孩子再笨，都应让孩子感到自己在爸爸妈妈眼里是不比别人差的；即使外人都在嘲笑孩子的缺点，都应让孩子感到自己在爸爸妈妈眼里是好的……

哪怕全世界都否定他、嘲笑他，唯独父母不可以放弃他。其实只要有父母自始至终的接纳、信任和支持，这孩子一定会是无比坚强和勇敢的，他也一定会是自信、乐观和优秀的。

接纳孩子的不足吧，这世上谁没有缺点呢？哪有完美的人呢？

想让孩子成长得好吗？

那就让你的孩子感觉到：**不管是我的长处还是短处，爸爸爸妈妈都能接受且爱我，这个孩子长大后内心就会非常强大，也会更优秀、更幸福。**

3 尊重是最重要的影响因素

如果说让我把家庭教育的原则或秘诀概括一下的话，那我要说最重要的一点就是尊重。因为这不但决定着亲子关系的好坏，也是影响教育效果的最重要因素。

观察一下，凡是那些取得较高成就的人，从小都生活在一个比较平等、民主的家庭，他们的家长都懂得尊重他们。

而那些不懂得尊重孩子的人格和权利，经常指责、否定、甚至打骂孩子；替代、包办过多，总是习惯把自己的意志强加给孩子，强迫孩子，在这种环境下长大的孩子大多没有独立的人格、低自尊、没有责任心、没有主见、没有进取心、人际交往能力差、自卑，而且和父母之间的关系不亲密、不融洽，常常充满着抵触、冲突，甚至是暴力。

家长对孩子权利的漠视，会在很大程度上限制孩子的发展，成为家庭教育失误的最根本原因。

尊重为什么如此重要？

不尊重孩子为什么会导致这么严重的后果？

(1)尊重孩子，人格才能健康发展；没有尊重，人格必然会出问题。

被尊重是每个人内心深处最基本的需求，是人格得以独立和健康发展的重要前提。

儿童在1岁以后就逐渐有了自主意识，强烈地想按自己的方式行动，需要得到家长的允许和尊重，在之后的成长过程中，尊重会起着越来越重要的作用。

家长尊重孩子，孩子的自尊心、自信心、责任心、进取心和独立性才得以健康发展，其他的优点也会随之而来。

只有把孩子当"人"看，孩子才能学会做人。

反之，家长不把孩子当"人"看，孩子的独立人格得不到尊重，孩子的人格就无法健康发展，各种各样的问题就会随之产生。

（2）互相尊重是人际交往的最重要原则，从小不被尊重的孩子，也不懂得尊重他人。

孩子只有被尊重，才能体会到被尊重感，才能学会尊重他人。孩子若从小在不被尊重的环境中长大，他就习惯了这种人际交往模式，然后会习惯性地将这种模式投射到与他人的人际交往中。从小不被尊重的孩子在人际交往中也不懂得尊重他人，这将会造成他人际交往能力差，并因此引起一系列的不良反应。

（3）你尊重孩子，孩子就会尊敬你；你越专制，孩子就越叛逆。

不尊重孩子是亲子关系差的最主要原因。你不尊重孩子，经常指责和否定孩子，孩子不能自己做决定，不能做自己喜欢的事，在家里没有足够的话语权，孩子能喜欢你吗？能尊敬你吗？亲子关系能好吗？

如何建立好的亲子关系？如何说孩子才会听，只要你记住两个字"尊重"，你就会发现沟通的效果大为不同，孩子更听话了，亲子关系也更好。

你越尊重孩子，孩子就会越尊敬你，越听你的话；你越专制，孩子就越叛逆。

请记住："哪里有压迫，哪里就有反抗"。

（4）父母越尊重孩子，孩子将来越成功；父母不尊重孩子，孩子将来肯定没出息。

家长尊重孩子，孩子可以自己安排自己的时间，可以做自己感兴趣的事，孩子的特长和各方面能力就能到比较全面的锻炼和发展；孩子在家里可以自由地表达，可以自己给自己做选择，也可以和家长共同商定如何选择，孩子从小就能学会怎么选择、怎么自理，将来才能独立。

家长尊重孩子，孩子的自我接纳程度就高，自尊感、自信心和成就动机也较强，容易形成敢想、敢说、敢干的创新精神和实践能力。

你是否尊重孩子直接影响着孩子未来取得成就的大小。高自尊的孩子未来取得的成就更大，而低自尊的孩子往往更自卑，自我定位和进取心都更差。

如果家长经常不尊重孩子，随意否定孩子的想法和决定，经常指责、训斥、压制甚至打骂孩子，孩子的自我接纳程度就较低，就会习惯于甘居下游，对自己的前途感到焦虑、恐惧、缺乏勇气和信心，这都将严重影响和制约着孩子未来的社会参与和社会竞争。不懂得尊重孩子，会在很大程度上限制孩子的发展。

研究发现，从小学时期开始，儿童自尊心的高低与日常行为表现的相关性很高。一个自认为是好孩子的儿童，会按照好孩子的方式来要求和规范自己的言行；而低自尊的孩子往往不思进取，而且心安理得，犯错后不会感到有多内疚；一个在学习上缺乏自尊心的儿童，得了一个坏分数也会安然接受。

从小不被尊重的孩子一生都是不幸的

从小不被尊重的孩子一生都是不幸的。这句话一点也不言过其实，我身边就有这样的人，我们可以来梳理一下他们的一生：

孩子小的时候，如果他的父母漠视和轻视他的人格和权利，对孩子管束和压制地过多，孩子不能做自己想做的事，不能随意地表达，总是被指责和否定，这个孩子的童年一定是不快乐的。

到了青春期，孩子的自我意识越来越强烈，成人意识开始觉醒，孩子开始认识到父母曾经对他的不尊重带给他的损失和痛苦。家长已经习惯了不尊重孩子，会让青春期的孩子更加痛苦和折磨，他终于开始反抗和斗争，亲子关系越来越紧张和纠结，他的青春期就比别的孩子更加痛苦，也比别的孩子更自暴自弃。

孩子成人后，因为父母不正确的教育方式，使孩子形成了不良的人格，他会自卑、退缩、消极、压抑；父母在他小的时候没有给他足够的尊重，他也没有学会尊重他人，这又会严重影响他的人际交往能力，使他缺乏朋友，缺乏社会关系的支持，他会感到孤独和痛苦；从小父母的包办、替代没有让他得到应有的锻炼，又造成他能力较差，缺乏主见，不会自己选择。

因为他从小习惯了父母替他做选择，他的个性、需求和想法从小被压制，他已经不清楚自己真正需要的是什么，在他选择人生伴侣的时候，也会习惯于受父母的影响，使他已经难以做出真正适合自己的选择。

组成自己的家庭后，他会习惯于将他小时候的家庭相处模式带到新的家庭中，小的时候父母不尊重他，他现在也不尊重他的伴侣，父母经常指责他，他也经常挑剔伴侣，这将使他的家庭不幸福。

有了孩子以后，他又会按他父母当年对待他的方式来对待孩子，当他到中年和晚年的时候才发现孩子教育得很失败。

经过此番梳理你就会发现,如果父母不尊重孩子,孩子一生都不幸福,孩子的一生都被错误的家庭教育毁了。不但毁了孩子的一生,还会毁了几代人。

什么样的父母最不懂得尊重孩子?

哪些父母最不懂得尊重孩子?是什么原因造成这些家长要这样对孩子呢?

究其原因,无非有四:

第一,这些家长小的时候不被父母尊重。

这些家长受其父母的性格和教育方式的影响,长大后也变得习惯控制、指责他人,并且会在潜意识里学习父母当年对待自己的方式。

虽然小时候的这种经历会对家长影响很深,但如果你想想自己小时候不被尊重的痛苦,想一想对你生活的严重影响,再设想一下不尊重孩子的严重后果,相信你一定会下决心调整。

第二,孩子是我生的,是属于我的,我就应该管他,他就应该听我的。

有这样一首诗在全世界被人们广为传颂,这首诗是由卡里·纪伯伦所做,他是著名的诗人、作家、画家,是阿拉伯现代小说、艺术和散文的主要奠基人,这首诗后来由冰心翻译成中文,这首诗的名字叫《论孩子》,其中有一部分是这样写的:

你们的孩子,都不是你们的孩子,
乃是生命为自己所渴望的儿女。
他们是借你们而来,却不是从你们而来,
他们虽和你们同在,却不属于你们。
你们可以给他们爱,却不可以给他们思想。
因为他们有自己的思想。
你们可以荫庇他们的身体,却不能荫庇他们的灵魂。

是啊,孩子只是借我们而来,却不属于我们,他们属于他们自己,他们最终要成为一个人格独立的人,一个远离我们而去的人,一个和我们的思想完全不同的人。

我们首先要明确好自己的角色定位,我们不是高高在上的皇上,也不是掌握着孩子命运的神灵。孩子虽由我们所生,但并不是任由我们支配的产品,绝不能任你指挥和控制。孩子虽小,但也是一个独立的、平等的生命个体,有作为一个人的所有权利，有其独立的人格和尊严，有自己的喜怒哀乐，有自己的想法和独特感受，需要得到尊重和认可。

第三，孩子还小，什么都不懂，缺乏经验，我就应该给他安排好，以防他犯错，走弯路。

很多家长总是不放心、不放手让孩子自己做选择，大小事都替孩子安排好，不给孩子锻炼和成长的机会，那孩子怎么能学会自己选择呢？怎么能体会到自己为自己负责呢？怎么能长大呢？

即使走了点弯路怕什么呢？孩子自然会吃一堑长一智，在挫折中反而会学到更多。我们谁没做过错误的选择，谁没走过弯路，我们的经验正是从这些挫折和教训中来的。

第四，受中国传统封建思想的影响，"父为子纲"，家长就应该有家长的样子，决不能忍受孩子不听家长的话。

这种想法是最迂腐的了，因为时代已经变了，世界范围内的文化和思想交流越来越多，平等、自由的思想会越来越深入人心，缺乏平等的封建思想已越来越没有立足之地。

专制的教育方式在当代早已经过时了，专制的家长培养出来的孩子已经远远不符合今天社会对人才的发展要求。

创新工场董事长兼首席执行官李开复认为，父母如果在孩子面前只是一位高高在上的长辈，把孩子作为成人的附属品，孩子就会变得保守、胆小、被动和听话。这种孩子在30年前是受欢迎的，但是今天已经过时了，我们当前希望培养的孩子是快乐的、乐观的，是能够信任父母、能够彼此倾诉、能够爱自己也能爱别人的人。

如果你能顺应时事，解放思想，和孩子之间平等相处，相互尊重，亲子关系就会和谐、融洽，孩子会更喜欢你，更尊敬你；如果你非要坚持"父为子纲"，非要刻意地摆起当家长的架子和威严，那孩子要么牢牢地被你控制在手里，将来成为一个长不大、没出息的人，要么就据理力争、奋力反抗，两败俱伤。

4 你是懂得尊重孩子的父母吗？

你是懂得尊重孩子的父母吗？

下面这个简单的测试，可以基本判断出你是否懂得尊重孩子：

(1) 你是否经常随意地指责孩子的错误和缺点？ 是（ ） 否（ ）

(2) 你是否骂过孩子几次很难听的话？如“你真笨”“真没出息”“我真后悔要你”等。 是（ ） 否（ ）

(3) 你是否常用命令的语气来指挥孩子做事？ 是（ ） 否（ ）

(4) 你是否经常替孩子拿主意，很少征求孩子的意见？ 是（ ） 否（ ）

(5) 你是否经常强迫孩子按你的想法去做事？ 是（ ） 否（ ）

(6) 你是否当着别人的面批评过孩子？ 是（ ） 否（ ）

(7) 你是否对孩子管得太多、太细？ 是（ ） 否（ ）

(8) 你是否经常否定孩子的选择和判断？ 是（ ） 否（ ）

以上几条，只要有一条选“是”，就已经表明你不够尊重孩子了；如果有三条以上选“是”，就可以肯定地说你是一个不懂得尊重孩子的家长，必须要引起重视，及时调整和改正。

其实很多家长也知道应该尊重孩子，可实际上并没有做到，孩子的很多事都要服从他的指挥和决定，孩子如果没有做到，就对孩子大发脾气，或打或骂，非要强迫孩子按他的意见执行，处处要体现出他的绝对权威和对孩子的绝对控制，连对孩子说话都带着命令和指挥的口吻。

做到这几点，你就是懂得尊重孩子的好家长

我们从上一篇中了解到不懂得尊重孩子实在不是明智之举，事实一再证明，好孩子，将来有出息的孩子不是被管教出来的，而是被尊重出来的。

怎样做才算是尊重孩子呢？

（1）营造平等、民主型家庭，做孩子的朋友。

所谓民主型家庭，就是家庭成员之间互相平等、互相尊重，大家都可以自由发表意见，父母对孩子没有过多的管制，也没有互相控制的关系。

放下你的架子，做孩子的朋友，这会让你在孩子的心目中更有魅力，更有威严，孩子会在内心里更信服你。

如果你不懂得怎样教育，那最简单的办法就是把孩子当朋友，你的很多教育方法和行为就在不知不觉中更接近正确了。

孩子生活在平等、民主和温暖的家庭最快乐、最幸福，各方面都会发展得非常好，将来也最容易取得更高的成就。

（2）孩子的事一定要征求孩子的意见，不要强迫孩子。

我国著名心理学家曾奇峰这样说：

> 生命的价值在于选择，但做父母的常常忘记这一点，他们不让孩子去选择，他们总是要替孩子做选择。但是，如果父母什么都替孩子做主，那么就无异于是在杀死孩子的生命。
>
> 这并不是哲学说教，其实是孩子们的切身感受。一个经常为自己的人生做决定的孩子，他的生命里是汪洋恣肆的，尽管因为年轻，他会遇到一些挫折，但那些挫折最终和成就一起，让他感觉到自己的生命是丰富多彩的，更重要的是，这是自己的。①

常用商量的口吻来和孩子交流，共同讨论最佳的解决办法。而不是凌驾于孩子之上，命令、指挥孩子，把自己的意志强加给孩子，对孩子说话颐指气使。应该多问问孩子："你是怎么想的？""你认为这样做怎么样？""你认为应该怎么办？"孩子就能体会到强烈的被尊重感，他就会更认真、更负责地去考虑问题。

你替孩子选择的路不一定适合孩子，不适合就肯定做不好，孩子也不会去珍惜和负责，因为这原本就不是他最喜欢的、最想走的路。

有这样一个孩子，相信他的经历一定会深深地触动你，来看看他的故事：

---

① 武志红著：《为何家会伤人——揭示家庭中的心理真相》，世界图书出版公司2007年5月第1版，第74页。

从上学起，俊才就是一个勤快孝顺、学习成绩非常好的乖孩子。从初中开始，他写的文章就经常在校报上发表。

他的悲剧始于高二。那年他的祖母突发脑溢血辞世。俊才的父亲是一位极其孝顺而且很有抱负的乡村医生。在祖母即将去世的那一刻，父亲把俊才拉到祖母床前说："无论如何，我要送才伢子读医科大学，我找不到治脑溢血的办法，我的儿子也一定能找到。"

俊才本来以为这一切只是父亲的一时冲动，谁知在他填报高考志愿时，父亲执意要他填医科大学，最终，拗不过父亲的俊才违心填报了医科大学。

进入医科大学校园的俊才没有体会到快乐，只要一涉及针灸、手术等与人体接触的课程，他就惊恐不安，惶惶不定。

第一年，他硬撑了过去；到了第二年，他开始长期失眠，噩梦不断，根本不想去教室，特别是解剖实验室；到了第三年，忍无可忍的他鼓起勇气写信给父母，希望重新读高三，可俊才的父亲执意要他坚持，并赶到学校陪伴了他半个月时间。

复读，父母坚决反对；出走，又怕父母伤心。这时的俊才已经濒临崩溃。白天，他脑子里胡思乱想，躺在寝室睡觉；晚上，才出去吃顿饭。有一天夜里他出门散步，竟不知不觉地走到了河里……终于有一天，俊才在实习医院里因为看到了尸体而惊厥昏倒，醒来后的他再也认不出父母，而且开始追打父母，最终不得不被送到湖南省脑科医院进行精神康复治疗。①

俊才的结局可能有些极端，但是类似的故事并不稀奇。

一项针对高考报志愿的调查显示，只有2%的父母表示完全让孩子自主填报志愿，有20%的孩子觉得高考的压力来自父母。②

有的孩子很不喜欢学某个兴趣班，可他的父母就要说服他坚持；有的孩子不愿意上某个大学，不愿意学某个专业，可他的父母就要替他做选择；有的孩子初中毕业或者高中毕业后，其实已经不想再上学了，因为他觉得自己根本不擅长学习，再怎么努力也学不好，他早已经厌倦学校的生活，他想去发展自己的兴趣和特长，

---

① 孙云晓、阮梅著：《拿什么来爱你我的孩子——当代未成年人心理危机调查》，湖南文艺出版社2011年1月第1版，第37页。

② 樊未晨、郑悦：《谁是造成孩子病态的元凶?》，《中国青年报》2011-4-6。

可他的父母还是坚决要求他继续上学。

我们再来认识一位开明的母亲，著名的华人作家、画家刘墉先生在接受中央电视台《艺术人生》栏目专访时，讲过这样一件让人感动和难忘的事：

主持人：听说你高考填报志愿的时候，身边很多人都这样说你，说“你有病吧”。

刘墉：到现在我太太还这样说我。一百多个志愿，人家都填一百多个，我填了四个。

主持人：我觉得这是一个少年自信的表现。

刘墉：那是一个母亲开明的表现。很多母亲会说，“孩子，一百多个志愿，你就填那几个，搞不好你一个都没有。”我的母亲说：“你喜欢艺术，你只想上艺术系，上不了你上个国文系，你也喜欢文学，那么你就填这四个吧。”

我的高中老师都在骂我……

从小小的时候，一路走到今天，我的母亲也放手让我走，她总说：“孩子，你选择什么，娘都认为是对的。”

我感念我的母亲。

如果当初刘墉的母亲也像大多数家长一样，强迫孩子报那些热门的或者保险的志愿，就不会有日后著名的画家和作家刘墉。其实只有孩子知道自己最喜欢什么，最想干什么，走自己想走的路，才能调动孩子所有的动力和积极性，孩子会更懂得珍惜，也更容易成功。

“孩子，你喜欢这样做，那就去做吧。”有没有觉得类似这样的话很熟悉，很多成功者在回忆他小时候的成长故事时都会说到这样的话。可以说，每个成功者背后都至少有一个懂得尊重他们的父母，从小不被尊重，不能自己做选择和决定的孩子，日后也不会做决定，甚至连自立都成问题。

随着孩子的长大，他的自主意识会逐渐增强，他希望能自己做选择、做决定。这时，我们要尊重孩子的自主选择，允许孩子自己做决定，放手让孩子去尝试，去锻炼，即使你明知孩子这样做是错的，也要以商量、建议的方式和孩子沟通。

其实，家长越信任孩子，允许孩子自主选择，孩子反而会越认真、越负责。

不仅如此，我们还应鼓励孩子从小自己做选择，比如，“你是先做作业呢，还是先看电视？”“你今天去还是明天去？”“你来决定要不要买这件衣服”等等。

(3)不要随便指责和训斥孩子。

不随便指责和训斥别人，是尊重一个人的最基本要求，可这一点却是父母们最不注意的问题，张口即来，有的还会当着别人的面，甚至是当众人的面指责和教训孩子，可知这是毁掉孩子的最简单办法。

经常指责和训斥孩子，到底会对孩子造成多大的影响？我已在第三章《对孩子指责和否定过多，是不良人格产生的最常见原因》一文中详细介绍过。

(4)不要管得太多，一定要给孩子自由的时间和空间。

尊重孩子，就应该给孩子适当的自由，让孩子可以自己决定该做什么，以及怎么做，让孩子有时间可以做自己想做的事，不要管得太多，也不要问得太多。

如果一个人连自己的时间都不能把握，连自己想做什么事都不能自己决定，他怎么能长大成人呢？

是"尊重"改变了她

来自成人的尊重是怎样深入到孩子的人格中，是怎样改变这孩子的命运，我想下面的故事一定会让你有所感悟。

这个故事出自那本著名的《窗边的小豆豆》一书，这是一本在世界范围内都广受欢迎的书。讲述了作者上小学时的一段真实的故事：小豆豆(作者)因淘气被原学校退学后，来到一所新学校。在校长小林宗作的关爱、尊重和引导下，逐渐变成了一个受大家欢迎，对自己充满信心的孩子。作者成年后成为了日本著名作家、著名电视节目主持人、联合国儿童基金会亲善代表大使。

这是一本以孩子的视角来写作的书，读完全书，让人感触最深的就是校长小林宗作先生对于孩子们的尊重，所以才培养出了那么多优秀的人才，才让他的学生一生都敬佩和怀念。

书中的很多情节让人回味良久①：

校长第一次见小豆豆，校长就微微笑着听小豆豆不停地说了四个小时的话，没有一丝不耐烦，没有一丝厌倦。

---

① [日]黑柳彻子著：《窗边的小豆豆》，南海出版公司2003年1月第1版。

当小豆豆把心爱钱包掉到了厕所里，她找来长把舀子，从学校厕所里一舀一舀地往外掏。

掏出来的东西已经堆成了一座小山，这时，身为校长的小林宗作先生走过这条路，他问小豆豆在忙什么，小豆豆说："我的钱包掉到池子里了。"

"是吗？"校长先生把手背在身后，就像平时散步那样，又走开了。

过了一会，钱包还是没有出现，地上的小山却越来越高。这时，校长先生又走过来，问："找到了吗？"

小豆豆满头大汗，被围在小山当中，回答说："没有"。先生稍微把脸凑近了小豆豆的面孔，像好朋友似的说："弄完以后，要把这些全都放回去啊。"说完，又像刚才那样走开了。

尽管最后钱包还是没有找到，但是，小豆豆已经觉得"即便钱包没有了，也挺满意的"，因为小豆豆觉得自己干了这么多的活儿。实际上，在小豆豆的满足之中，还有一点是因为"校长先生对我做的事没有生气，很信任我，把我当作一个很有人格的人来尊重"。

一般来说，大人们要是看到小豆豆在做的事，会说："在干什么蠢事呢"或者"太危险了，快停下"。但是，校长先生却只说了一句："弄完以后，要把这些全都放回去。"

经过这件事，小豆豆觉得校长是一位"可以真心信赖的人"，她比以前更加喜欢校长先生了。

这是一本以孩子的视角来写作的书，读完全书，让人感触最深的就是校长小林宗作先生对于孩子们的尊重。正是由于此，才能培养出了那么多优秀的人才，才让他的学生一生都敬佩和怀念。

5 一切为了孩子的自立和自律

有一部很著名的日本电影叫《狐狸的故事》，尽管影片讲述的是狐狸的故事，但狐狸之间的亲情竟会让很多人看得几度热泪盈眶，狐狸帮助自己的孩子走向独立的故事竟会深深触动人的心灵，让人久久难以忘怀：

小狐狸的爸爸妈妈为了养育自己的孩子，竭尽所能、绞尽脑汁到处寻找食物，甚至不顾自己的生命危险，最终狐狸的妈妈为此牺牲了自己的生命，让小狐狸们和它们的爸爸悲痛不已。

狐狸的爸爸独自承担起了养育孩子、教育孩子的重任，多次带孩子们出去学习和锻炼独立生存的本领。当它觉得时机成熟时，就毅然决然地把孩子们都赶出家门，小狐狸们对这个家是多么留恋和不舍，但它们的爸爸为了逼它们独立，它甚至会毫不留情地厮打他的孩子，直到把它们一个一个全都赶出家门。

影片中这一段的解说是这样的：

夏天过去了，疯狂地断绝亲属关系的行动突然开始，自然的本能促使它们懂得这是无法避免的命运，这场厮打的的确确可以称为父子离别的仪式，这一天将要断绝父子关系，小狐狸们懂得不得不离开它们生长的地方，小狐狸们憎恨这个日子。”

然后解说站在狐狸爸爸的角度深沉地说：

再见吧，今天你们可以哭个痛快，但明天你们要坚强，因为生活从此开始了。你们应该发挥自己的一切智慧和能力走向你们的生活。”看着孩子逐渐远去，最后狐狸的爸爸也独自离开了家。

动物们养育后代所付出的辛苦常常要超过人类，甚至会牺牲自己的生命，但它们绝不会娇惯孩子，因为它们懂得自然界优胜劣汰、物竞天择、适者生存的法则是无法抗拒和改变的。要使自己的后代生存下来，必须教会它们独立觅食、预防侵害。要它们能够生存，到一定时候就必须把孩子们赶出去，让它们独立应对自然界的生存法则，让它们学会独立生活。

动物尚且懂得这个道理，我们就更应引以为戒。优胜劣汰、物竞天择、适者生存的法则同样适合于人类，我们必须要有这个紧迫感，必须从小培养孩子独立的意识，必须要把孩子们引向独立。孩子能自立，做父母的重任才算是完成了。

我们现在教育孩子，培养孩子的健康人格，最终目的就是为了让孩子以后能自立。

原来每个孩子都是能自立的

每个孩子天生都有自主、自立的内在需求，还记不记得孩子大约从 1 岁时起，当你要给他喂饭时，他会和你抢勺子，他想要自己吃饭；当你要帮他做某些事情时，他会拨开你的手，他想要自己做，他需要锻炼和增长技能，孩子感觉到自己能做这些事，自信才由此慢慢建立起来。

孩子还那么小就已经有了自主、自立的要求，随着孩子一天天长大，这种要求会越来越强，只要家长能适时地放手，每个孩子将来都是能够自立的。

孩子就像一颗蕴藏着无限潜力的种子，只要成人不去压制他，不去束缚他，不去摧残他，他自然会生根发芽、抽枝拔节，最后长成参天大树。

可就是因为家长管得太多，束缚和限制太多，替代帮助得太多，反而制约了孩子的自然成长，让孩子长不大。

20 世纪五六十年代，每家都有好几个孩子，物质条件又极为匮乏，家长们整日忙于生计，想办法让孩子们能吃饱穿暖，根本没有时间和精力对每个孩子精心照顾，也不对孩子们干涉过多，更不对孩子有过高的期望。

孩子们在宽松、自由的环境中，一个个学会了自理，学会了自己对自己负责，勤劳、懂事、合群，还知道帮助父母照顾弟弟妹妹，为家里分忧解愁。

孩子成长需要空间，需要自由，需要自主选择，需要自己参与和体验，家长过多地干涉，过多地限制，过多地替代，过多地包办，会剥夺孩子成长的机会和权利，最终成了一个依赖家长、不能自立的人。

一个早过了而立之年却不能“立”的孩子

我身边有这样一个妈妈，她对儿子的照顾是无微不至、尽心尽力，儿子的任何事，她几乎都要管。她工作再忙，每天都一定会安排好孩子的衣食住行，孩子也从小习惯了依赖他的母亲。

孩子上小学时，如果在学校中遇到了什么事，儿子回家都会告诉她，她每次总会忍不住亲自找到学校去替儿子处理。孩子放假了，她会安排好孩子每天的作息和要做的事情，等她下班回来检查。孩子上中学后，自己更是全力付出，整天督促孩子要好好学习，还经常偷偷监视孩子学习是否认真。孩子出去办一件事，回来她总要问个水落石出，然后告诉孩子应该怎么办，不应该怎么办。孩子打个电话，她也要赶紧问一下是谁的电话，还要在一旁不断地告诉儿子应该怎么说。

儿子上了一个大专院校，因为和同宿舍的同学处不好关系，要到外面去租房子。她没有鼓励儿子自己去解决问题，而是帮儿子在学校周围给租好了房子。儿子一门考试不及格，怕拿不到毕业证，她还亲自跑到学校去找老师，请老师让儿子补考。

这孩子现在早已经毕业了，说话、做事很不成熟，还经常会说：“我妈说让我怎样做，不让我怎样做。”家人到处托人给他找了个工作，他在工作中每遇到一点挫折都要回来告诉他妈妈，遇到一点困难，他都要给妈妈打电话，非要他妈妈去帮他处理，否则就回来对他妈妈大发脾气。过了不到一年，他因为外面的挫折和困难太多，就再不愿意出去找工作了，天天待在家里。妈妈要去外地亲戚家一段时间，他几乎每天都要给妈妈打电话，不停地催妈妈回来。

他现在已经年近40了，可根本不能自食其力，完全靠父母生活。

这位老母亲现在整日非常苦恼，觉得把孩子教育得很失败，甚至激动地说：“即使我哪天走了，我都放心不下这孩子。”

我很同情这位妈妈，她为孩子付出的比周围的妈妈都多，可孩子的情况却最差，到现在早过了而立之年还根本不能自立。

这位妈妈的主要失误，就在于对孩子管得太多，替代和包办了很多本应是孩子去体验和承担的事，孩子从小就没有机会去自我管理，没有机会锻炼自己，没有自己独立的空间，当然也就没有成长的机会。

是什么让他勇往直前、展翅高飞?

有一本名为《张亚勤:让智慧起舞》的书,介绍了张亚勤成长的经历:

张亚勤12岁考入中国科技大学少年班,23岁获得乔治·华盛顿大学博士学位,31岁成为美国电气电子工程师协会百年历史上最年轻的会员,34岁执掌微软亚洲研究院,38岁成为微软全球副总裁,是比尔·盖茨智囊团的核心成员,被比尔·盖茨视为“微软的宝贝”,被美国前总统比尔·克林顿称作“一个灵感的启示”。

张亚勤在一篇题为《放飞的爱》的文章中这样写道:

在我的成长记忆里,母亲永远都处于我心中最重要的位置。我知道若没有她,就不会有我的今天。我的性格、意志和品质是在她的培育下慢慢磨炼和形成的。

张亚勤在文章中回忆了和母亲的点滴往事:

小时候我常一个人乘火车去外地。母亲说:“男孩子就要到外面跑跑才能独立,才能真正了解外面的世界。”我经常一个人坐火车来往于太原和晋南之间,都从来不会害怕,因为我觉得本来就应当如此。

他对7岁时的一段经历始终记忆犹新:

那年,我独自坐火车去奶奶家。走之前,母亲给那边的亲戚去了信,让他们派人去火车站接。但是这封信亲戚没有及时收到,所以没有人到火车站来接我。结果,我一下车就懵了。那时没有电话,身上的钱也不多。想了想,我决定步行几十里山路,一个人摸到奶奶家去。天黑了,还下着雨,我边走边问,凭着曾经的一点模糊记忆,走了一天,总算摸索着找到了奶奶家。

很多年后,张亚勤仍把这段难忘的经历视为珍贵的财富。他慨叹:

这件事情给了我勇气,日后再遇到各种困难时,想起这件事,我就明白没有什么事情是过不去的。

母亲常说:“孩子总会离妈妈越来越远的,这是自然界的规律。”是啊,孩子从一出生抱在怀里,到慢慢挣脱怀抱蹒跚学步,直到去千里之外读大学,母亲并不把我束缚在她的身边，这个渐渐远离的过程，她总是在一旁微笑着守望着我。母亲的放手是对我的信任，当别的孩子还躲在母亲的怀抱里时，我却经历了许多，也渐渐长大成人。轻松平常，自在成长，我享受着母亲给予的这种“放飞的爱”。

张亚勤在文章最后说：

谢谢母亲，谢谢您！在40多年的人生道路上，是您教我学习、自立、自信、自强；是您教我怎样做人；是您教我如何在航行中搏击风浪；是您的放手，让我一次又一次展翅高飞。

几十年后，当年中国科技大学少年班的同学再聚会时，尽管大家都有了不同的经历和机遇，都已不是当年的“神童”，但他们对子女的教育观却是惊人的一致，那就是不要试图包办子女的未来，重在顺其自然的引导。

为什么张亚勤能走得远，飞得高，就是因为母亲的“放手”。家长越放手，孩子的成长空间就越大，体验和锻炼的机会就越多，将来就越有出息。

父母替代过多，管得太多的孩子将来长大一定没出息，何止是没出息，很多连自理、自立都做不到。

你每替孩子做一件该孩子做的事，孩子就对你多了一分依赖，自己就多了一分无能；你每放手让孩子去做一件事，孩子就多了一分成长，将来就多了一分出息。

只有放手，孩子才能学会自己走

有人说，爱孩子的最高境界是把孩子从自己的身边推开。

还有人说，这世界上所有的爱都是以聚合为目的，只有父母对于孩子的爱是以分离为目的。

是啊，孩子的成长就是逐渐脱离家长，逐渐独立，最终能够自立的过程。如果不适时地放开手让孩子去锻炼，如果没有足够的空间，孩子怎么能长大？

家长放手，孩子才能学会自己走。

不要对孩子管得太多，因为这样孩子就学不会自我管理。

不要总是问得太多，因为没有秘密的孩子长不大。

父母可以代替孩子做事，但代替不了孩子成长。

父母对孩子管得过多，会扼杀孩子的自我意识和独立意识，他们从小缺乏独立的机会，慢慢就会缺乏独立的勇气，最后就难以成长为一个完整的、能自立的人。

我们不但不应该把孩子管得过多，还应该鼓励孩子慢慢地独立，直到孩子有一天能够自立，这才是聪明家长的做法。

鲁迅先生在他的一篇文章《我们现在怎样做父亲》中说过："觉醒的人们，应先解放自己的孩子，放他们到宽阔光明的地方，此后幸福地度日，合理地做人。"

孩子总有一天要长大，要离开父母独立生活。作为父母，我们要为孩子的长远发展考虑，为孩子将来能够自立考虑，既然如此，那就让孩子从小学会自我管理，学会自己为自己负责。

你早放手，孩子早独立，你早安心；你晚放手，孩子晚独立，你晚安心；你总不放手，孩子难以独立，你一生都不会放心。

自己的事情自己干，将来才更有出息

说到从小培养孩子的独立意识对孩子今后成长的影响，我想起了这样一则报道：

据中央电视台新闻中心官方微博、《楚天都市报》等多家媒体报道，湖北大一男生14岁起摆地摊创业，4年资产过千万。

他初三开始独自摆地摊挣钱，卖孔明灯两天获利5000多元；高二筹借12万元租门面开服装店，不到半年就倒闭，亏光了积蓄；高三一边准备高考一边经营画材店，生意走上正轨……如今，年仅19岁的罗敬宇，走过了4年大起大落的创业历程，已经是4家公司的主要股东，坐拥8个实体店、3家网店，资产过千万。

这个年纪轻轻的富翁还有另外一个身份——湖北大学艺术学院视觉传达专业大一学生。

罗敬宇的父亲下海经商，母亲在一所小学工作，并非豪门子弟。"爸妈从小教育我要独立，想要什么都要靠自己争取，有时想要点生活费都得做家务'挣'。"罗敬宇说，受这种教育影响，他从小就有创业的梦想。

想让孩子将来更有出息吗？那就从小让孩子明白：自己的事情自己做，想要什么要靠自己争取。

只要家长肯放手，你就会惊奇地发现，其实孩子是可以做很多事情的，比如，从孩子学会走路起，就可以让孩子自己把纸尿裤扔到垃圾桶，想要什么东西就自己去拿，而不是家长帮他拿过来，拿不到，家长也应首先鼓励孩子自己想办法，实在有难度，家长才可以把他抱起来，让他自己拿。再大一点，吃饭时自己去搬自己的小凳子，自己把自己的小便倒到马桶，自己收拾玩具等等，总之，要尽早地锻炼孩子自己的事情自己做，要让孩子从小习惯于“想要什么要靠自己”，而不是从小习惯于凡事依赖家长。

幼儿阶段除了让孩子慢慢学着自理，还要适时放手允许孩子去尝试和探索，不要因为怕脏或怕麻烦而延误孩子的成长；小学阶段，孩子能做的事就让孩子自己做，有难度的事情要教孩子做，孩子特别想做的事情，只要不危害别人，就该允许孩子去做；青春期以后的孩子，最好还是放孩子去飞吧，即便是孩子特别需要管教和引导的时候，家长也应该像和成人交往一样来和青春期的孩子交流和交往。

在孩子小的时候，父母就应该有意培养孩子的独立意识，告诉孩子自己的事情自己做，遇到了什么困难，先引导孩子自己想想办法。懂得自己要为自己负责，自己犯了错要自己承担责任，有困难父母可以帮，但要让孩子体会到，“这是你的事，父母是在帮你”。这样长大的孩子将来一定不会让父母发愁，而且还常常是很有出息的。

6 小时候没有玩够，人格必定会出问题

对于孩子来说，玩和学习哪个更重要？

相信很多家长都会这样说："当然是学习更重要，少壮不努力，老大徒伤悲，小时候不抓紧点，将来长大怎么办，玩就是浪费时间。"

对于一个儿童教育的研究者来说，听到这样的话，真是感到太可怕了。

玩对于孩子来说与生命同等重要

全世界有很多专家和学者曾专门研究过玩对于儿童的意义，玩到底对于儿童有多重要，有一个结论让我印象极为深刻，一位专家在研究和对比了人的玩耍和动物玩耍后，得出这样的结论：

动物与人的不同之处在于，动物必须是在吃饱、喝足、身体健康、没有压力的情况下，才会玩闹。而人类的情况似乎更复杂，就像乔治·艾森（George Eisen）在《大屠杀中的儿童与玩》中提出的，即使在纳粹集中营，在极端的恐惧之中，儿童对于玩的渴望仍然没有停止。①

也就是说，对于儿童来说，"压力再大，生活再艰难困苦，即使生命受到威胁，我也要玩"。

永远不要说游戏没有用的话。虽然儿童玩游戏是因为快乐，而不是因为游戏会培养他们的技能，但是玩游戏的孩子直接影响了孩子的社会性、情绪和智力发展，游戏中时时刻刻享受自己。在这个意义上，游戏确实是儿童的工作，是一系列

---

① 陈赛：《玩的进化》，《三联生活周刊》2009 年第 35 期。

严肃的活动。①

玩对于孩子来说为什么如此重要？

玩就是儿童得以健康成长的基本规律和主要方式，其对于儿童成长的价值无法估量，难以尽述，我们来简单地概括一下：

(1)童年时期可以充分地玩耍是人一生快乐的源泉。

玩是孩子最感兴趣，最喜欢，也是最让他们感到高兴和快乐的事。从小可以充分地玩耍的孩子，他的童年就是快乐和幸福的，而快乐幸福的童年是人一生快乐和幸福的源头。

如果一个人的童年是灰色的、枯燥的、没有快乐的、充满压力的，是在压制、奴役、惩罚和哭泣中度过的，那他的一生都很难有快乐、幸福的性格和心境。很多事情错过了还有机会可以重来，而失却了快乐的童年，这一生都永远无法弥补。

童年是一生中最无忧无虑、最快乐、最美好的阶段，可童年又是那么的短暂。卢梭在他的教育名著《爱弥儿》中曾这样说："你们当中，谁不时刻依恋那充满欢乐、心情恬静的童年？你们为什么要剥夺天真烂漫的儿童享受那稍纵即逝的美妙时光，为什么要剥夺这些他们绝不会滥用的极其珍贵的财富？"

你一定会说，现在竞争这么激烈，把孩子抓紧点是为孩子好。

果真如此吗？这样做真的对孩子好吗？

意大利伟大的教育家玛丽亚·蒙台梭利，曾一针见血地指出："每个人都只考虑儿童的将来，没有人关心儿童的现在。"这句话说得真是太好了！因为幸福只存在于当下，我们总是这样说"我现在很幸福"，没有人会说"我的将来很幸福"，其实童年幸福，将来才能幸福，即使未来遭遇了什么挫折和不幸，他也习惯于用积极、乐观的心态去对待，他们会看得更开，会从中找乐子，当然更容易幸福，也更容易渡过难关；反之，没有幸福的童年，就不可能有幸福的将来，而且错失了童年的快乐和幸福，是日后永远都难以弥补的。

(2)充分地玩耍才能让孩子的身心健康成长。

日常生活中，当一个人心情不好的时候，我们常会这样劝她："出去走走、玩玩

---

① [美]戴维·谢弗著，陈会昌等译：《社会性与人格发展》，人民邮电出版社2012年6月第1版，第61页。

吧，也好散散心。”儿童的情绪调节能力远不及成人，当他遭遇情绪冲突时，就更需通过玩来释放和调节，玩可以很好地放松身心。

玩使儿童可以表达困扰着他们的情感或重新解决情绪冲突，因而促进了情绪的健康发展。

举个例子，豆豆因为今天房间弄得很乱而遭到了妈妈的严厉指责，她就可以在过家家的游戏中指责她的娃娃，劝说娃娃把房间收拾干净，内心的情绪冲突也就得到了一种释放。

玩可以帮助儿童学会表达、调节和控制情绪，学会处理焦虑和内心冲突，对身心的健康和培养良好的个性品质有着重要的作用。

事实也证明，那些爱玩、会玩的孩子往往更开朗、更阳光、更健康。从小能充分玩耍的孩子不易产生心理疾病，他的应变能力和抗挫折能力也更强。

(3)爱玩的孩子人际交往能力强。

儿童主要的人际交往活动就是和别人在一起玩，在玩的过程中，知道了要遵守游戏规则，在游戏中要扮演好自己的角色，要想办法融入集体，让大家都能玩得很高兴；他还常常要和玩伴商量、讨论、妥协、合作，他要学着解决和玩伴之间的矛盾和冲突，学着和别人和睦相处。

这些都在不知不觉中培养了孩子的人际交往能力，一个孩子如果从小很少和同龄人在一起玩耍和相处，那他长大后的人际交往能力就会很差。

许多研究证明，游戏作为儿童获得和表达社会交往能力的情景，可以帮助儿童摆脱自我中心倾向，更好地理解他人的想法和情感，这是解决冲突、合作及其他社会能力发展的基础。

(4)玩可以丰富孩子的阅历和生活经验。

孩子在大自然中捉过虫子，他才知道虫子是怎样生活的；他种过花，才知道花是怎样长大的；他见过麦苗，才知道麦子和韭菜是不一样的；他做过风筝，才知道风筝是怎么飞起来的……

孩子就是在玩的过程中认识这个世界，增长经验，慢慢成熟起来的。

(5)爱玩的孩子更聪明。

玩最能点燃一个孩子内心的激情，最能调动他们的积极性，最能让他们主动地开动脑筋，不停地想办法。

我们都知道玩可以开发孩子的智力，可以锻炼孩子的动手能力。在玩中也一样要动脑筋，也一样要想办法解决问题，也一样可以增长知识提高能力。

(6)爱玩的孩子身体更健康。

经常坐着学习，和经常蹦蹦跳跳，玩得兴高采烈、满头大汗，哪个更利于孩子身体健康成长？答案不言而喻，充分地玩是孩子锻炼身体的好途径。

(7)爱玩的孩子解决问题的能力和未来生存的能力都更强。

我们在看《动物世界》的时候，经常会看到一群动物幼崽在一起玩耍、打闹、撕咬的画面，这时动物专家们就会这样解说："这群小家伙在锻炼它们未来生存的能力。"

孩子与哺乳动物一样，要在游戏中预演攻击与防御、残忍与仁慈、捕获与逃避，才能获得生存的能力。①

我们来看一个调查研究：

在与同伴一起玩的时候，儿童的口语表达能力比他们与大人在一起的时候更加复杂和多样化。连打斗游戏也有助于提高社交技巧和解决问题的能力。1989年，美国明尼苏达大学心理系教授安东尼·佩列格里尼针对一组小学男生的实验发现，越是喜欢打闹的学生，在一项解决社会难题的测试上得分越高。②

为什么越是喜欢打闹的学生，解决社会难题的能力更强，因为在和同伴的玩耍和打闹中，他在锻炼人际交往能力，增长处理问题和解决问题的经验。

(8)爱玩的孩子头脑更灵活，不会走极端。

为什么那些从小调皮、好玩的孩子长大后头脑更灵活、更容易适应社会、更善于向别人学习，他们在遭遇了失败和挫折后，也能更快地从中走出来？为什么我们把那些只知道学习的人叫"书呆子"？为什么那些从小是家长和老师眼中的乖孩子和好孩子，往往都脸皮薄，不够灵活，不愿意及时地调整自己来适应环境，当他们遇到较大的打击和挫折后常常会一蹶不振，甚至会有致命的危险？

我们来看一个著名的实验：

两组小白鼠，一组是正常环境中培育，另一组是在禁止玩的环境中培育的。当遇到猫的袭击时，两组小白鼠都会逃跑和躲藏，但会玩的小白鼠在猫离开后会

---

① 李子勋著：《家庭成就孩子——李子勋的后现代亲子课》，中信出版社2011年6月第1版，第54页。

② 陈赛：《玩的进化》，《三联生活周刊》2009年第35期。

从藏身之处出来，重新生活，但不会玩的小白鼠则再也不敢出来，死在洞中。

“我把玩看成是面对人生不可预知性的训练。”马克·贝科夫，这位美国科罗拉多大学的生物学家说，“行为的灵活性和多样性是一种关键的适应能力。对动物们来说，玩使它们获得一种更灵动的精神状态和更广泛的行为词语，从而帮助它们在一个变化的环境中保持随机应变，在觅食、交配、躲避天敌等方面获得生存优势。”①

看了这个实验，上面的那些问题也就不难解释了。从小有足够的玩耍的孩子头脑都更灵活，适应新环境的能力也更强，更经得起挫折。

(9)小时候玩够的孩子才是有前途的孩子。

一个从小有充足玩耍的孩子，他们头脑灵活，经验丰富，成人后心智更成熟，即使这样的孩子小的时候再淘气，即使是一个屡次犯错的人，他总有成熟的那一天，总有“浪子回头”的那一天，这样的人一旦走上正轨，他就能做得很好、很出色，最起码他们敢于尝试，他们精力充沛、精神饱满、生龙活虎，为什么说“浪子回头金不换”，恐怕说的就是这个道理。

而从小没有玩够的孩子，就会缺乏生命活力，变得暮气沉沉，顾虑重重，沮丧颓废，精神萎靡，胆小怯懦，无法振奋。这样的孩子将来注定是不会有任何成就的，是没有希望的，这比一个非常淘气的孩子还要糟糕得多。

玩对于儿童的价值和意义还远不止以上这些，还比如培养孩子的想象力、激发孩子的活力和创造性、发展自己的兴趣爱好等等，而这些都是当今社会和未来社会最需要和最看重的人才特质，未来社会会更青睐爱玩、会玩的孩子。

看看玩是怎样影响这两个孩子的

东东是我儿时的邻居，他家人对他期望很高，要求也很严。从上幼儿园起就开始教他学数学，背古诗。

上小学时，东东除了上学，其他时间都在家里待着，做完作业后就看书，最多可以看会儿电视。

他很少和小伙伴们在丰富多彩的大自然中尽情地玩耍嬉闹，别的小男孩玩的

① 陈赛：《玩的进化》，《三联生活周刊》2009年第35期。

弹球、沙包、折纸、泥巴、自制手枪、弹弓、铁环等等，他几乎都没有玩过。

周末或是寒暑假，父母就把东东锁在家里，给他布置好作业，还让姐姐监视着他。长时间被动、枯燥的学习，让他早已对学习失去了兴趣。

他还只是个孩子，好动，好玩，怎么可能坚持一直认真学习呢？他为了控制自己，还曾经用绳子把自己绑在椅子上，来强迫自己坐下来学习。

实在坐不住时，他就在纸上乱画、乱写，实在想玩时他都不知道怎么玩，就随便找家里的东西玩，结果不是把这个弄坏就是把那个弄坏，父母回来再把他批评一通。

上中学后就更没有玩的时间了，放学回家后就一直在自己房间里待着。渐渐地，家人发现了一些问题：东东性格孤僻胆小，没有这个年龄段孩子应有的活泼和快乐，不喜欢和人来往，也不会和人来往，没有朋友，人际交往的能力很差，动手的能力和解决问题的能力都很差。

家人这才意识到了这个问题的严重性，于是开始刻意地把东东赶出家门，让他出去转转，去找同龄人玩玩。可是东东出门一碰到熟人，就会马上躲回到家门口，家人好几次硬把他推出去关上门，过一会再开门看时，发现东东还坐在家门口。

其实东东早已养成习惯了，形成了这样的性格，突然把他推向外面的社会，他怎么能适应得了呢？

这孩子现在已经长大了，没有像他的父母期望的那样考个好大学，找个好工作。他的性格还像个没长大的孩子，还是习惯一个人待着，不会和人交往，害怕与人交往，没有朋友，没有乐趣，没有什么技能，没有自信，现在还依靠着父母生活，他的母亲不知为此流了多少眼泪。而我知道最痛苦的，莫过于东东。

这样的孩子，我见过的不止一个。我带过的每一届学生里，都会发现几个这样的孩子。他们很少有自由玩耍的时间，原本正值活泼可爱的年龄，看上去却没有一点孩子的活力和灵性，看上去整天在学习，但学习并没有什么进步和起色。

而可以充分、自由地玩耍的孩子，情形却大不相同。他们玩时玩得很快乐、很尽兴，学时也能很认真、很专心，更重要的是孩子的人格和性格，以及很多方面的技能都会得到很好的发展。

小刚从小就是个很爱玩的孩子，他父母从没有严格地限制他玩，只是告诉他要注意安全，要安排好自己的学习时间。

他小时候一放学就和一帮小伙伴们在一起尽情地玩，男孩子们玩的他都玩过，很多玩具都是自己想办法做的。他能想到用废弃的铁桶做铁环，用废弃的自行车链条做手枪，他用报纸和竹签做的风筝竟然在学校的放风筝比赛中获得了第一名。慢慢地，他越来越聪明了，手越来越灵巧了，做的每个玩具都非常精致。

每次看到他，他都是乐呵呵的，充满了朝气和活力，我小时候总是觉得他很像孙悟空，看上去是那么灵巧、聪明、能干，还常给我讲他在大自然中发现的很多趣闻和经历，听了真让人大开眼界，由衷地感叹他的见识和阅历的丰富。

他的玩伴和朋友很多，大家都喜欢跟他玩。一直到现在，他都是个朋友很多和擅于交往的人。

他对一切都充满了兴趣，总是喜欢钻研和思考，对学习也是一样。学习起来也很认真，很爱思考，而且还玩学结合，玩得很快乐，学得也很轻松，成绩一直都不错，后来考上了一所很不错的大学。

更重要的是他性格乐观开朗，积极进取，聪明好学，人际交往能力也强，这很大程度上得益于他小时候可以充分地玩耍。

小时候没有玩够的后果

著名家庭教育专家孙云晓说："我敢肯定地说，如果连一天玩的时间都没有的孩子，一定是问题儿童，绝对是问题儿童。凡是不会玩的孩子，不想玩的孩子，都是问题儿童。"

这话说得一点也不言过其实。

孩子是在玩中长大的，小时候没有玩够的孩子，该经历的没有经历，长大后心智就无法成熟，心理和人格就无法健康发展，各方面的能力和经验不足，他还会像个孩子一样把小时候没有玩过的、没有玩够的再"补"回来。

就像我在前面提到的东东，他现在已经30多岁，整天就在家里待着，家人说得多了，他就出去在大街上到处闲逛，周围的人都认为他好像是精神有问题，其实我认为他主要的问题就是不成熟，小时候没有玩够，在心智上就没有长大，还会像个孩子一样到处去玩，小时候没有玩过和体验过的，长大后就像欠了债，内心总有些不甘心、不安宁，心里总想着把缺的"课"补回来。

实际上，小时候不会玩的孩子，长大了也不会玩，一玩就会出危险、犯错误，要么玩得了无乐趣，不会调节压力，也承受不了压力，没有兴趣爱好，不懂得享受生活，也就不懂得热爱生活。在父母眼里最无关紧要的“玩”就这样在不经意间耽误了他的人生。

我们来看一个在当时震惊全国的案例①：

2002年2月23日下午1点10分，在北京动物园的熊山，两只黑熊突然口吐白沫，倒在地上，来回翻滚，口中发出“嗷嗷”的惨叫。同时，水泥地冒起一股股白烟。围观的人群一阵骚动，一名手拎食品袋、戴着眼镜的男青年急匆匆地挤出人群向熊山外溜去。在附近巡逻的动物园派出所民警、工作人员和在场群众的围追堵截下，这名男青年被抓获，并被带回了派出所。

肇事者的身份很快就被弄清楚，让人难以置信的是，他是清华大学电机系大四学生刘某。更让人感到匪夷所思的是，被问到为什么用硫酸泼熊时，他说：“我曾经从书中看到过熊的嗅觉灵敏，分辨东西的能力特别强。但人们又总说‘笨狗熊’，所以我想验证一下熊到底笨不笨。”

据刘某交代，2002年1月29日，他就曾用掺过火碱的饮料倒向正在与游客戏耍的黑熊。在看到黑熊被烧得满地打滚、嗷嗷乱叫以后，他侥幸逃脱。但这次并没有让刘某感到满足，他用硫酸进行了又一次的“实验”。

刘某两次“实验”的恶果是，北京动物园先后有3只黑熊、1只马熊和一只棕熊受到了火碱或硫酸的残害：有的嘴被烧坏，进食困难；有的四肢被烧，无法行走；有的前胸、背部、臀部被烧坏，失去了正常生活的能力。据动物园的工作人员介绍，其中一只动物园里最好的公种黑熊伤势最重，已被硫酸烧得双目失明，舌面整个被灼伤，黏膜脱落，口腔及上颚被烧坏，而且喉部和气管都有可能被烧毁……

案发后，清华大学对刘某被做出留校察看处分的决定。2003年，北京西城区检察院以涉嫌故意毁坏财物罪对刘某提起公诉。

伤熊事件在社会上引起轩然大波，媒体和社会各界展开了热烈讨论。

我们来看看他的成长历程：刘某生活在单亲家庭中，从小由妈妈一手养大，父亲在他的生活中完全地消失了。

---

① 孙云晓，李文道著：《好好做父亲》，中信出版社2012年12月第1版，第22页。

刘某小时候特别听话，什么都听妈妈的，邻居们给他起了个外号叫“妈说”。

妈妈规定他的所有作息时间，包括几点回家、学习到几点睡觉、几点起床早修等等。据中学同学讲：“他妈妈从小就对他非常严厉。”“据说原则上是要求他每次都必须考第一，而刘某算不上是天才型的，他只好以常人难以想象的勤奋学习，从不违背他妈妈的意志，怕她伤心。”

我小时候经常见到周围的男孩子用弹弓打麻雀，用砖头拍老鼠，用棍子打狗（号称他用的是打狗棒法），还有的更“残忍”，自己研制“无敌毒药”放在隔壁家狗的饭里，看看自己的毒药灵不灵；用开水烫蚂蚁，看看蚂蚁是什么反应；把蚯蚓砍成好几节，看看蚯蚓还能不能活；把青蛙的皮剥掉，看看里面是什么样子……

我现在想起来都觉得害怕，我一个成人都不敢这样做，可是那些孩子怎么就敢呢？因为他就是个孩子，因为他有无比强大的好奇心，他不亲自做一遍就不知道会发生什么，他不亲眼看到那个场面，他就不知道害怕。

就算他们把狗打死，也不会有人把他们送进公安局，也不会有人说他们心理有问题，因为大家知道，他就是个孩子，孩子犯错误是非常正常的，是完全可以理解的。可是要是已经长大了，已经上大学了，还犯这些“低级”的错误，就让感到不可思议。

你说刘某本质上有多坏，其实他只是不成熟，他在心智上还只是个小学生，甚至是个幼儿，如果他小时候可以充分地玩耍，他就会有丰富的生活经验和阅历，他就不会这么幼稚；如果他小时候经常有和小动物在一起玩的经历，他就不会像今天这样做。

原来玩比学习更重要

玩对于孩子的来说甚至等同于生命，玩对于孩子健康人格的培养其价值远超过学习。那么今天的家长是怎样对待孩子的玩呢？

美国布朗大学的历史学教授霍华德 · 丘达柯夫写了一本书，叫《玩耍的儿童—— 一部美国史》，考察了从 18 世纪开始，美国儿童玩耍的历史。他的主要证据都来自第一手材料，比如儿童的日记、关于童年的名人自传等等。在书中，霍华德教授提出了一个很重要的观点：“现在虽然时代进步了，但美国儿童自由玩耍的能力在不断地被腐蚀，这将给美国社会造成严重的后果。”

“没有什么比玩更能点亮一个孩子的大脑。”霍华德教授说，一个孩子能从这样的‘玩’中获得日后成长非常关键的社交、情感、身体和认知等方面的技能。”

在孩子玩的问题上，中国的父母绝对是有过之而无不及，他们为了“不让孩子输在起跑线上”，为了给孩子将来的竞争增加筹码，却牺牲了对于一个孩子的成长来说至关重要的环节——玩。

很多孩子自由玩耍的时间已经比以前大大缩短了，家长把孩子的课余时间安排得很满，不是让孩子在家看书学习，就是出去上各种辅导班，留给孩子自由玩耍的时间越来越少，生怕让孩子玩就会耽误学习。

父母们无奈地说：“我们也想让孩子玩啊，可现在升学的压力这么大，别的孩子都在学，不抓紧点不行啊。”

可曾想过，违反儿童身心成长的自然规律，会给孩子的健康成长带来多大的负面影响和伤害？一个人在童年时代如果得不到充分自由的玩耍，他所失去的将无法衡量，而且终身都很难弥补，这种负面的影响将伴随他的一生。

如果一个孩子经常能够快乐地玩耍，就算学习不太好，这也没什么大不了的，他至少能生存，能快乐地生活，没准儿还能成就一番事业；但是如果一个孩子学习很好，可他没时间玩，也不会玩，那这个孩子将来长大一定会出问题，甚至是很危险。你会怎么选择？

为什么有那么多家长不让孩子好好玩呢？归根结底还是怕影响学习，那么，玩到底影不影响学习呢？是因为玩才导致学习不好的吗？

请看下一篇《爱玩的孩子更有前途，有前途的孩子更会玩》。

7 爱玩的孩子更有前途，有前途的孩子更会玩

在上一篇里我们知道，爱玩、会玩的孩子人格、心智和身体都更健康，将来也更有前途。

你知道吗？其实那些有前途的孩子也更会玩。

中国科技大学少年班的学生都是经过非常激烈的竞争选拔出来的，他们学习能力很强，成绩出众，常常被外界认为是天才。他们是群只知道学习的书呆子吗？

我们来看一篇《中国青年报》对于中科大少年班的报道，题目叫做：《新一代天才更会玩》。

"少年班的学生最会玩"这几乎是科大人的共识。

2009年学校迎新晚会的节目单显示，整台晚会共有20个节目，少年班同学参与表演了7个。此外，全校70多个社团中，10个社团的负责人出自少年班。

相比学习成绩，少年班同学更乐意介绍其他方面的"辉煌战果"；近四届"巾帼杯"女足邀请赛，取得一次冠军，两次亚军，一次季军；每年的学校辩论赛，少年班多次夺冠；2009年校田径运动会上，少年班学院代表队男女团体总分夺得第三名……

"我们当时比他们土多了！"少年班毕业后留校的李震宇老师非常羡慕如今的少年班同学。在他看来，师弟、师妹们爱好广泛，注重全面发展，"一旦对某一领域产生兴趣，就会深入下去"。

来自哈尔滨的张皓宇，中学时曾在教室外的走廊里玩过"火把变玫瑰"，轰动全校。进入少年班后，他购置了不少装备，继续钻研魔术。现在，这名"魔术师"的表演成为校园晚会的压轴节目。

赵若灿酷爱唱歌，擅长作词作曲。凭借一首原创歌曲，他一路过关斩将，勇夺

校园歌手大赛冠军。现在，他已成为下届“炫音社”掌门的不二人选。

王宪思加入“民乐团”后，苦练琴技，拿到了业余10级证书，并且成为副团长。

中科大党委副书记鹿明说：“一些少年班的毕业生反馈，刚工作的十年里，常常遇到发展的瓶颈期，这期间的他们感到，智商不是第一位，包括情商在内的综合素质才是最重要的。”①

“智商不是第一位，包括情商在内的综合素质才是最重要的”这岂止是中科大少年班毕业生的感悟，恐怕我们每个人都有这样的感悟。

可以肯定地说，真正学习好的孩子，在学习上更有潜力的孩子，走上社会后更有前途的孩子没有一个是只知道埋头苦学的，他们既会玩，也会学，发展得更全面，当然更有前途。

为什么他们能学得好，也能玩得好？玩不影响学习吗？

玩不但不影响学习，还能促进学习

(1)没有足够的玩，就难有好成绩。

玩可以促进学习吗？我们先来看一段足以引起大家注意的资料：

英国《星期日泰晤士报》刊登了伦敦国王学院教授菲利普·阿迪的一份相关调查，结果也许会让很多家长和老师大跌眼镜。阿迪教授的调查结果显示，现在的孩子远不如30年前的同龄人“聪明”，孩子们的能力正在逐年退化，如今11岁孩子的能力水平只相当于30年前8岁的孩子。

阿迪和谢伊尔夫妇用了几年的时间，调查了2.5万名儿童，调查方法是让他们做一份1976年就已经问世的试卷。20世纪90年代中期，也有适龄儿童做过这份试卷。他们对3个时段同龄孩子的考试结果进行了对比，结果让他们大吃一惊。

1976年，有约33%的男孩和25%的女孩在这个测试中获得高分，而到了2004年，获得高分的比例急剧下降：男生下降到了6%，女生则只有5%。对比的结果表明，这些孩子比在20世纪90年代中期接受测试的同龄人的水平倒退了2至3年。

孩子们的表现为何如此差劲？研究者认为，最重要的原因是：孩子们不再到

① 王磊、李雅清：《中科大少年班：新一代天才更会玩》，中国青年报2010－5－19。

户外玩泥巴，孩子们的时间都被应考填满。孩子们被教导着为强化基本功——读和写——而忙得团团转，还要应付那些令他们焦头烂额的大小测验，这限制了他们认知水平的发展。他们只掌握一个结果，却弄不清原因，不善于思考，也很少有体会亲身体验。

知识的掌握不能仅靠死记硬背，更重要的是理解和感悟，这需要有一定的生活经验，需要亲身体验。

我做了多年的小学教师，深刻体会到我国课堂教学的变革。以前的教学都是"填鸭式"的比较多，老师不停地给学生灌输知识点，也不知道学生能不能接受。而现在的课堂教学要有趣得多，比如说会在课堂上设计游戏活动来提高学生的学习积极性和兴趣，让学生亲自动手操作、合作交流等，让学生在"玩中学"，在自然的生活和活动中发现知识、理解知识、感悟知识。

举个例子：

一位特级教师在上一节关于平均数的课，为了让学生理解平均数的意义，课堂上这位老师把学生分成两组来进行拍球比赛，把每个学生半分钟内拍球的个数记下来，然后问学生，有的同学拍得很多，有的同学拍得少，到底哪一组的整体水平更高，让学生自己想办法，老师则在关键时刻点出"平均数"的概念和意义，学生一下子在热热闹闹的"玩"中理解了知识点。

紧接着，老师又在生活中找出了一些平均数的应用，让学生感悟、体会、亲自计算。最后老师在黑板上贴出了一行大字"生活中处处有数学"，让学生感受到知识来源于生活，要在生活中多发现、多思考。

不仅数学和生活息息相关，语文和生活联系得更加紧密，有了丰富多彩的生活经历，才能写出具有真情实感、内容丰富的作文；生活中的化学和物理知识更是无处不在，很多孩子都是在不经意的玩中，生活中的恶作剧中喜欢上了化学和物理。

知识本来就是从生活中来的，玩可以帮助孩子理解和感悟知识，玩可以积累学习素材，玩可以提高学习兴趣，玩可以让孩子更聪明。

(2)玩可以提高孩子的自制力，自制力好的孩子才能学习好。

有人认为爱玩的孩子静不下心来学习，真是这样的吗？

我们来看这样一个实验：

20 世纪 40 年代，几个心理学家曾经做过一组测试。研究者找了 3 组孩子，分别为 3 岁、5 岁、7 岁，要求他们完成同样一个动作——笔直站好不动。3 岁的小孩没法做到，5 岁的小孩能坚持 3 分钟，而 7 岁的儿童能坚持到研究者所要求的时间。

2001 年，美国伊利诺伊大学的心理学教授劳拉·贝克重做这个实验，发现今天 5 岁的儿童只能做到 60 年前 3 岁儿童的水平，而 7 岁的儿童几乎达不到 60 年前 5 岁儿童的水平。

"这说明，在过去 60 年里，儿童的自我规制能力明显下降。自我规制是一种控制自己情绪与行为的能力，是人的执行能力的一个关键考核因素，在预测一个人在学业上是否成功时，它比 IQ（智商）更加准确。"

《玩耍的儿童——一部美国史》一书的作者，美国布朗大学历史学教授霍华德·丘达柯夫说，"儿童培养自我规制能力的一个关键途径就是通过玩，尤其是自结构式的玩，比如假装游戏。在假扮某人的游戏里，儿童会通过自言自语的方式，告诉自己将要做什么，应该怎么做，并自己制定游戏的规则，从而克服障碍，管理并控制自己的情绪。"①

大脑科学研究表示，想象游戏（如角色扮演）对 3、4 岁孩子学习自我控制很有益处，孩子会全身心地投入到游戏中，自己制定规则并遵守规则，调节和控制自己的情绪。这也同样适用于更大的孩子，因为孩子都会专注地投入游戏，在游戏中也都要制定和遵守游戏规则，调控情绪。游戏确实是培养自制力的好办法。

一个自制力强的孩子肯定比一个聪明的孩子学习更好。

其实，爱玩的孩子玩时能玩得好，要学习时也更认真、更刻苦。

（3）爱玩的孩子学习效率更高。

我国当初在把每周只休一天改为双休日时，在全世界做过大范围的调研，发现多休一天可以明显提高工作效率。

对于成人来说尚且如此，对于孩子来说更为有效。

孩子正在成长发育的阶段，睡眠和休息不足就会导致精力不足，注意力低下，

---

① 陈赛：《玩的进化》，《三联生活周刊》2009 年第 35 期。

反应缓慢,学习效率低,再加上长时间的学习会让人产生疲劳感,加重厌学情绪,学习时间越长,学习效率越低,形成了恶性循环。

成人工作累了都要休息调节,何况是孩子。不要把孩子整天关在家里学习,适当的玩耍,可以调节压力,放松身心,从而更好地投入到学习中去,提高效率,孩子也会越来越爱学习。

(4)爱玩的孩子在学习上更有后劲。

玩不仅能提高学习效率,爱玩的孩子在学习上也更有后劲,关键时刻能下得了工夫,能冲得上来。

来看看我身边的刚和林的故事:

刚和林从小学开始就是同班同学,他们俩学习都很好,刚是班长,林是学习委员。刚的家庭氛围宽松,他能经常自由地玩耍,他的兴趣广泛,朋友多,发展得比较全面。

林的家庭氛围比较严格,他的家人总是让他在家好好学习,很少见他出来玩耍。

初中的时候,刚因为贪玩,成绩开始下降,林因为长期被动、枯燥、压抑地学习,让他对学习也没有了兴趣,家人让他学习,他常常是故意做样子给家人看,成绩当然也下降了。

这样下去,两人当然最终都没有考上大学。林这么多年只知道一门心思学习,突然不学习、不上学了,他就不知道该干什么,他选择了再复读一年。高考的失利让刚也一下子觉醒了,毕竟他从小也是大家心目中的好学生,他也选择了复读。

所不同的是,刚好像这么多年已经玩够了,也成熟了很多,他谢绝了很多朋友,完全地投入到了复习中,最后考上了一所很好的大学,在大学毕业那年的校园招聘会上,一家大企业看中了他的综合能力,于是,他去了一座大城市工作。现在已经毕业十几年了,刚在那家企业发展得很好,也早已在那座城市成家立业,日子过得和和美美。

而林这么多年早已养成了他的学习习惯,"被动、厌学、提不起精神、下不了苦",他当然还是没有考上大学。更为严重的是,他这么多年一心只知道学习,人际交往能力差,社会经验极为缺乏,又吃不了苦,到现在还无法自立。

只要你稍微留意一下，你就会发现身边这种例子其实很多，有的孩子平时学习成绩中等，到高三的时候，仿佛一下知道了学习的重要性，有了紧迫感，开始下工夫，这不是父母或老师逼迫的，而是自己内心的觉醒，这种力量会非常强大，他就会把其他的一切事情放下，专心地学习，也很能吃苦，成绩有很大的提高。

而那些从小学开始就整天被父母逼迫着好好学习，十几年苦行僧似的学习让孩子对学习早已没有了兴趣，没有了主动性，打磨掉了孩子内心的动力、活力、灵性和创造性，长期枯燥、紧张的学习让孩子失去了弹性，关键时刻根本使不出劲，反而会退缩。

现在的考试更有利于爱“玩”的孩子

不要一心只抓孩子的学习，现在早已不是那个“两耳不闻窗外事，一心只读圣贤书”的时代了。在十几年前，孩子死记硬背，刻苦攻读，或许还能考上大学，分配个工作，安安稳稳过日子。

可现在时代早已发生巨变，未来社会需要的是人格健康的、具有创造性的人才。现在的考试已不是只单纯地考书本上的知识点了。大家可以留意一下现在高考的题目和很多大学自主招生的题目，你会很明显地感觉到现在的题目更具有开放性了，要考察学生的生活经验和生活感悟，是否博学多才，是否会灵活变通、学以致用，是否有想象力等等。

我们来看看2013年南京大学自主招生的几道热门题目①：

(1)微波炉门上常加有铁丝网格，能起什么作用？手机在铁盒里为什么就听不到铃声？

(2)对吴仁宝的华西村模式，谈谈理解和看法。

(3)对越来越多的家长送学生出国说说你的看法，

(4)清明节有哪些习俗？

(5)母狮子收养了一只小羚羊，你觉得为什么？

(6)“人生而平等，但又无时无刻不在枷锁之中”你怎么看？

(7)国家GDP怎么算？

---

① 据2013年4月14日《扬子晚报》报道整理。

(8)百家讲坛一开始都是请杨振宁等物理学家讲授专业的物理学知识,可是在最火的时候却是请易中天、于丹等学者讲授传统的中国传统文化知识,你怎么看?

……

考试中还有很多类似于这样的题目,而这些都跟学生的日常积累、生活中的观察和体验有关,仅靠背好课本上的知识点是远远不够的。

该玩的时候好好玩,该学的时候学才能学好

适当地玩并不影响学习,反而能促进学习。该玩的时候不玩,该学的时候不用心学才影响学习。

告诉孩子,该学的时候用心学,该玩的时候好好玩。劳逸结合,身体好,心情好,也学得好,这样才有前途。

游戏对于2~6岁的幼儿来说尤其重要,可以说游戏就是幼儿的生命,游戏是幼儿的主要活动,游戏是促进幼儿心理发展的最好形式。幼儿在游戏中学习,在游戏中成长。

幼儿的主要功课就是游戏,他在游戏中获得的要比在课本中学到的要重要得多。何况你提前教给孩子的知识,其他的孩子上小学后用很短的时间就能赶得上,而没有让孩子充分游戏的损失却很难再补回来。

对于小学生来说,多年的教学经验告诉我,只要课堂上认真听讲,学习的时候注意力集中,认真完成作业,学习就一定不会差。课外时间可以看看课外书,或者把课堂上没有掌握的内容再复习复习,没有必要整天逼着孩子用课外时间不断地做题、看书、补课,有的家长还要给孩子额外布置作业,或者买一些课外习题来做。

小学阶段的孩子还正处于好玩的年龄,整天逼着他学习不符合这个年龄段的心理特点和成长规律,反而会挫伤了孩子的学习兴趣和积极性。要知道,对于小学生来说,保护孩子的学习兴趣和对学习的信心比什么都重要。

对于中学的孩子,尽管需要在学习上付出更多的时间和努力,但仍然要注意劳逸结合。那些一味拼命苦学的孩子常常并不能取得很优秀的成绩,原因就在于学习时间越长,不懂得休息和调节,学习效率就越低,学习效果就越差,在学习上就越没有兴趣和灵感。

放孩子到户外去玩,多接触大自然,多运动,多和同伴在一起玩,而不是一人在家里上网,玩游戏。

家长也别忘了要提醒孩子要注意安全,告诉孩子什么地方不可以去,什么东西不可以玩,什么是安全的,什么是危险的。

最后,和大家分享一句特别有意思而又寓意深刻的话,那是一句影响了作家王蒙的新疆谚语:“人生在世,除了死亡以外,其他都是塔玛霞儿(玩耍)。”

8 没有朋友,健康人格就会成为泡影

同伴对孩子健康人格的发展起什么作用?是至关重要呢,还是可有可无?要回答这个问题,有这样一个人我不得不提,那是一个从小缺少同伴交往的孩子。

一个从小缺少同伴交往的孩子

我曾读到过一封信①,写信人在信中所描述的真实感受和他的成长经历,深深地触动了我,相信你读完后也会深有感触。

亲爱的摩尔先生:

我在10月30号的____杂志上看到了您有关独生子女的报道。我是一个独生子,现在57岁了,我想跟你谈谈我的生活。我不仅是一个独生子,而且在我成长的那个乡村,周围没有小孩可以一起玩耍……从上一年级开始,我就被嘲笑,被捉弄……我特别害怕坐校车去上学,因为校车上别的孩子叫我"妈妈的宝贝"。二年级的时候,我听到男孩们开始说粗俗的话。我问他们这些词是什么意思,他们就嘲笑我。从此,我吸取了一个教训——不要问问题。这使我经常感到很困惑,因为我经常会听不懂别人的谈话,但是我又不敢去问是什么意思。

上学的时候,我从来没有跟女孩子出去过——事实上我几乎不跟她们说话。在我们学校,男孩和女孩不在一起玩。男孩在操场上的某个地方玩,女孩则在另一个地方玩。因此我不了解有关女孩的任何事情。当我上高中的时候,男孩和女孩开始约会,而我只能听别人约会的故事。

---

① [美]戴维·谢弗著,陈会昌译:《社会性与人格发展》,人民邮电出版社2012年6月第1版,第470页。

我还有很多话要说，但我最想说也最重要的是，我从来没有结过婚，没有小孩。我在职场上也不是很成功。我认为我所遭遇的这些困难并不完全是由于独生子的缘故……但是，我认为你建议学龄儿童要有同伴，以及成人不要过于严厉地监管他们是正确的……独生子的父母应该尽量努力为孩子寻找同伴。

你真诚的朋友

与同伴没有交往或只有很少交往的孩子，是否会变得不正常呢？孩子与父母交往能不能代替同伴交往呢？儿童社会性的发展和许多社交能力的发展能不能在亲子交往中获得呢？

心理学家们为了弄清楚这个问题，专门进行了实验研究，我们来看看哈里·哈洛及其同事的恒河猴实验：①

把恒河猴及其母亲放在一起饲养，但是不给这些猴子与同伴交往的机会。这些"只有母亲"的猴子不能形成正常的社会行为模式。后来把他们放到同龄猴群中时，这些被剥夺了同伴的猴子往往逃避猴群。有时，当他们接近同伴的时候，表现出很高的（不适当）攻击性，他们的反社会倾向通常持续到成年阶段。

还有很多关于同伴交往对于儿童健康发展的研究，大家都认为同伴交往对于儿童的健康发展具有至关重要的作用。

同伴交往对孩子来说为什么如此重要？

(1)同伴交往是孩子社会化的最重要途径。

要社会化就要进入社会，就要接触社会上的人，在家里待着是永远不能完成社会化的，而对于孩子来说，最重要也是最适合孩子的社会交往就是同伴之间的交往。同伴对于孩子社会化的作用要远大于父母。

孩子是否具有良好的人际交往能力，是将来能否适应社会、融入社会的关键因素。人际交往能力越强，社会适应就越好，遇到的阻碍就越小，也更容易取得成功。不知有多少人就是因为人际交往能力差而严重阻碍了他事业的发展，还有一些人因为人际交往能力差而逃避社会，长期待在家里，无法自立。

---

① ［美］戴维·谢弗著，陈会昌译：《社会性与人格发展》，人民邮电出版社 2012 年 6 月第 1 版，第 473 页。

我身边就有这样一个人：

他的父母对他比较娇惯，但对学习要求很严，放学后就要赶紧回家做作业、看书，不许他到外面去玩。他从小就很少和周围的小伙伴们在一起玩，他也逐渐习惯了一个人的生活。

他在学校里也总是独来独往，和同学也都玩不到一块，经常和同学因为一些小事闹矛盾，遇到了什么问题和困难，也总是家人来帮他解决。

他不知道同龄人都在玩什么，想什么，也不知道同龄人在外面都是怎么交往，怎么为人处世的。所以他的想法总是比较幼稚，总像个长不大的孩子。

走向社会后，他连基本的人际交往的技能都不具备，不知道怎么和人打交道，怎么和别人合作，不能和别人和睦相处，为人处世方面简直就是个孩子，很难找到工作。他的家人四处托人给他想办法，好不容易找到了几个工作，都是因为和同事和不来而干不下去。

在外面碰到挫折的次数多了，就不愿意再出去了，现在已过了而立之年，但根本就无法自立，依靠着年迈的父母生活。

这个孩子的人际交往能力太差，使他难以融入社会，难以自立。脱离了人群和社会，他自己也一定非常痛苦。

让孩子社会化是家庭教育的基本目标，如果不能正常地融入社会，这样的孩子即使学习再好，他的家庭教育都是非常失败的。

那么孩子怎么获得人际交往能力呢？常常和父母交往就能获得吗？我们从上面的那封信里和“恒河猴实验”中已经知晓了答案。

为什么家长不能帮助孩子获得这方面的发展呢？

回答好这个问题恐怕又需要很多的理论和研究。我认为这其中至少有一个最简单、最重要的原因，那就是家长和儿童之间的交往是不平等的，他们的认知水平和能力相差甚远，加上家长常常会无条件地照顾孩子，孩子可以轻易地获得他想要的东西，家长又常常处在强势地位，孩子经常不得不服从成人的权威。

而同伴之间的交往是完全平等的，儿童如果想获得什么东西，或者想在一起友好地玩耍，就必须学会理解、协商、让步、合作，因此各方面能力得到了发展。

同伴吸引着儿童走出家庭，到外面的世界去寻求新的支持和归属感，进而慢慢地融入社会，难怪有的学者说“同伴是很重要的社会化代理人”。

(2)健康人格的发展离不开同伴交往。

孩子都喜欢和同龄人一起，和同伴在一起的时候，他们充满了朝气和活力，仿佛怎么玩都玩不够，好像总有说不完的话，他们看起来是那么的快乐。

再看看那些总是孤单一人的孩子，他们少言寡语，孤僻内向，胆小自卑，很难从他们脸上看到这个年龄段应有的快乐和活力。

有朋友的孩子，往往都健康、快乐、开朗、更有进取心，没有朋友的孩子却常常引发各种问题。

大家有没有注意到，那些做出极端行为的人，往往都性格孤僻，没有朋友。

一项对30多项研究的综述表明，在学校里被拒绝的儿童比拥有良好同伴关系的儿童更容易辍学，也容易表现出过失行为和犯罪行为，在青少年期和成年期表现出严重心理问题。

此外，被拒绝儿童在后来的生活中，将更有可能表现不正常、出现反社会的行为和其他严重的适应问题。①

为什么没有朋友就会引起心理问题呢？

大约从两岁起，甚至是更早的时候起，幼儿就有了人际交往的需要。随着年龄的增长，这种需要会越来越强，同伴关系在儿童心理发展中的作用会越来越重要。

观察一下小学一年级的孩子就会发现，刚刚入学不久，他们就会形成一个个小群体，一个群体里的孩子常在一起玩。

其实，这正是小学儿童人际交往的一个显著特点，就是出现了同伴群体。在这个群体中，孩子会有一种归属感，一种被接纳感，会因为自己是某个群体的一员而感到安全、快乐和自豪。群体中的成员会互相学习、互相合作，体会合作的价值和乐趣。

没有自己的同伴群体，或者是不被群体接受的孩子，他们的心理会承受着很大的压力和痛苦，这会对他们健康人格的发展和心理健康极为不利，将来在社会生活中更可能产生叛逆、反社会和其他严重适应不良的行为。

---

① [美]戴维·谢弗著，陈会昌译：《社会性与人格发展》，人民邮电出版社2012年6月第1版，第475、490页。

你能体会到一个孩子如果没有亲密的玩伴，他该有多孤独吗？没有群体接纳，被群体排斥，他的心理将受到多大的伤害吗？这种孤独感和伤害要远远大于成人没有朋友的孤独感。

不被群体接受的孩子会觉得自己是很差劲的、是很讨厌的、是不正常的，这会对孩子的心理造成很大的伤害。

有证据表明，一旦儿童被拒绝，在同伴群体游戏活动中，其他儿童就开始捉弄或排挤被拒绝儿童。同伴的这种不友好的对待方式会使被拒绝儿童感到抑郁和孤独，使其产生攻击行为来报复，或者在同伴群体和班级活动中表现出退缩行为，以及学业失败。因此，同伴拒绝对不良适应后果的影响似乎超过了儿童在家中经历问题的影响。①

有研究发现，哪怕只有一个比较亲密的朋友也能在很大程度上减轻孩子的这种孤独感和受伤害程度。

朋友和同伴可以给孩子安全感，这会在心理上给孩子巨大的支持。孩子在群体中各方面就能得以正常的发展，来自朋友和群体的这种安全感可以帮助孩子更勇敢地迎接挑战，这种安全感常常比父母的鼓励还有力量。

孩子如果在学校同伴交往良好，就会更喜欢学校，进而促进学业上的发展。

(3)同伴交往帮助孩子各方面能力得以正常的发展。

和同伴交往不但可以培养人际交往能力、解决问题的能力和沟通能力，还可以从同伴身上学到很多在家里学不到的东西。

孔子说："独学而无友，则孤陋而寡闻。"孩子在同伴交往的过程中，会互相影响，互相学习，会了解更多自己所不知道的见闻和经历，开阔视野和思路，修正和调整自己的不足和缺点，有助于孩子社会问题解决技能的提高，并为以后的人际交往奠定基础，帮助孩子更全面、更健康地成长。

从小学中年级开始，同伴的影响就会越来越大。到青少年时期，尤其是青春期，这种影响常常会超过父母，孩子从同伴中学到的往往比从家庭中学到的还要多。

---

① [美]戴维·谢弗著，陈会昌译：《社会性与人格发展》，人民邮电出版社 2012 年 6 月第 1 版，第 490 页。

比如一个常见的现象是，父母说这件衣服好看，让孩子穿，孩子就是不穿；但是如果是他的朋友对他说这件衣服真好看，他就会愿意穿。

父母常给孩子说见了长辈一定要打招呼，要有礼貌，孩子可能一时半会就是做不到；可如果他看到他的好朋友见到长辈后很有礼貌，很热情地跟长辈们打招呼，他就受到影响，以后也会这样做。

父母常给孩子说要好好学习，孩子可能就是听不进去；可当他的好朋友劝他要好好学习，或是他看到他的朋友都在下工夫学习，他就会开始考虑是不是也该开始下工夫好好学习。

每个家庭都会有一些不足，或者是做得不好的方面，交朋友可以弥补家庭教育中的一些不足。

比如某个家庭里的爸爸妈妈都很不擅长于人际交往，孩子就可以在与同伴的交往中，从其他人那里学到一些交往的技巧。

“社会是很大的缓冲系统，不管家庭是否存在这样那样的问题，如果孩子是面向社会的，是愿意在社会上交朋友的，他就会得到补偿，也会得到修整，会通过同龄孩子的行为来修整自己的行为。”①

“三人行必有我师”，鼓励孩子多交朋友，因为每个朋友身上都有不同的优点和经历，都会有些你所不知道的见闻和知识，多一个朋友，就多打开了一扇窗，你就会多了解一个世界，你就会学到更多的东西。

孩子交到“坏”朋友怎么办？

有的家长一定会说：“近朱者赤，近墨者黑”，万一孩子交到不好的朋友怎么办？

其实，孩子在交朋友时也是有选择的，幼儿园的孩子都知道谁是他的好朋友，也知道谁是“坏孩子”，谁最讨厌。小学一年级的孩子刚入学没几天，就会自动地形成一个个小群体，他们自己会选择喜欢的、合得来的、跟自己比较相近的同伴在一起。他们知道谁是老师常表扬的，谁是优秀的，谁是值得大家学习的；谁是老师常批评的，谁是学习或表现不好的，谁是大家讨厌的。一个自认为是个好孩子的

① 李子勋著：《陪孩子长大》，中国广播电视出版社2006年2月第1版，第62页。

学生不会愿意和一个表现不好、大家都讨厌的“坏”孩子交朋友。

幼儿和小学生尚且有这样的分辨力和选择性，中学生和大学生就更加如此了。越大选择性就越高，交合适的朋友就越难，何况交朋友是双向选择的，“物以类聚，人以群分”，“什么人找什么人”，比较相似的，或者有共同的目标、价值观的一类人才有可能成为朋友。

一个对自己有着高评价、高期待、高要求的孩子，即使和“坏”孩子交朋友，他们也不会因此而学“坏”，反而学会了怎么和这类朋友相处。

所以，只要我们平时注重教孩子怎么做人，引导孩子正确评价自己和他人，帮助孩子提高自我认知和自我评价，也就是说应该重在“管”好自己的孩子，而不是整天担心孩子会交到不好的朋友，或者直接干涉和阻止孩子交朋友。

告诉孩子，每个人都有他的优点，都有值得我们学习的地方；“人无完人”，每个人也都有缺点，我们在多交朋友的过程中，可以取长补短，同时吸取别人的经验教训，不让别人的缺点和失误在自己身上发生。

引导孩子不要总想着和比你优秀的孩子交朋友，更不能鄙视学习不好、能力较差的人，要和大家都能来往，因为这个社会就是由各种各样的人组成的；只选择和自己同类型的人交朋友，就失去了很多互相学习、互相促进的机会；从小只会和好孩子、乖孩子来往的人，长大后会比较单纯，也不会灵活地和各种各样的人相处，就会在很大程度上制约他的生活和工作。

怎样引导孩子交朋友?

让孩子有良好的同伴交往，比抓学习重要得多，没有朋友比考试不及格要危险得多。

而当孩子拥有了良好的人际交往能力和较高的情商，会让他们以后在社会上和职场上如虎添翼、游刃有余。

不要认为孩子将来考上大学了自然就知道该怎么和别人交往。人际交往能力一定要从小培养，小时候没有朋友，同伴交往困难的孩子，长大后仍然会人际交往能力差。从孩子两岁起就要开始鼓励孩子尊重、喜欢别的小朋友。

由于孩子们学业的压力，加之独生子女的孤僻性，孩子们在一起玩、交朋友的机会本来就不多，可是还有很多家长以学习的名义干涉和阻止孩子交朋友。

中国青少年研究中心在2005年的调查发现：中小学生最不满意父母的12种

行为中，"限制我交朋友"占21%，排在第四位。由此可见孩子对交朋友的需要。

如果你的孩子是个喜欢与同伴交往，朋友比较多的人，不要阻止他，告诉孩子交朋友是好事，但要注意分寸，把握好自己的时间，毕竟交朋友不是生活的全部，还有很多重要的事要去做。

如果你的孩子性格孤僻，不擅交朋友，就要想办法鼓励孩子多交朋友。比如和有孩子的家庭结伴旅行，邀请小朋友到家里玩，鼓励孩子去参加同伴的集体活动等等。让孩子慢慢来，不用整天强调，更不能强迫孩子去交朋友，因为越是急于交到朋友，就越交不到朋友。

在学校的同伴交往够吗？

很多家长会认为，孩子一天大部分时间都在学校，都可以和同学交往，完全可以培养孩子的人际交往能力。

那么那些走上社会后人际交往困难，以及由此引发的有心理问题的人，他们哪个没上过学呢？而且他们当中更多的是具有高学历的人。

孩子虽然在学校的时间长，但绝大部分时间是在课堂上，即使在其他时间，那些不爱交往的孩子还是愿意一个人待着，那些被同伴排斥的孩子，也仍然还是在群体之外。

在学校跟同伴接触远远不足以保证孩子正常的人际交往能力的发展，要能跟同伴融洽地相处那才能算是正常的人际交往状态。

什么样的父母能培养出受欢迎、人际交往能力强的孩子？

其实很多家长都知道同伴交往对于孩子成长的重要性，他们理解孩子没有朋友的苦恼和孤独，那么为什么有的孩子的交往能力强，更受同伴欢迎，有的孩子就被同伴排斥和拒绝呢？

我们先来看看什么样的孩子更受同伴欢迎？什么样的孩子常常被同伴排斥？

在同伴群体中更受欢迎的孩子常常具有以下特点：友好的、关爱的、合作的、对同伴有同情心、能理解别人的感受、能采纳别人的观点、不强迫别人。

被同伴群体拒绝和排斥的孩子一般都具有如下特征：易冲动、攻击性强、自私、固执、不考虑别人的观点和感受。

有很多证据可以证明好的（或不好）的同伴交往通常始于家庭。孩子学习人际交往首先是从家庭开始的，父母与孩子的关系模式是孩子与他们建立关系的基础。

如果父母是专制的、控制性的、经常命令和指责孩子、不够尊重孩子、对孩子管得很严，同时又溺爱孩子，那么孩子在人际交往中也会不懂得尊重别人，不会合作，自私，攻击性较强，缺乏社交技能，常常被同伴拒绝。

如果父母关爱孩子、尊重孩子、家庭氛围民主宽松，孩子能有更多的人际交往活动，父母给孩子讲道理，而不是经常用强权来控制孩子的言行，这样的父母教育出来的孩子常常更受欢迎，他们会把在家庭中习得的好的人际交往模式带到同伴交往中。其实成长在这样家庭环境中的孩子也常常更有魅力，更吸引同伴。

第五章

父母放松点，才更有利于培养健康人格

所有的人都在强调家庭教育的重要性，那么父母们就应投入更多的精力，对孩子管得更严吗？其实，恰恰相反，家庭氛围宽松点，父母更轻松，孩子也发展得更好，全家更幸福。

1 最有利于培养健康人格的家庭氛围

宽松好还是严格好？

我们常说“人是环境的产物”，或者说“环境塑造人”，孩子在怎样的环境和家庭氛围中长大，其身上就会深深地带着这个家庭的特点和烙印。

家庭氛围是一种潜移默化的、非常强大的力量，家庭氛围不但影响着孩子人格和心理的健康，以及性格的形成，也决定着孩子日后取得成就的大小。

什么样的家庭氛围最有利于孩子的健康成长？是宽松好还是严格好？

我们不妨先来看一个对微软亚洲研究院的科学家们的家庭教育研究报告。

微软亚洲研究员的工程师们是在经过层层严格、近乎苛刻的考核挑选出来的，他们很多都是计算机领域世界一流的科学家，他们常被人们当作聪明、成功、快乐和富有的典型。他们从小成长在怎样的家庭环境？受到了怎样的家庭教育？父母对他们的成长有什么影响？

人民日报社的凌志军先生对他们进行了长久而细致的参访和研究，他采访了微软公司的 90 多人，他把研究的焦点集中在 30 个人身上，他们是微软亚洲研究员 170 个研究员和工程师中最富有特色的一部分，他们分别出生在 50 年代、60 年代、70 年代和 80 年代。

凌志军先生把研究成果集结成书，在书中记录了这样一个发现①：

有 27 个人，也即 90% 的部分，是在“宽松家教模式”中成长起来的，只有三个人经历了“严格家教模式”，但这三个人都是最杰出的——李开复、张亚勤和沈

① 凌志军著：《成长比成功更重要》，陕西师范大学出版社 2012 年 8 月第 3 版，第 128—129 页。

向洋。

三个“严格家教模式”的案例全都发生在20世纪70年代，自从80年代以来，便再也没有出现过一例。

三例“严格家教模式”仅仅应用在孩子的童年时代。三个孩子全都在12岁以前开始了独立生活，也脱离了家庭的近距离管教。

这30个人——不论是在“严格家教模式”还是“宽松家教模式”中成长起来的，全都表示自己喜欢宽松的成长环境。其中那些已经有了孩子的人，全都对那种强迫式教育深恶痛绝，并且声明，自己将以更宽松更开明更平和的态度对待孩子的教育。

我们再来看看大数学家陈省身的家庭教育①：

陈省身获得过最高学术荣誉，被称为是“微积分几何之父”，还被认为影响了数学和物理学的走向。

他的子女都继承了他过人的智商，但都没有子承父业。他从不逼迫他的子女继承他的事业，他认为“儿孙自有儿孙福”，不要太为孩子们操心，加太多压力就成了负担，他教育孩子们要好好学习，但并不严格要求他们，他建议孩子们要根据自己的兴趣和特长走，并不是一定要读书才好，结果孩子们也都做得很好。

女儿陈璞十几岁就从加州大学伯克利分校拿到了物理学的学士学位，后又获得了经济学博士学位，还创办过银行。陈璞在接受《中国青年报》记者参访时说：“他在家里的时候，其实对小孩都是很放纵的。他觉得没有必要给孩子们管制，让我们自由发展。”

陈璞说，陈省身自己小时候就没有人约束，完全是自由自在地成长。

我在研究中发现，很多取得过较大成就的人从小都生活在一个比较宽松的家庭氛围中，没有谁是父母硬逼着他成才的，没有谁是在父母的打骂和严厉管教下成才的。

最利于孩子成长和发展的家庭氛围

几乎所有的家庭教育研究者都在强调“家庭教育的重点是培养健康人格”，怎

---

① 张国：《数学大师的家教智慧》，《中国青年报》2011-11-7。

么培养健康人格呢?

其实最好、最简单的办法就是营造温暖、民主、宽松的家庭氛围。

家长对孩子不苛求,孩子的自我接纳程度就更高,心理就会比较健康,其他各方面也会得到正常和健康的发展。

温暖是指家庭成员之间要互相关爱,这样的家庭就是温暖的,就是充满欢乐的,孩子在这样的家庭氛围中长大,孩子的内心就是安全的、幸福的,这是孩子得以健康成长的前提。

民主就是要尊重孩子的人格,尊重孩子的意愿和兴趣,不把自己的意志和想法强加给孩子,不随便指责、否定和打骂孩子,和孩子平等地商量和沟通。

宽松是指不要对孩子管得过严、过多,孩子需要足够多的、自由自在的玩耍,孩子需要接触更广阔的世界,要给孩子自由的空间和时间,允许孩子做自己喜欢的事。

孩子本应是天底下最无忧无虑,最快乐的人,可如果父母对孩子要求太多、太严,而孩子的能力有限,这就会给孩子造成很大的心理压力。再加上孩子没有自由玩耍的时间,没有放松的时间,没有可以自己支配的时间,不能做自己喜欢的事,是一个不能自主,没有足够自由的人,其人格和心理就难以健康发展。

比如从小对孩子要求过于严厉,孩子长大后很容易出现强迫症、焦虑症甚至是抑郁症,对自己和别人都过于苛刻,总是不由自主地会纠结于一些琐碎的小事,让自己疲惫和痛苦不堪,还有一些人会有其他一些怪癖,等等。

(1)温暖、民主、宽松的家庭氛围有利于孩子早日独立自主。

家庭氛围温暖、民主、宽松,孩子才能学会独立,才能体会到自己要为自己负责,最终才能自立。

对孩子管得太严,要求得过多,孩子就会把注意力都放在如何应付父母,如何欺骗父母上,就会太过在乎父母的意见,而没有自己的想法和追求,他一生都会被套在父母为他设置的圈里,难以迈出来,这样的孩子注定是没有前途、没有希望的。

不要对孩子要求得太严、管得太多,不要担心这样孩子就会学坏,就会不懂得上进。只要家庭氛围健康,父母做好榜样,注重教子做人,孩子就不会学坏,反而学会了自主、自律和自立;对孩子管得太多、太严才会把孩子逼坏。

(2)温暖、民主、宽松的家庭氛围最有利于孩子的社会化和全面发展。

孩子各方面能力的发展(如人际交往能力、动手能力、解决问题的能力等),以及生活经验的积累,都需要孩子亲自去参与和体验。这就需要给孩子一个宽松的环境,让孩子去接触丰富多彩的生活。整天被关在家里面长大的孩子和整天被逼着学习的孩子,将来一定会缺乏社会经验、能力也比较差,甚至难以适应社会。

(3)温暖、民主、宽松的家庭氛围有利于孩子形成乐观、积极、开朗的性格。

我的一个朋友对这一点体会非常深刻:

好友从小生活在一个比较民主、相互尊重、互相关爱的家庭,一家人在一起时总是说说笑笑,讨论各种问题,相互逗乐,开玩笑,家庭氛围融洽、和谐。在这样的家庭氛围中,她形成了开朗、阳光、乐观、活泼、积极的性格,富有责任心和进取心,兴趣广泛,乐于交友。她上大学时勤奋好学,成绩优秀,还积极参与和组织学校的各种活动,是很多社团和活动的主要负责人。

她的先生性格比较严肃,总是不苟言笑,不善言谈,脾气不好,遇事习惯抱怨和指责别人。好友告诉我,她每次去先生的父母家,感觉到气氛都比较严肃,大家都各做各的事,很少在一起聊天说笑,经常会听到他们之间互相指责,或发脾气。

她说她终于明白了她的先生为什么会有这样的性格,也深深地体会到了家庭氛围对人的性格的影响。

人的性格形成受家庭的影响最大,家庭氛围温暖、民主、宽松,孩子的性格也会比较自然、乐观、合群、开朗。

(4)温暖、民主、宽松的家庭氛围才能培养出符合当今社会和未来社会的人才。

现在的社会以及未来的社会越来越需要有创新能力、有创造性、有个人魅力的人,如何培养这样的人?

乔布斯就是一个个性鲜明,极富有创造力的人,他是在怎样的家庭氛围中长大的呢?

乔布斯从小就非常任性。幸运的是,他的养父母并没有觉得这是个令人非常恼火的问题,他们没有用成人的威严去残酷地打压孩子的个性,而是愿意竭尽全力地去适应儿子,给儿子良好的环境。用乔布斯的话说:“父母都很了解我,他们意识到我的不同寻常之后就有了很强的责任感，想尽办法让我学到了更多东西，送我去上好的学校。他们愿意满足我的需求。”①

《好好做父亲》一书里这样说：

作为一个父亲，保罗对乔布斯的成长起到了两个关键性作用：一是通过关爱、支持、接纳与宽容使乔布斯形成了鲜明个性，这是他创造力的重要基础；二是通过父子俩的许多共同活动，尤其是手工、实验等动手操作的活动发展了乔布斯对设计、艺术的完美追求。

没有父母的接纳、宽容和支持，就不会有日后闻名于全世界的创新天才乔布斯。

陶行知说：“创造力最能发挥的条件是民主。”孩子在温暖、民主、宽松的家庭氛围中才能充分地展示自我，发挥想象力和创造性，做自己感兴趣的事。而严格、专制的管教只会一点点消磨掉孩子的创造力、主动性和个性，只能培养出一个听话的“奴才”，不能造就有创造精神的人才，严格、专制的教育方式一定会越来越受到摒弃。

另外，温暖、民主、宽松的家庭氛围是孩子的天赋和特长得以发展的最佳土壤，我将会在《同一个孩子，可以成为天才也可以成为蠢材》一篇中详细介绍。

由此看来，温暖、民主、宽松的家庭氛围最有利于孩子的成长和成才，但我们又不得不面对一个事实，那就是有时候必须得对孩子进行必要的约束和限制，必须要让孩子服从一定的原则和规则，太过宽松和放纵也会使孩子缺乏安全感，出现的问题行为会更多。这时我们又该怎么办呢？民主、宽松的氛围还能坚持吗？

其实这二者并不矛盾，因为家庭氛围是稳定的，常常是固定不变的，但具体的教育方式和方法可以变，我们应该在坚持温暖、民主、宽松的家庭氛围中寻求合适的教育方式。

那到底什么时候该严，什么时候该松呢？怎么把二者结合起来呢？什么是最好的教育方式呢？请看下一篇：《最有利于培养健康人格的家庭教育方式》。

---

① 孙云晓、李文道著：《好好做父亲》，中信出版社2012年12月第1版，第8页。

2 最有利于培养健康人格的家庭教育方式

家庭教育的方式决定着亲子关系的质量，更直接决定着家庭教育的效果，对孩子健康人格的养成和性格的形成具有至关重要的作用。

哪种教育方式最好?

常见的家庭教育方式有哪些？学者和研究者们提出了很多不同的分类方式，在这方面最广为人知的研究可能要数美国心理学家戴安娜·鲍姆琳德对学前儿童及其父母所做的早期研究了。

鲍姆琳德发现，每个家长一般都会用到以下三种教养方式中的一种①：

专制型教养方式：严格限制的教养方式。父母设定很多规则，要求孩子严格遵守，很少（即便有过）向孩子解释为什么遵从这些规则是必要的，而且经常运用惩罚、强制策略（如宣示权利、收回关爱）以获得顺从。专制型父母对孩子所持的与自己相左的观点不敏感，而是期望孩子把自己的话奉为金科玉律、尊重自己的权威。

权威型教养方式：既有控制又有变通的教养方式。父母通常会对孩子提许多合理的要求，他们会认真地说明为什么要服从他们所设的限制，并确保孩子遵从这些原则。不过，与专制型的父母相比，权威型的父母对孩子的观点更为接纳、反应更为敏感，而且在家庭决策中还常常寻求孩子的参与。可见，权威型的父母对孩子施加控制的方式理智、民主（而非严厉、专制），赏识并尊重孩子的观点。

---

① ［美］戴维·谢弗著，陈会昌译：《社会性与人格发展》，人民邮电出版社2012年6月第1版，第395页。

放任型教养方式:接纳但过于宽松的教养方式。父母很少对孩子提要求,允许孩子自由表达自己的感受和欲望,不会密切监控孩子的活动,对他们的行为也很少进行严格的控制。

鲍姆林德发现,权威型父母的孩子成长得最好。他们快乐、有社会责任感、有成就导向、乐于跟成人和同伴合作。相反,专制型父母的孩子容易喜怒无常、常常闷闷不乐、易激怒、不友好、做事无目标,一般不太讨人喜欢。放任型父母的孩子通常冲动而富攻击性,男孩尤其如此,他们专横跋扈、自我中心、缺乏自我控制、独立性差、学习成绩糟糕。

我国的很多专家和学者对家庭教育方式也提出了很多种分类,以下这种是比较常见的分类方式:

溺爱型:把孩子摆在高于父母的位置,对孩子照顾得过于精细,保护和替代过多,过多地满足孩子的各种愿望。

否定型:家长对孩子管教比较严厉,对孩子要求、批评和指责过多。

放任型:对孩子的要求和约束很少,给孩子的自由过多,对孩子的引导和教育过少。

专制型:对孩子的日常生活、学习、兴趣、交友等管得过多,对孩子的包办和替代过多,不够尊重孩子的意见和想法,经常要求孩子按自己的意见办。

民主型:尊重和信任孩子,和孩子平等地交流,给孩子适当的自由和空间,也给孩子适当的要求和及时的引导。

调查研究表明,民主型是最好的教育方式,其他类型都会引发各种各样的问题。

为什么权威型教育方式最好?

为什么权威型父母(或者说民主型)的孩子在各方面都发展得更好呢?

那是因为权威型的父母给孩子足够的关爱,同时也给孩子必要的限制和引导。

接纳孩子,给孩子足够的关爱,孩子的人格才能健康发展,这种亲情的力量会成为孩子积极进取的动力,但爱孩子不等于无条件满足孩子,必须要教育和引导孩子,帮助孩子社会化。给孩子设定标准和规则,孩子才能规范自己的言行,没有限制和引导,孩子同样会缺乏安全感,孩子会难以自控,缺乏道德是非观念,缺乏成就动机和成就目标。

权威型的父母是怎么管孩子的呢？权威型的父母懂得尊重孩子，在给孩子设立规则时，会给孩子讲道理，给孩子说明为什么一定要这样做，使道德和规则真正内化，引发孩子自觉地服从。

如果给孩子限制和引导过多，就会束缚住孩子的手脚，限制孩子的发展，还会影响孩子的心理健康和人格的健康发展，使孩子难以自立。

权威型的父母对孩子既有控制又有变通，他们不会给孩子过多的限制，会考虑孩子的实际情况（如孩子的能力和个性），也会考虑孩子的意见，使得限制和引导更合理，更适合孩子，孩子也更愿意服从。尊重孩子的兴趣和选择，给孩子自由成长的空间，"该出手时才出手"。

我们应该怎么做？

什么时候该管，什么时候不该管？什么时候该严，什么时候要松？

我们应把握住这样一个原则，教孩子做人要从严，学习和兴趣要从宽。

教孩子做人不仅仅是指不要危害他人，还应培养孩子具有一些好的道德品质，比如诚信、责任心、勤奋等。我们在第一章中就强调，教孩子做人是家长的主要任务，在这方面为孩子把好关，孩子长大以后走到哪里你都可以放心，不管做什么都不会有问题。

学习和兴趣以及其他方面都可以从宽，在这些方面给孩子空间，孩子反而会发展得更好。

逼着孩子整天埋头苦学，结果肯定学不好，孩子感受到的只有痛苦和压抑，而且还埋没了孩子其他方面潜能的发展。只要孩子具有健康的人格和良好的道德品质，孩子自己会找到适合自己的路。也只有这样，孩子才能做得更好，才能更接近成功。

3 同一个孩子，可以成为天才也可以成为蠢材

你想把孩子塑造成什么样，孩子就能成为什么样吗？

孩子一生下来就是一张“白板”吗？你想把他塑造成什么样他就能成为什么样吗？

行为主义心理学的创始人约翰·华生就这样认为，他及其他学习理论家把新生儿说成是一块“白板”，可以在上面涂鸦，究竟往哪个方向发展，完全取决于父母怎样养育他。

可是后来的很多研究者与他的观点迥异，有的认为人的发展是遗传基因和后天环境，以及教育共同作用的结果，还有的认为孩子的天性会影响着他的父母怎样教育他。

到底谁的观点更准确？

我们来认识这样一对双胞胎①：

托马斯·包查尔德等人研究过30多对分开抚养的同卵双生子（他们的基因型完全匹配），他们在不同的家庭环境中长大。奥斯卡·斯托尔和杰克·尤菲就是其中一对。

奥斯卡生活在纳粹统治的欧洲，由其母亲抚养长大，是一位天主教徒。在二战期间他参加了希特勒青年运动，现在是德国一家工厂的管理人员。

杰克，一家商店的主人，在地球另一边的一个加勒比海国家的犹太家庭长大，

---

① ［美］戴维·谢弗著，陈会昌译：《社会性与人格发展》，人民邮电出版社2012年6月第1版，第89页。

十分憎恨纳粹分子。现在杰克是一位政治自由人士，而奥斯卡则非常保守。

奥斯卡和杰克在某些重要方面有差异。一个更自信、外向、更具攻击倾向，或许他们信奉的宗教或政治信仰不同。但更值得注意的是，这些同卵双生子都显示了许多惊人的相似性。比如，杰克和奥斯卡都在运动方面特别出色，都不擅长数学。他们有相同的怪癖，都有点心不在焉等等。

看完这对双胞胎的故事，你觉得到底是天性影响大还是后天的教育影响大？

现在的研究者还难以给出一个非常准确的答案，但可以肯定的是天性和教育都在相互影响、共同起作用，不能忽视其中的任何一个。

我们每个人的遗传基因都是不同的（同卵双生子除外），人和人之间天生就存在着差异，甚至是刚出生不久的婴儿，就能看出他们在气质和个性上的不同，比如一个更爱哭，另一个则比较安静。

这些能说明什么呢？我就是想告诉大家，每个孩子天生就不一样，基因决定了我们之间的差异，有些天性是与生俱来的，不是我们想把孩子塑造成什么样，孩子就能成为什么样的，即使你再用尽全力，你也难以改变孩子的天性。

家庭教育要为孩子量身定做

《论语》中有一个著名的关于因材施教的典故：

有一次，孔子讲完课，学生公西华给他端上一杯水。这时，子路匆匆走进来，大声向老师讨教："先生，如果我听到一种正确的主张，可以立刻去做吗？"孔子看了子路一眼，慢条斯理地说："总要问一下父亲和兄长吧，怎么能听到就去做呢？"

子路刚出去，另一个学生冉有悄悄走到孔子面前，恭敬地问："先生，我要是听到正确的主张应该立刻去做吗？"孔子马上回答："对，应该立刻实行。"

冉有走后，公西华奇怪地问："先生，一样的问题你的回答怎么完全相反呢？"孔子笑了笑说："冉有性格谦逊，办事犹豫不决，所以我鼓励他临事果断。但子路逞强好胜，办事不周全，所以我就劝他遇事多听取别人意见，三思而行。"

每个孩子的天性不同，那么对每个孩子的教育方法就应不同。在一个孩子身上产生良好效果的教育方式，用到另外一个孩子身上有可能就是悲剧。有人说"孩子是脚，教育是鞋"，教育方法要去适应孩子，为孩子量身定做。

这方面的研究雄辩地证明：当父母成功地适应了他们的孩子的时候，儿童才可能成长得更好，因为在父母教养方式和子女人格特点之间形成了良好匹配。①

在卢梭看来，我们每个人都是由三种教师培养的，即天性、教育和环境。如果三者和谐一致就是良好的教育。三者关系如何协调？卢梭坚持应以天性本能来做教育的指引。

无视孩子的天性和自身成长的规律，这样的教育肯定是困难重重的，矛盾重重的，是会让你筋疲力尽的，也从一开始就注定了必然是失败的。

不要把你的想法和你的规划强加给孩子，如何教育孩子，不能全凭自己的臆想，我们在教育孩子之前，首先从观察和倾听孩子开始，看看孩子是什么气质类型的，有什么样的性格特点，有哪方面的天赋和兴趣，有什么缺点和不足，接纳和尊重孩子的天性，然后再考虑该采取什么样的教育方法。

既然了解孩子是教育好孩子的前提，那么你了解你的孩子吗？

你了解你的孩子吗？

认真地思考下面的几个问题，试着写下来，一定会帮助你更好地了解你的孩子。

(1)我的孩子有什么优点？

______________________________，

______________________________，

______________________________。

(2)我的孩子有什么缺点和不足？

______________________________，

______________________________，

______________________________。

(3)我的孩子的性格中还有哪些显著特点？

______________________________，

______________________________，

______________________________。

---

① ［美］戴维·谢弗著，陈会昌译：《社会性与人格发展》，人民邮电出版社2012年6月第1版，第520页。

(4)我的孩子都喜欢做些什么？(或者他对哪些方面比较有兴趣？)

____，

____，

____。

(5)我的孩子不喜欢做哪些事？

____，

____，

____。

(6)我的孩子比较擅长哪些方面？

____，

____，

____。

(7)我的孩子最不擅长哪些方面？

____，

____，

____。

在你对以上几个问题的思考和整理的过程中，你会发现你对孩子的了解更加准确、清晰和全面了，你的教育能力也已经在不知不觉中有了很大的提高。

我们都知道了解孩子是教育好孩子的前提，如果您很好地了解了孩子，你就已经正确地迈出了第一步，接下来更重要的是接纳和尊重孩子的天性，如果没有接纳和尊重，你就是了解得再清楚也没用。

没有谁的个性是完美无缺的，也没有谁的个性是一无是处的，任何一种个性都有两面性，有好的一面，也有不好的一面，关键要看是充分发挥自己个性中的长处，还是固着于自己的短处，而这主要取决于父母的态度。

好的父母首先会接纳孩子的个性，然后根据的孩子的性格特点来选择自己的教育方式，因材施教，因势利导，顺势而为。

在家庭教育中，如果家长能根据孩子的性格、兴趣和能力因材施教，孩子一定会乐于接受，亲子关系温暖和谐，家长“顺水推舟”，也会倍感轻松自如，教育效果更会事半功倍，孩子将来一定会发展地更好、更成功。

因材施教更重要的意义还在于，能最大限度地发展孩子的天赋，让孩子的潜能得到充分地发挥。

发现了孩子的兴趣和特长,就已经成功了一半

发展心理学家、美国哈佛大学教授霍华德·加德纳,提出了著名的“多元智能”理论,引起了世界范围内的广泛关注,得到了教育界人士的高度评价。

根据加德纳的多元智能理论,我们每个人都同时拥有相对独立的八种智能,即:语言智能、数学逻辑智能、音乐智能、身体运动智能、空间智能、人际关系智能、自我认识智能和自然智能。

但每个人身上的八种智能在现实生活中是以不同方式、不同程度有机地组合在一起。正是这八种智能在每个人身上以不同方式、不同程度组合,使得每一个人的智能各不相同,各具特点。

比如有的孩子身体运动智能强些,语言智能弱些;有的孩子数学逻辑智能强些,音乐智能弱些,等等。

值得注意的是,我们往往只重视语言能力和数学逻辑能力的培养,把语文课、数学课、英语课等课程称为“主课”,把体育课、音乐课、美术课等课程叫做“副课”,殊不知,孩子的潜能很可能就隐藏在那些“副课”当中。

我们要善于观察,尽早发现孩子的闪光点、兴趣喜好和能力倾向,这样才能更有针对性地、正确地引导孩子的发展发向,帮助孩子发展其特长。

教育专家孙云晓对此也说得非常好,“天才就是选择了适合自己的路,蠢材就是选择了不适合自己的路。”

对于孩子未来的发展来说,发现了孩子的兴趣和特长,就已经成功了一半。

怎样发现孩子的天赋和特长?

人只有在自己最喜欢、最擅长的事情上才容易取得成功,只有在自己热爱的事业上才能调动自己最大的激情,才能充分发挥自己的特长和聪明才智,才能取得大的成就。

爱因斯坦有一句名言:每个人都身怀天赋,但如果用会不会爬树的能力来评判一只鱼,它会终其一生以为自己愚蠢。

让一个喜欢文学和艺术的人去研究高等数学或去做财务工作,他一定不会做出成绩,这种工作对他来说简直就是折磨。

有的家长可能会说，我的孩子没有哪方面表现得比较突出，我怎么发现孩子的特长和天赋呢？

我们来看看股神巴菲特的教子智慧：

父母唯一应为孩子做的就是找到孩子的热情所在，并鼓励全力以赴地去追求，并发挥得淋漓尽致。找出热情所在是一个辛苦又玄奥的过程，需要很大的自由空间，父母若施加压力只会适得其反。父母只要告诉孩子做选择时不要考量地位或收入，要问心中的真诚和共鸣。①

其实只有孩子知道自己真正喜欢的是什么，在干什么的时候最快乐，最能忘我和不知疲倦地投入，只有孩子自己最清楚。孩子的兴趣是孩子自己找到的，不是家长安排的，我们无法强迫孩子爱上一个事物，就如同我们无法让一个人爱上另一个人一样。家长越是功利地、严格地、急迫地想培养孩子一个兴趣和特长，只会加速了孩子从内心里对这个事物的反感和抵触。

家长能做的就是给孩子一个温暖、民主、宽松的家庭氛围，让孩子自由地展现，家长在背后悄悄地观察，然后尽己所能给孩子的兴趣提供最佳的发展环境，祝孩子一臂之力。

只有在宽松、民主的家庭氛围中，孩子才有机会接触和体验到更广阔的生活，才有机会发现自己的兴趣和喜好；只有在宽松、民主的家庭氛围中，孩子才能去做他想做的事，他的能力才能得以锻炼，天赋和特长才能得到发展和发挥。

只有在宽松、民主的氛围中，孩子才能展现自己的内心，才能去追求自己的喜好和理想，才能真正地调动他的主观能动性，才能取得较大的成就。

诺贝尔文学奖获得者、中国作家莫言，于当地时间 2012 年 12 月 7 日 17:30，在瑞典文学院的报告大厅举行诺贝尔文学奖演讲，题目是“讲故事的人”，他讲了这样一件事让人印象深刻：

有一段时间，集市上来了一个说书人。我偷偷地跑去听书，忘记了她（母亲）分配给我的活儿。为此，母亲批评了我。晚上，当她就着一盏小油灯为家人赶制棉衣时，我忍不住地将白天从说书人那里听来的故事复述给她听，起初她有些不耐烦，因为在她心目中，说书人都是油嘴滑舌、不务正业的人，从他们嘴里，冒不出

① 引自李开复的新浪微博：http://weibo.com/kaifulee。

什么好话来。但我复述的故事，渐渐地吸引了她。以后每逢集日，她便不再给我排活儿，默许我去集上听书。为了报答母亲的恩情，也为了向她炫耀我的记忆力，我会把白天听到的故事，绘声绘色地讲给她听。

我母亲在听完我的故事后，有时会忧心忡忡地，像是对我说，又像是自言自语："儿啊，你长大后会成为一个什么人呢？难道要靠耍贫嘴吃饭吗？"

尽管母亲认为说书人都是些油嘴滑舌、不务正业的人，尽管家里生活困难，每一个劳动力都非常重要，尽管母亲对莫言的"耍贫嘴"忧心忡忡，但孩子喜欢，她便不给孩子安排活，默许孩子每个集日都去听书。莫言调侃说是因为自己讲的故事吸引了母亲，其实我们知道在那么生活艰难，吃了上顿没有下顿的情况下，母亲哪还顾得上听书，只是不愿意打击孩子罢了。

而就是这些早年听书的经历，极大地丰富了莫言的创作素材，也在一定程度上影响了他的创作风格。直到获得诺贝尔文学奖，他还认为自己只是个讲故事的人。

再来看看华裔青年林书豪的故事（据《金陵晚报》2012 年 2 月 20 日）：

林书豪在美国篮坛掀起了一阵风暴，在美国引起了轰动，更让大家惊奇的是林书豪学习也非常棒，他毕业于美国哈佛大学。林书豪所取得的成绩跟他的家庭教育和父母对他的支持密不可分。

林书豪的父母让孩子去发展自己的兴趣，而不是逼迫孩子按家长的意愿发展，只要完成作业，只要不影响学习，就可以自由地打球。当林书豪哈佛大学毕业时，他的父母接受了儿子要去闯 NBA 而不是去读 MBA 的决定，并且给了坚定的支持。

林书豪说："在我成长的过程中，我妈妈的一些朋友会告诉她说，让我打篮球是浪费时间。她受到批评，但是还让我打，因为她看到我打篮球时很快乐，她希望我快乐，所以支持我所做的事情。有意思的是，我进入哈佛以后，那些过去批评我母亲的朋友反而来问她，他们的孩子应该做什么运动才能进去哈佛。"

很多成功人士在谈到自己小时候的成长环境时都会这样说："我从小生活在一个比较宽松的家庭氛围中，我可以去做我喜欢的事。"也正因为如此，他们的最初的兴趣后来发展成了自己的事业，成为他们日后取得成功的最初动力和主要原因。

想让你的孩子将来更有出息、更成功吗？那就常对孩子说："孩子，你喜欢做什么，就去做吧，只要不危害别人就行。"

那些成长在专制的、严格的、紧张的家庭氛围中的孩子因为不能更广泛地、更自由地接触生活，往往都知识面狭窄，缺乏生活经验，能力较差，他们不能自由自在地去做自己喜欢的事，其优势潜能在这样的家庭氛围中几乎被埋没殆尽。

家长要允许孩子去做自己喜欢的事，不能因为你不喜欢，对提高成绩没有用，或者你认为没有价值，就反对和阻止孩子。任何事情，只要不危害别人，只要孩子用心地去做，就一定是有价值的。在你看来暂时没有太大价值的事物，将来却很有可能创造出很大的价值。允许孩子去做自己真正喜欢的事，最不济，至少可以让孩子感到快乐和有趣，至少可以培养孩子的自信，而这比什么都有价值。

我们不但不应干涉孩子的喜好，还应多创造机会，多带孩子到各种场景中去感受、体验和尝试，帮助孩子发现的自己兴趣和天赋，发展孩子的特长。哪怕孩子只喜欢玩，我们也可以通过观察孩子在玩中的表现，来评估孩子的能力倾向。比如你可能会发现孩子的动手能力比较强，或许是身体运动能力比较强，也可能会发现孩子的人际交往能力比较强。

4 越有个性，未来越成功

凡是有成就的人都是有个性的人

有个性好还是不好？

古往今来，凡是有成就的优秀人才几乎都是个性突出，在某一方面有强烈的兴趣和追求的人。

有个性的人，才有个人魅力，才有自己的想法和追求，才能过上自己想要的生活，身边才能吸引更多的朋友，才有自己完整而独立的人格。

相反，没有个性的人一定没有个人魅力，没有自己的看法和主见，只知按别人的要求去做，听别人的话，总觉得别人的看法比自己的好，他不会在自己的行业里干得有声有色，也一定不能开创出自己热爱的一番事业。没有个性的人其实是一个没有独立人格的人，一个不完整的人，一个了无乐趣的人，也是一个难以幸福的人。

一个人如果没有自己独立的人格和个性，没有比这更失败、更糟糕的了。

拥有自己的个性，不是让你故意标新立异，故意跟大家不一样。所谓“君子和而不同”，有个性首先是说要有自己独立的人格，有自己的人生观和世界观，有自己的喜好和追求，是个敢于做自己的人，是个堂堂正正、完完整整的人。而不是只知按别人的要求去做，走别人规划好的路，说别人给你灌输的话，什么事都习惯听别人的意见，习惯去依附和讨好别人。

没有个性的人在过去可能会比较受欢迎，因为他们听话。但这种人在当今社会和未来社会一定不受欢迎，未来社会需要的是有独立个性、有特长、有梦想、有爱好、有创新意识，身心机能得到最大发挥的人。

作家有自己独特的写作风格，才会吸引更多的读者；教师要有自己的教学特色，学生才喜欢，教师才能发展；企业的领导有创新意识，企业才能发展；设计师要能设计出新颖的、有创意的、独具一格的产品，才能在市场上大受欢迎；歌手、主持人要有自己的风格和特色，才会走红；饭店要有自己的特色菜，才能招揽更多的顾客……

那些谁干都一样、机械性的工作迟早会被机器取代，那些缺乏创造性和创新意识、没有个性的人迟早会落伍。

教育是为了促进人的发展。北京理工大学文学院教授、著名教育和文化学者杨东平教授说："教育最重要的功能是人的自我发现和自我实现，是个性的充分发展。"

学校是培养个性的地方吗？

我们现在的学校教育能培养出具有独立人格和个性的人才吗？

一个叫林爻的家长在《中国青年报》(2012 年 10 月 10 日)上发表了一篇题为《6 年后我将收获怎样一个孩子》的文章，引起了媒体和社会的广泛关注和讨论，相信大家看完后也会深有同感。

文章的部分内容如下：

我用了 6 年力图把女儿培养成"她自己"，告诉她每个人都是"独一无二"的，既不妄自菲薄，也不妄自尊大，让她慢慢明白"你有你的好，我有我的好"。

但是，刚刚过去的这一个月，我的这个理念受到了根本性的挑战。

几十年前，自己也曾经是一名小学生，知道学校里最大的规矩就是整齐划一，几十年过去了，我们这个社会到处都在张扬个性，依此推断，现在的孩子即使不能张扬，至少也不至于被压抑。

没想到仅准备学具一项，就给了我们一个下马威。开学第一次家长会结束后，老师给了一份极为详尽的 PPT，对买什么样的本、笔、文具袋、文件袋、舞蹈鞋等都作出了详细的规定，对每一本书、每一个本包什么样的皮，包多厚的皮，名字写在哪里，用什么方式写也都规定得一清二楚。

那个周末我们奔波在家附近的几个大超市和批发市场里，采购着老师开列的各项用品，一项项地落实。

没想到，很多孩子的用品都不合格，也包括我女儿。

那天回来，女儿着急地怪我："为什么不给我买一双白色的舞蹈鞋？"

因为女儿一直在学舞蹈，家里有好几双规范的芭蕾舞舞蹈用鞋。怎么会不合格？

女儿说，老师交代了一定要买白色的，前面是宽宽的松紧带而不是细鞋带的。

"又不是上台表演，平时上课用，有必要这么统一吗？"几天的奔波焦躁，让舞蹈鞋成了丘垮我的"那根稻草"。"就穿这个，不用非得换。"我生硬地对女儿说。

女儿没出声，我转身一看她的眼睛里充满了泪水，脸上写着焦急和恐惧，小声对我说："有小朋友已经挨批评了。"

我怎么可能让刚刚上学的女儿因为这点儿小事就受到责备，怎么能让她这么无助？！

我立刻起身带着女儿到老师推荐的商店去买了合乎要求的舞蹈鞋。

女儿的心情平复了，但是我却异常难受，我不停地问自己：是我错了吗？

……

再过6年，这所名牌小学能还给我一个充满创造性的孩子吗？

这些年社会舆论不是一直在讨论如何培养孩子的创造性吗？可是你去小学里听听课就能发现：下课会有人喊，去喝水上厕所了，大家听令而出；上课都把小手交叉放在课桌上；回答问题都把手举得一样高；打开书包所有孩子的书皮都一模一样；所有的铅笔都是2H的，连笔尖都要一样的粗细；连书皮上的名字都要一种式样写在同一方位……

如此的整齐划一，6年后，我的女儿怎么可能不像流水线上的产品？！

……

再过一个6年，我会收获一个怎么样的孩子？

现在，我有些恐惧了。

看完这篇文章我想起了一个非常形象的漫画，画的是进学校前有的学生是三角形的脑袋、有的是圆形的脑袋、有的是不规则图形的脑袋等等，但当他们从学校走出来后，个个都是方方正正的脑袋。

这样培养出来的学生常常被称为是批量生产的"标准件"，不知埋没和浪费了多少人才。21 世纪教育研究院院长杨东平教授曾多次对此进行了评论和呼吁：

我们注意到一个现象：无论艺术界还是科学界，许多少年时获得国际大奖的“神童”在长大后“消失”了，而当年与他们同台竞技的国外少年有的已经成为大师。因为我们的许多“神童”和“高考状元”并没有真正形成自己的个性和兴趣，只是在家长、学校的“裹挟”下把竞赛、获奖作为考试加分的敲门砖，一旦自己能够选择时就放弃了操练多年的技艺，转向金融贸易等学科。更多的学生在高中毕业、大学毕业甚至研究生毕业时，仍没有形成自己的个性和兴趣，没有梦想，是一个不知道自己喜欢什么、想做什么、能做什么的“空心人”，于是只能随波逐流，追逐世俗的功利，考公务员等等。这是一种最普遍的教育失败，也是一种最大的教育浪费。

今天，我们已经能够清晰地认识，与计划经济体制倾向于塑造整齐划一的“标准件”不同，市场经济、知识经济要求最大限度地发挥人的主动性、创造性。世界各国无不把个性发展列为最重要的教育目标。①

学校是工业化社会的产物，学校的教育是模式化的，教材是统一的，教师是同样的，学校的要求和评价标准也是一样的。一个教师要面对几十个学生，很难对不同的学生采用不用的教育方法。

对于老师来说，学生的思想和学习水平越相近就越好教学，越好管理，相反，学生越有个性就越难教学，越难管理。哪个班的学生越统一，越听话，就会显得这个班的班主任越有水平，所以很多老师会竭尽所能给学生灌输自己的思想和管理方法。学生很难在学校里发展自己的个性。

家庭才是真正培养个性的地方

现在的独生子女家庭里，家长多于孩子，更便于了解孩子的性情、天赋、优缺点，洞察出孩子的思想和情绪变化。在温暖、宽松、民主的家庭氛围里，孩子也有更多的机会充分地表现自己、表达自己，做自己喜欢做的事，发展自己的兴趣和特长。

---

① 杨东平：《拒绝“标准件”做最好的自己——重新理解教育的目标(一)》，《中国青年报》2013 - 4 - 10。

相比学校教育来说，家庭才是培养个性的地方。

其实个性不需要刻意去培养，因为每个孩子原本都有自己的天性和个性，世界上的每一个人都是不一样的，我们生下来就是为了做我们自己。

只要家长不要去过分地压制他、束缚他，不对孩子管制得过多，不把自己的意志强加给孩子，孩子的个性、创造性就能得到正常的发展，孩子的优势、潜能和特长也就能得到充分的发展。

为什么总要让孩子听你的话？你能确认你的话都是对的吗？你能确认你现在的话十年后、二十年后、三十年后都是对的吗？现在听话的孩子，将来就一定能更成功、更幸福吗？

一项调查表明“听话”的孩子中38.8%不爱提问，34.3%自卑胆小，27.5%对创造发明不感兴趣。①

这是为什么？因为他们不敢提问，不敢有不同的想法，害怕和父母老师不一样，不敢犯错误。

每个孩子成长的过程中百分之百都是要犯错误的，那些被公认为“听话”的孩子，并不是没有问题，而是他们压抑着问题，不敢自然、正常地暴露问题，他们不能及时得到成人的帮助和指导，又缺乏处理错误和问题的经验，这对一个孩子的身心健康是非常不利的。这样的孩子长大后往往性格都刻板内向，不够灵活，容易钻牛角尖，他们不犯错则已，一犯错就要比普通孩子更极端、更可怕。

不要“听话”的孩子，要身心健康、有个性的孩子，这样的孩子将来能快乐、幸福、成功，也更受欢迎。

一个没有个性的人的苦恼

你能理解一个没有个性的人的痛苦吗？我们来看一封一个年轻人写给心理专家的信②：

青春热线编辑：

你好！

我22岁，去年大学毕业。

---

① [英]约翰·洛克著，张小茅编译：《家庭学校》，京华出版社2005年8月第2版，第97页。

② 方旭：《想跟人沟通却很难找到话题》，《中国青年报》2012-4-4。

我从小性格就比较内向，而且因为从小家人就不太允许我出去跟朋友接触，所以在跟人打交道时，我都会很紧张。

久而久之，我认为自己是个不喜欢跟人接触的人，但后来我发现并不是这样，我还是挺希望有很多朋友的。所以我可以让自己走出家门，跟一些朋友玩，唱唱歌、打打球、逛逛街之类的；但我发现这样对我并没有帮助。

经常和我在一起的朋友就那么几个，大学时是室友，工作了就是几个同事。就算我们常在一起，也没有太深入的交流，没什么话题，永远是在抱怨单位、领导。连要好的朋友，我也经常觉得不知跟他们说什么，基本不会主动打电话给他们。

很多时候我感到别人跟我讲的话是能够展开讨论的，但我还是不知道说什么。前几天我认识一个外国人，他说他上个月刚去了北京玩。可我居然就不知道如何接下去聊了，这让我很崩溃。

我是学英语的，我能听懂别人说的话，但我真的很难跟别人讲话。以前我觉得可能是我英语不够好，后来才发现是我缺乏跟人沟通的能力。我对事情不能发表见解，而且也没有自己坚持的东西和擅长的话题。

我现在是个中学老师，当初选工作时，也是因为觉得这个工作能锻炼我的沟通能力；可我发现，即便是当班主任，我跟学生也总讲一些千篇一律的话，就是以前我爸妈教训我时说的那些。我想我的学生也要崩溃了。

我该怎么办呢？

小孟

我们来看看心理学专家是怎么分析的：

儿童天真无邪，有很多好奇心和自发性，有的成年人对待儿童却难免霸道武断。如果儿童被父母管教得太多太细，导致不能表达自己的话，他很难从这种对自己不认可、不尊重、不理解的态度中认可自己并看到自身的价值。进而，他也很难学着相信自己、坚持自己的主见爱好；相反他会下意识地认为自己不那么有价值、别人（权威）总比自己高明，知道什么是合适的、正确的。

如果儿童无论做什么都会被批评，发展出来的应对方式只能是不去暴露自己——少说、少做，只做应该的、允许的；只有这样才能少受责罚——可这样的话他的自主性和价值感只能被抑制，体现在人际交往中就是被动封闭，久而久之就不知该怎样与人交流。

我们的身边总会遇到这样的人，他们懂事、听话、按部就班，他们在很多长辈的眼里是好孩子、乖孩子，但他们却不受同伴欢迎，因为同伴会觉得他这人真无趣、真没劲，跟他交往真没意思。这样的人在同事中也难有威信，大家有什么比较秘密的、敏感的话题常常不会跟他交流，甚至常常忽略他的存在。这样的人将来谈恋爱都会成为难题。

由此可见，没有个性的人能快乐吗？

长远地看，孩子有个性是好事，要允许孩子有个性，尊重孩子的个性，允许孩子有自己的想法，允许孩子去做自己喜欢做的事，允许孩子跟你不一样。不要总把孩子的特点当缺点，不要担心他们因为太个性而不合群，让他从小多与同伴相处，他自己就会进行调整，只要他不去伤害别的小朋友，你会发现他越有个性、越有想法、越会玩，朋友们还越爱围绕在他周围。

家庭是培养个性的最好场所，培养个性最好的办法就是不要对孩子管得太严，管得太多。

不仅如此，家长还要有意培养孩子的自主意识，多让孩子做选择，在日常生活中多培养孩子的独立思考能力。

5 “弱”父母反而是好父母

我认识两个家庭，她们在对待孩子的方式和教育理念上风格迥异，而且很具有代表性，我们来对比一下哪家的父母更好：

家庭 A：

妈妈很好强，勤劳能干，责任心强，她对孩子的照顾几乎无微不至。她工作很忙很累，一天睡不了几个小时觉，尽管如此，她都要早起变着花样给孩子做营养可口的早餐，看着孩子吃完，还要给孩子准备好午饭才去上班。孩子有什么需求她都尽量满足孩子，甚至比孩子还想得周到，孩子遇到点困难，受了点委屈她就亲自出面帮孩子解决。

她自己就是再苦再累，即使是生病也很少给孩子说，她仍会坚强地照顾好孩子，强忍着去好好干活。她有空时也常和孩子谈心，给孩子讲故事，也带孩子出去玩，孩子有什么事也都跟她说。

她也不是所有的事都惯着孩子，在学习上她就对孩子要求严格，为了学习，即使自己再累都不让孩子帮忙，她对孩子期望很高，孩子犯了错误，或者不好好学习，她也狠狠地打孩子。她总觉得孩子还小，还不懂事，也缺乏经验，所以孩子的很多事情都是她做主。

这家的爸爸相对弱势，在外工作比较忙，很少管孩子，但有一点和妈妈一样，那就是很重视学习。

家庭 B：

这个妈妈就远没有第一个妈妈那么干练，那么勤快，她能力也较差。对孩子照顾得远没有第一个妈妈那么细心、周到。她早上要出去上班，来不及给孩子做饭，就让孩子自己想办法解决早饭和午饭，孩子的很多事情也常常是让孩子自己去做。

她忙不过来的时候，还经常让孩子给她帮忙。比如，做饭时，她要是想到要用什么东西，就会多次喊孩子来帮她拿。洗好衣服时，就喊孩子来帮她晾。她要是哪里有一点不舒服，就会告诉孩子，让孩子帮她倒水拿药，或者给她揉。

她当然也希望孩子好好学习，常给孩子讲哪家的孩子小时候认真学习，后来考上大学，走出农村，成就一番事业的故事。孩子要是考了好成绩，她也会高兴好几天，要是没考好，她也不打孩子，只是给孩子举例子、讲道理。

她不怎么管孩子，孩子想玩的时候就让孩子玩。她对孩子比较温和，有耐心，从不把自己的想法强加给孩子，反而常常听孩子的话，征求和尊重孩子的意见。

这家的爸爸比妈妈要严厉些，爸爸虽然很忙，但也常常过问孩子的情况。

以上两个家庭，你认为哪家的教育方式更有利于孩子的成长呢？

稍有一点家庭教育知识的人，都会选家庭 B。

没错，事实也确实如此，家庭 A 的孩子现在都 30 多岁了，还习惯于凡事依赖母亲，心理和人格都未独立，吃不了苦，社会适应和人际交往能力也很差，自己痛苦，父母也为他操碎了心。而且对父母没有一点同情心和责任心，还常常非常激烈地和父母争吵，想方设法向父母要钱。

这个妈妈本是一个很能干、很好强的妈妈，对孩子寄予厚望，为孩子付出的也远超乎一般的父母。而孩子成人后的现状却是这样，这让她伤心、失望透顶，终日以泪洗面，看不到希望，对生活没有了信心和勇气。

而家庭 B 的孩子，因为从小得到了应有的锻炼，宽松的家庭氛围也让孩子得到了充分和全面的发展，人格也得到了健康的发展，社会适应良好，而且富有进取心，在事业上不断地攀登和进取，也很孝顺父母。

家庭 B 的妈妈是个很有福气的妈妈，年轻时也没有为孩子完全失去自己，懂得爱惜自己，享受生活。现在也不用为孩子操心，孩子发展得远比她想象的好。她现在需要什么就笑呵呵地跟孩子说，孩子很快就会帮她买回来。她没有什么心理负担，也无后顾之忧，整日乐呵呵的。

家庭A的妈妈到底错在哪儿?

我时常也为家庭A的妈妈感到委屈,可是家庭A的问题到底出在哪儿呢?家庭A的妈妈明明更能干、更有责任心、更辛苦、对孩子付出的更多啊!

家长是个全新的角色,跟你有多能干,文化程度有多高,有多少钱都没有直接的因果关系。

从家庭教育的角度来说,父母过于能干反倒不是什么好事。这一般会带来两种结果:

第一,孩子变得更弱、更无能。孩子的事,父母常替他拿主意,替他做,孩子遇到了困难和挫折,父母出面替他解决,孩子慢慢就习惯了不操心,不担责,不进取,习惯于依赖父母。另外,孩子会觉得父母确实更能干,父母说的常常都是对的,我还是听他们的好了。长此以往,孩子就懒得动脑筋,习惯了听家长的安排,变得越来越无能。

第二,孩子更加叛逆。有调查表明,那些家庭境况好、父母文化程度高的孩子,往往逆反心理更重。原因就在于,在这样的家庭里,父母地位高、能力强,所以更自以为是,觉得自己说什么都是对的,常常会替孩子拿主意,很难做到民主,孩子得不到尊重,所以孩子才更叛逆,出现的问题也越多。

好强的父母在内心里其实都希望孩子依赖自己,他们甚至会担心孩子独立,担心孩子不再需要自己,难以忍受和孩子分离,这样做的结果就是孩子难以独立。好强的父母希望孩子成人后也很强,而这是不可能的,于是会陷入深深的痛苦之中,和孩子的矛盾也会日益尖锐。

而"弱"一点的父母在对待孩子时常常更有耐心,更尊重孩子,他们对孩子没有过高的期望和要求,对孩子否定和指责少,更接纳和包容孩子,当孩子表现得好或有进步时,他们更容易肯定和欣赏孩子,他们也不对孩子管制和干涉得过多,这反而给了孩子非常健康、非常好的成长氛围,孩子自然会成长得更健康、更好。

好强、能干的妈妈其实孩子并不喜欢。你太强势,孩子就总想反抗你,打击你,远离你,或者就干脆一直依赖你;你平等、温和地对待孩子,学会适当地示弱,孩子就总想亲近你,帮助你,保护你,用他的努力让你高兴。

你要在孩子面前做高山,让孩子总是仰视你,惧怕你,依靠你,那孩子只能成为小草,你会压得孩子长不大,一生都生活在父母的荫庇下,难以自立;可如果反过来，放手让孩子做红花，你当绿叶，孩子就会成为高山，顶天立地。

你强孩子就弱，你“弱”孩子就强。别忘了，我们现在费尽心力为了孩子，教育孩子，就是为了孩子将来能不靠我们，就是为了让孩子能比我们强。那就放手、放权，把孩子往前推吧！

可事实上有些家长确实很能干，难道要为了教育孩子而故意变得无能吗？

那当然大可不必，你当然可以好好干你的事业，但有一点一定要注意，那就是不管你在事业上多成功，经验有多丰富，在外面多能呼风唤雨，那是你对待工作和对待别人的方式。

在对待孩子时，要把外面的风格关在门外，平等地和孩子相处。不要总是替孩子设计好未来要走的路，不要总是替孩子拿主意，凡是关于孩子的事，一定要征求和尊重孩子的意见，不要对孩子管得过多、过严，不要总是否定和打击孩子，不要包办替代，孩子的问题让孩子自己想办法解决，即使孩子自己选择了弯路，那对孩子来说也是非常宝贵的经历和经验，他下次就知道该怎么选择，他就知道该自己为自己负责，他就知道凡事要靠自己，这样的孩子将来一定会更有出息。

怎样爱孩子才是真爱孩子？

在外人看来，一定都认为家庭 A 的妈妈更爱孩子啊！难道给孩子更多的爱也有错吗？

是啊，为人父母，爱其子女，这是人之常情。有一句话说：“爱孩子是连母鸡都会做的事”，但爱孩子的方式却千差万别，怎样爱孩子才是真爱孩子呢？

对孩子帮助很多、照顾很周到的父母当时看起来你会觉得他是好父母，但从长远来说他们绝不是好父母，因为这样的父母只会让孩子将来更无能、更痛苦。

能为孩子长远发展着想，能引导孩子走向独立的父母才是更好的父母；重视教子做人的父母才是真正的好父母。

当你用长远发展的眼光对待孩子的时候，很多问题你自然就会知道该怎么选择，你自己就能找到正确的方法。

比如，当你用长远的眼光对待孩子的时候，你就不会只抓孩子的学习，因为对孩子的一生来说，拥有一个健康的人格远比学习成绩更重要，发展各方面的能力远比学习成绩更重要。

当你用长远的眼光对待孩子的时候，你就不会对孩子包办、替代过多，因为让孩子自己锻炼，将来才能自理、自立。

当你用长远的眼光教育孩子的时候，你就会懂得尊重孩子的重要性，因为你尊重孩子，孩子在被尊重中才能学会自尊、自爱和尊重别人，将来才能学会怎么和别人交往。

当你用长远的眼光教育孩子的时候，你就会懂得怎么抓大放小，你就不会抓住孩子无关紧要的缺点不放，而忽视了孩子的身心健康。

第六章

我们认为无关紧要的，都会深深地根植于孩子的人格中

家庭教育更多的时候是潜移默化的影响，父母的言行不知什么时候就会进入到孩子的内心，有时你认为无关紧要的、随意而出的话，却常常影响着孩子的一生。

1 小的时候经常犯小错，长大才不会犯大错

首先我要说，孩子犯错误是好事。这样说一定会有人觉得我是在哗众取宠，胡说八道。

我得出这样的结论，绝非偶然，在我每次看到一个个活生生的、惨痛的案例之后，这句话就总会浮现在我脑海里。

“要是从小多犯点错误就好了”

2010 年 10 月的一天，西安音乐学院大三学生药某驾车回家途中撞上张某。当他看到张某在记他的车牌号，他又对已经撞倒在地的张某连刺数刀，致其当场死亡。

这起案情在社会上引起了广泛关注，随着中央电视台等各媒体对这件事情的深入报道，我们逐渐了解了药某的成长经历和家庭教育。

药某曾对媒体说：“我爸是不允许我犯错的。”

“从 4 岁开始到中学阶段，因为弹琴和学习的问题，我经常遭受父母的打骂，有时还被皮带抽打。”

“有一段时间，爸爸看我的成绩不好，认为我没有努力学习，就把我关在地下室里面，除了吃饭能上楼以外，其他时间都在地下室里待着，我觉得看不到希望，天天压力特别大。”

药某的父亲不爱他吗？在采访中我们了解到，他的父亲其实很爱他，对他的表现很满意，只是不善于表达自己的情感，害怕孩子会骄傲，所以才会时不时地敲打敲打孩子。

在药某父亲的眼里中，儿子从小到大几乎没犯过错误，从来不惹事，还获得过

很多奖项。他一直都不理解孩子为什么会做出这样的事情。

药某被判处死刑以后，他的父亲在微博中反省说："他从一个懂事的孩子，优秀的学生，到一念之差犯下杀人罪，我负有不可推卸的责任。我平时管教孩子过于严厉，令孩子在犯错之后害怕面对，不懂处理，最终酿成大错。"

药某从小不敢犯错，害怕承担犯错的后果，没有犯错的经验，不知犯错后该怎么办，或许就是药某最终酿成大祸的重要原因。

药某的父亲在接受《新京报》采访时，药某的律师兰和这样说："或许从小多犯点错误就好了，让他知道犯错误并不可怕，也知道犯错误后怎么应对。"

为什么"好学生"更容易走极端？

近些年有很多发生在"好学生"身上的悲剧，来看这样一段资料：

历年高校伤害事件①

1995 年，清华大学朱某铊中毒事件：清华大学化学系 1992 级女生朱某因离奇的"铊中毒"事件导致全身瘫痪、大脑迟钝。

1997 年，北京大学王某铊投毒案：王某与此案的两位受害人是北京大学化学系 94 级学生，据王某交代，过去他和其中一位关系很好，后来却不理他了，所以投毒。为实验投毒量，他把一位室友（本案另一位受害人）当做实验对象，也投了毒。1998 年 7 月，王某被以间接故意杀人罪判处有期徒刑 10 年，剥夺政治权利 3 年。

2004 年，云南大学马某杀人案：因琐事与同学积怨，即产生报复杀人的恶念，并经周密策划和准备先后将 4 名同学残忍杀害。2004 年 3 月被公安部列为 A 级通缉犯，2004 年 6 月被执行死刑。马某上学时一直成绩优异，曾被预评为"省三好学生"。

2013 年 4 月，南京航空航天大学金城学院，两室友为小事起争执，一方冲动之下持刀相向，最终使得室友倒在刀下。据媒体报道（《扬子晚报》2013 年 4 月 18 日），两人本来是好兄弟，都来自农村，都很优秀，同学都说他们人品很好，发生这

---

① 据 2013 年 4 月 18 日《扬子晚报》报道整理。

样的事让人难以置信。

2013年，复旦大学投毒案。

……

这些都是被媒体广泛报道的，还有以下的悲剧也常有发生：

某中学生因被老师批评了几句就选择了跳楼身亡。

某中学生因被老师罚站，心里就像是遭受了巨大的刺激，一时想不通，无法承受和面对，最终选择了从教学楼跳下。

某中学生因一次事件被同学嘲笑，从此再也不愿上学。

……

你只要在网上搜索“高校伤害事件”或“学生跳楼”，会有很多这样的案例。

了解这些案件后你会发现，他们当中很多都是父母、邻居、老师、同学眼里的好学生，一向成绩优异，有礼貌、懂事，很少与人发生争执，当悲剧发生后周围的人都感到难以置信。

为什么这些大家眼里的“好学生”更容易走极端呢？为什么被老师体罚一次就要跳楼呢？

我们也不能绝对地说“好学生”就更容易走极端，学习不好的也会犯错误，我只是想提醒大家，不是学习好就什么都好，千万不要忽略了孩子的人格健康。

事实上那些学习非常好的孩子，以及大家眼里的“好孩子”，在遇到突发事件、较大的打击和刺激，或者有什么人和事伤害到他们的尊严时，确实更容易钻牛角尖，容易想不通，容易走极端。因为他们从小没有处理这些问题的经验，而从小调皮捣蛋的孩子在遇到这些问题时往往会更灵活，这样的孩子一般不会因为这些问题而走极端。

我想我的亲身经历可能更有助于我们分析这个问题，我的学生时代也是大家眼里的好孩子，好学生，我在上中学时也被老师体罚过：

我作为一个女生，一个一向成绩优异的班干部，因为上课时打瞌睡而被老师点名并罚站，同学们都以为我会哭，都以为我肯定无法接受，一定会恨透这个老师，从此在这个学科上一蹶不振。可我竟然站到后面还想打瞌睡，这件事根本没有对我的心理造成一点负面影响。

我当时为什么没哭呢？我到现在还清楚地记得我当时的心理。因为我在很早的时候，就已经是“过来人”了，我在上小学的时候已经被老师罚站过两次了，而且还比这次严重。

一次是因为没带教室的钥匙，就和同学一起从窗户翻进了教室，后被老师知道，罚我们几个站了一节课，而其中就我一个女生，老师对我的指责比较严厉，“看你哪像个女孩子的样子，还是班干部，带的什么头啊，下次再这样就什么也别当了。”

一次是数学老师不让我和另外一个同学去参加学校体育队的训练，而体育老师又非让我们去，说如果不去，校体育队就把我们除名，我们趁数学老师不在时，偷偷跑去了体育队。结果回来被数学老师狠狠地批评了一顿，他可是全校有名的对学生最严的老师之一，还是男老师，批评完后还让我们两个在教室门口站了很长时间，来来往往的其他班同学都能看到。

这两件事情都没有对我造成心理伤害，为什么呢？因为那时还小，还没到青春期，还不知道要面子。

我应该特别感谢这两位老师，在我还小的时候让我经历了被批评和罚站的滋味，让我的脸皮变“厚”了，让我有了面对批评和罚站的“免疫力”，所以在我长大后再被老师罚站时，才有了应对的经验和心理准备。

如果我从小是个非常优秀的乖乖女，从没被老师批评和罚站过，直到青春期时突然被老师当着全班同学的面批评并罚站，我真不知道会发生什么样的事。

所以说，孩子犯错误是好事，犯错误也要趁早，早犯错误比晚犯错误好，小时候犯比长大犯好。

小时候犯一些小错误，从中就会汲取很多经验和教训，长大就不会犯大错误。不信的话，大家可以想一想，我们的经验教训都是从哪里来的。

小时候和小伙伴争吵过，发生过冲突，或者打过架，长大后和别人发生矛盾和冲突时就会有一定的处理经验，有一定的承受能力，当有人指责你、骂你的时候，你就不至于完全不知所措、不会处理、无法面对，就不会一直怀恨在心，就不至于会对对方下毒手，就不会走极端。

据《中国青年报》报道（2011 年 1 月 11 日），现在有专门教孩子吵架的学习班，文中说：

吵架，不只是沟通谈判的方式，更是一种重要的社交行为。冲突发生时，习惯以打、骂形式表现情绪的孩子，显示他们很积极面对问题的心理。但因方法不当，考虑不周，才使得冲突爆发。而家长一味告诉孩子吵架不对、吵架不好，也可能会让孩子失去解决问题的动机，最后习惯性地处于逃避、无助、压抑的状态。教导孩子用正确的方式沟通自己的想法，与人协商争取自身利益，是一门人生必修课，不妨早点开始。

这类学习班出发点是好的，但我不知道教学的效果会如何。恐怕吵架的学问只靠教是教不会的，一定要让孩子小的时候亲身经历过几次吵架或人际冲突，他从中学到的经验和教训可能更多。

孩子犯错误是好事

孩子小的时候犯错误是好事，这样的分析对吗？有没有理论依据？我们来看看我国著名心理学家李子勋关于孩子犯错误的分析①：

每个孩子都有成长的烦恼，每个年龄段的孩子或多或少会出现一些相似的问题。1 岁：吵夜，缠人；2 岁：不好好吃饭，说话发音不清；3 岁：乱拉屎尿，乱涂乱画；4 岁：捣蛋，违逆，恶作剧；5 岁：撒谎，欺负小孩子、小动物；6 岁：闯祸，偷拿别人的东西，砸烂玻璃；7 岁：多动，贪玩，不爱学习；8 岁……发展心理学认为，孩子小的时候，心灵像一个空白的录像带，需要对所有情绪（快乐、痛苦、悲伤、骄傲、自满、受挫、爱恨）作预演体验，留下适当的印痕，今后的日子里这些印痕是可利用的资源。在面对复杂环境时，孩子通过“心理反刍”，找到较为合适的应对方法。

其实犯错误是一种心理需要。孩子小时候犯一些错误，通过错误来确知与外界或他人的关系，可以获得对犯错的“免疫”。

孩子在 2 ~ 5 岁时，许多负性情绪：愤怒、对抗、残忍、嫉妒、仇恨都要有适当的表达，从中获取管理这些情绪的经验，学会节制。孩子犯错误需要合适的年龄，5 岁孩子当街撒尿，别人只会一笑，12 岁还当街撒尿就会被视为品行不端。同样，一

① 李子勋著：《家庭成就孩子——李子勋的后现代亲子课》，中信出版社 2011 年 6 月第 1 版，第 53 页。

个小孩子伤害小动物，遭受过父母的“斥责”，长大了就不会跑到动物园去跟狗熊过不去，这可能是幼稚行为的延迟出现。孩子小的时候，该犯的错误没有机会犯，到了不该犯错的时候，却用幼稚的行为去“补课”，那真是有些得不偿失。

我们观察到这样的现象，小错误不犯的人常常犯大错误，究其原因，是没有犯错的经验。犯错是孩子的权利，也是孩子成长的资源！

积极地看，每个孩子都会欺负别人，也会被人欺负，从中可以学会自我保护。砸烂东西、伤害小动物，从中学会怜悯、爱惜和承担责任。对人撒谎，从中知道诚实的重要，学会如何保持缄默或运用一些模棱两可的语句来应对困境。与父母或老师的对抗，怀恨在心，谩骂，违拗，向别人水杯里吐唾沫，从中学习协调与权威的关系，学习服从与心理平衡技术。逃学，不做家庭作业，上课不好好听讲，体会到自由是有代价的，短时的放纵必定有长久的损失。比较严重的错误是斗气打架，偷拿别人的东西，恶性撒谎，侵害别人的利益，无故离家出走等等，这些错误看起来很糟糕，但孩子还是可以从中获益，学会预见行为的后果，承受不愉快的处罚和社会压力，遭受孤独与焦虑等等。

当然，并非一定要鼓励孩子去犯错，顺其自然比较好。犯错也需要有一定的心理能力，没有心理能力的孩子可能也不敢犯错。研究发现，具有创造性思维的人犯错的机会要多一些，错误也要大一些，发明家爱迪生小时候在化学实验中，曾把一个小实验室炸翻。可以说，敢犯错误的人都会是一些有希望的人，关键是犯错的时机要把握好，在该犯错误的年龄犯些必要的错误。

看来孩子犯错误还真的是好事，那我们需要鼓励孩子犯错误吗？当然不必这样，因为正常情况下，你会觉得孩子的错误已经够多了。问题的关键是孩子犯错误后我们该怎么办？难道要拍手叫好吗？当然不能，这样岂不是会把孩子吓到，以为我们是不是脑子出了问题。

孩子犯错误后我们该怎样正确应对？

孩子犯错误后家长怎么处理，这要看孩子犯的是什么类型的错误。一般来讲，孩子犯错误可以分为以下三种类型：

第一种，能力和经验不足。

比如孩子不小心把东西打碎了；想独立地做一顿饭，结果做的饭难以入口，还把厨房弄得一塌糊涂；想让孩子给你帮忙做一件事情，结果这件事做得很糟糕等等。这些情况都不是孩子有意要犯错，只是因为孩子的能力和生活经验不足，没有把事情办好，有时候是好心反而办了坏事。

还有的是因为孩子的经验不足，没有预见到这样做的后果，也就是不知道这样做会犯错。

这些都是可以理解的，我们每个人都是在小时候经历过一次次小失败，然后获得了经验，能力才慢慢增强的。这一次把碗打了，就知道下一次要注意把碗拿好；这一次因为踢球把钥匙放在操场旁边，结果找不到了，下一次就知道踢球时要注意把钥匙保管好。

这些情况下家长不应该批评和指责孩子，反而应该安慰孩子，或者利用这个契机引导孩子，帮助孩子增长能力和经验。家长的理解和宽容，会让孩子倍受感动，会让孩子更爱你。

诺贝尔文学奖获得者、中国作家莫言，在瑞典文学院的报告大厅举行诺贝尔文学奖获奖演讲时，提到了一件发生在他小时候的事：

我记忆中最早的一件事，是提着家里唯一的一个热水瓶去公共食堂打开水。因为饥饿无力，失手将热水瓶打碎，我吓得要命，钻进草垛，一天没敢出来。傍晚的时候，我听到母亲呼唤我的乳名。我从草垛里钻出来，以为会受到打骂，但母亲没有打我也没有骂我，只是抚摸着我的头，口中发出长长的叹息。

莫言获奖时已经年近花甲，有着丰富的人生感悟，他却对他儿时的这件事记忆深刻，而且还选择在这样一个重要的场合讲出来，可见童年时这件事在他心中的分量，母亲的宽容让他感念至今。

第二种，好奇心强或者纯粹是出于好玩。

孩子想知道钟表的内部构造到底是什么样子的？把柜子里面的东西都翻出来，看看里面还有什么东西？踢小狗一脚，看看小狗是什么反应？等等。这些往往都是因为孩子的好奇心强，想认识某个事物或者了解某个现象，这对于孩子来说是再正常不过的了，你想阻止是阻止不了的。阻止孩子去探索，或对孩子管得比较严，只会让孩子变得无知，缺乏生活经验，长不大，退缩，没有探索和创新精神，阻碍孩子自主性和主动性的发展。

孩子因为好奇心而犯了错误，如果孩子已经发现和认识到了错误，家长就不要再去批评他了，因为满足了好奇心，他下次就不会再去犯同样的错误了。如果孩子没有意识到这样做的危险性和严重性，就应提醒和告知孩子，没有必要惩罚和打孩子，因为孩子根本不知道这样做不对，也不知道这样做会有什么样的危险。

还有一种错误是出于好玩，比如打你一拳，让你感受一下我的力量，在墙上画画，在地上打滚，把球踢到你身上，往你的脖子里塞雪球等等，这种情况你用不着发火，因为这都是孩子的天性，越会玩，说明这个孩子越聪明，越有活力，随着年龄的增长，他慢慢地就不会再玩这些游戏了。

孩子因为玩犯了错误，你最多批评他两句，告诉他这样做会让别人不舒服就行了，因为他犯过这些错误，受过大人的提醒，知道这件事不对，长大后自然就不会再犯了。

相反，如果孩子已经知道错了，错误的本身已经让孩子受到了惊吓，吸取了教训，做父母的还要再打骂他，就会让孩子的心理感到恐惧、冷漠和缺乏安全感，反而更容易出问题。就算他不学坏，他也可能从此处处小心谨慎，不敢犯错，那么他不知失去了多少吸取经验教训的机会，等他长大后再犯错，那就太危险、太迟了。

孩子因为玩犯了错误，你的理解和宽容会还会让孩子受益匪浅、感念一生。

有一年过年，我和哥哥给窗户贴窗花，我站在凳子上贴，我哥哥在下面递，我们边贴边玩，哥哥说我贴得不好，还把我好不容易贴好的窗花给撕下来了，我一气之下就把手里的剪刀扔在了地上。我至今都想不明白，我明明是扔在地上的，这把剪刀为什么会飞到哥哥的背上，顿时鲜血渗透了厚厚的棉袄，我母亲见状赶紧把哥哥送到了医院。

医院的医生和周围的邻居都在议论这件事，都跟我妈说："这孩子怎么这么胆大，太危险了，回去一定要好好管教管教，这样下去还得了。"

我哥哥整个年都没有过好，经常要去换药，恢复了三个多月，到现在背上还有个小伤疤，可是在这个过程中，我的父母从未打骂过我，还安慰哥哥说："你妹妹不是有意的，是她不小心，你们以后干活的时候不能再打闹了。"

是啊，我真不是有意的，出现这件事后我已经够害怕了，也知道错了，下次再也不敢了。试想一下，如果这时候我的父母再狠狠地把我揍一顿，我不知会被吓成什么样呢？会不会留下什么心理阴影呢？会不会从此谨小慎微，再也不敢犯错呢？

我用我的切身体会告诉大家，如果孩子已经看到错误了，已经知道错了，就不要再惩罚孩子了，他以后会注意的。孩子能有多坏呢？他只是出于玩心而已。

有些错误是因为孩子好奇心、贪玩、幼稚、淘气而发生的，是儿童成长过程中的正常现象，是孩子们的本性，并不是品行问题，不应对孩子上纲上线和严厉责骂。如果因此责罚孩子，压制孩子的童心和好奇心，就会让孩子的身心俱损，真是得不偿失！

第三种，自控力差。

孩子自控力差是再正常不过的了，一个孩子自控力非常强，这反而不正常。其实我们成人也常常自控力不强，何况是孩子。

你不让孩子看电视，可孩子还想再看一会儿，你让孩子少玩一会儿，可孩子偏要再玩一会儿，你告诉过孩子不要偷拿家里的钱，可孩子还是忍不住要拿，怎么办呢？

打骂好吗？这样会让孩子口服心不服，你就是逼着他学习，他也会心不在焉，他会趁你不在家的时候偷偷看，偷偷玩。其实孩子也知道这样做不对，可就是控制不住。

孩子自控力的培养需要一个漫长的过程，这就需要你调动所有的教育智慧来给孩子讲道理，和孩子协商，共同制定规则，也共同制定违反规则的惩罚办法，然后帮助孩子监督规则的落实，慢慢培养孩子的自律。

我们分析了以上三种孩子犯错误的情况，你会发现都不需要对孩子打骂和过于严厉，因为犯错误是孩子的权利，“吃一堑长一智”，孩子在犯错误中学到的比平时学到的要多得多，犯错误是孩子成长的最好契机，孩子就是在犯错误和一次次的失败中慢慢积累经验教训，逐渐长大的。

父母一定要避免两种情况，一种是对孩子管得太严，孩子不敢犯错误。另一种是对孩子保护过多，极力避免孩子犯错误。这两种对孩子都是极为不利的。

所以说，孩子犯错误是好事，让孩子顺其自然地去犯错误吧，做父母的千万不要耽误了孩子犯错误。下面的这段话说得太好了：

> 作为父母，如果你延误了孩子学习经验教训的机会，这经验教训他还得在以后吸取，并且可能造成更加痛苦和持久的影响，特别是如果他们没有童年期本来应该造就的应对能力的话。①

---

① ［英］希尔维亚·克莱尔著，杜清译：《挖潜能　英国心理学家这样教妈妈》，上海远东出版社2003年1月第1版，第87页。

2 要不要打孩子？

说到打孩子，有一篇文章让我印象极为深刻，这篇文章的题目叫《怎样做母亲》，作者是原香港《文汇报》主笔、人民文学出版社副总编辑，我国著名作家、古典文学研究家聂绀弩先生。

这篇回忆母亲的文章，同绝大多数儿女写母亲的文章截然不同，这是一篇回忆录，说的是他的母亲，在他小时候怎样凶狠地打他，造成什么样的后果，他对母亲总是打他的原因进行分析，以此对天下母亲加以劝告。

作者在文章中说道：

母亲没上班，是典型的“全职太太”，生活单调，无所事事，穷极无聊，是一个“打牌党”。

“她一拿起牌，就不能再惹她：一惹，她就头也不回，反手一耳光。输了钱，自然正好出气；奇怪的是，就是赢了也是这样。”

有一次，母亲扯着我的耳朵，从里屋扯到堂屋，要我跪下，手里拿着一根鸡毛帚。凶狠地说她放在桌子上的两个铜板不见了，非逼着年幼的我承认偷了不可。

那样大搞“逼供信”的结果是什么呢？作者说：“记得很清楚，从那次起，我知道了两件事：一，钱是可以偷的；二，人是可以撒谎的。”

在聂绀弩二十多岁的时候，做了官。母亲还洋洋得意地称功说：“不打不成人，打了成官人，要不是我从前打你，你怎会有今天？”

作者听了，感叹道：“为了证明她的话之不正确，我有时真想自暴自弃一点才好。”

聂绀弩先生在自己的亲身经历中，深切地体验到，经常挨打，给自己心灵上至少造成了三个方面的严重后果：

其一，我从小就很孤僻，不爱和人来往，在热闹场中过不惯。这是鸡毛帚教育的结果。

其二，鸡毛帚教育的另一结果，是我无论对于什么人都缺乏热情，也缺乏对于热情的感受力。早年，我对人生抱着强烈的悲观，感到人与人之间，总是冷酷的，连母亲对于儿子也只有一根鸡毛帚，何况别人。因此，朋友疏远了，对事业也缺乏坚信和毅力，缺乏一种热情。

其三，鸡毛帚教育的结果，是我的怯懦，畏缩，自我否定。从小我就觉得人生天地之间，不过是一个罪犯，随时都会有惩戒落在头上。人生在这样的社会里头，就会一天到晚"如临深渊，如履薄冰"；坏事或者真不敢做，好事也不免不敢擅动，使人变得谨小慎微，畏首畏尾。

作者最后还说道：

我不是教育家，也不是心理学家，不知道所谓家庭教育，究竟应该是些什么；我只相信，无论是什么，却绝不能是打。家庭教育给人的身心影响究竟有多么大，我也不知道；但我相信：打给予孩子的影响，绝不会是好的。

怎样做母亲呢？让别人去讲大道理吧，我却只有两个字：不打。

读罢此文，我们分明能感觉到这篇文章就是作者用血泪和内心的累累伤痕写成的，对成人来说，如此简单的"打"，竟会对孩子的一生造成这么大的影响，所以作者在最后才会发出最强烈、最真实的呼吁——"不打"。

我国古代主张教子要严，民间一直流传着"不打不成器""棍棒底下出孝子""打是亲骂是爱"等说法。时至今日，这些教子观念仍然活跃在很多人的头脑和潜意识中。

经常会听身边的一些朋友说，他在教育孩子的时候一般都是先来文的，文的不行就来武的。

打孩子真的很有效吗？孩子真的就是"不打不成器"吗？打的教育效果到底如何呢？

打孩子的教育效果到底怎么样？

（1）学会了逃避和推卸责任。

我们来想象一下，假如你做错了某件事情，或是因为没有达到父母对你的要求,或者因为好奇破坏了某样东西。这时你心里会有什么感受?你一定会有些害怕,多少会有些后悔和自责。

想象一下如果这时有一个比你高大、比你强壮很多的巨人冲了过来,表情愤怒,气势逼人,大声地冲着你吼,还随时准备要打你。

这时你又有什么样的情绪体验和心理感受?

你喜欢打你的这个人吗?你从这次经历中学到了什么?

这时的你一定深深地体会到了恐惧感。

成人尚且如此,更何况是心理和身体都还很脆弱的孩子,他体会到的恐惧感一定更深。孩子们常常会被吓哭,或者被吓得愣在那里不知所措,呆呆地站在那里任凭大人处置。

最关键的是我们要思考一下孩子在这次被打的经历中学到了什么?

孩子被打时,他的第一反应首先是逃避和推卸责任,所以我们常常会听到孩子说:“不是我干的”,或者就是竭力地狡辩。可是越是这样,家长们往往会更生气,打得会更凶,嘴里还念念有词:“看你承认不承认”,“看你还敢不敢撒谎”。

最后孩子迫于家长的威严和身体的疼痛,表面上是屈服了,承认了,可他心里会暗下决心下次一定要小心,不要被发现,而不是下决心下次一定要诚实和负责。

我对这一点的记忆尤为深刻:

小时候我特别好吃,尤其是学校门口卖得那些各色各样的零食,我常常抵挡不住这些美味的诱惑。可那时哪有足够的零花钱去买啊?实在忍不住想吃时,我就决定冒险去偷妈妈衣服口袋里的零钱。

偷的时候我特别紧张,担惊受怕,偷的过程还要特别小心,一次还不敢多拿,怕妈妈发现,每次都是几毛钱。成功后就赶紧拿出去花掉,买冰棍或是糖葫芦。

即使我万般小心,可还是有一次被妈妈发现了。记得那天早晨我还没起床,昨天晚上趁妈妈睡着时偷的钱正压在我的枕头下面,还没来得及“消化”。妈妈严厉地过来盘问我,我当然不承认,看我毫无认错和悔改之意,妈妈气愤地揍了我几下。可即使这样我也坚决不能承认,因为如果承认了,我会很没有面子,又怕如果承认了,妈妈会更生气,会打得更重。于是我趁妈妈稍不注意时,偷偷把钱塞到了床底下,然后狡辩说:“你是不是不小心把钱掉到了床下面?反正我就是没拿。”

事后想想,这点小伎俩怎能瞒得过大人,最后加上撒谎这项“罪状”,我还是被揍了一顿。

记得当时我心里就在想：下次一定要更加小心，千万不能被妈妈发现。

相信很多人小时候都会因为嘴馋偷拿过父母的钱，可有几个人因为被父母揍过一顿后就下决心从此再也不拿了呢？

还有很多人因为小时候没认真学习，考试没考好，被父母揍过，可又有几人因为一顿揍后从此就“痛改前非”，刻苦学习，从此成为一个学习成绩优异的人呢？

所以说，打并不能解决教育中的很多问题，也并不能让孩子变得更优秀，更懂事，还常常让孩子学会了逃避和推卸责任。

(2)无法了解犯错误的价值。

犯错误原本是孩子吸取经验教训、增长智慧和能力的最好时机，家长应该引导孩子总结和反思错误的原因，帮助孩子增长经验和智慧。

可是很多家长在孩子犯错后，宁愿选择打这种教育方式，这会让孩子把注意力都放在“打”上，这就剥夺了孩子从内心深处对自己错误行为的反省过程，从而错过了反思和吸取经验教训的良好时机。

所以我们常常会听到一些孩子在犯错后自我安慰道：“没关系，大不了就是回去被打一顿。”孩子会觉得犯错误的代价就是被打一顿，打可以抵消他们的错误，打一顿后这件事就算是过去了，然后就能心安理得地接受自己的错误行为，哪里还顾得上去反思和总结经验教训，哪里会懂得错误中蕴含的价值？

孩子犯错误后，家长不去引导孩子思考错误的原因，帮助孩子吸取经验，而是打孩子，对人不对事，孩子就会认为错误的根源是他，而不会从所做的事情本身上找原因。

(3)经常打只会养育出两种类型的孩子。

英国著名哲学家、教育思想家约翰·洛克有一段话说得很好①：

有一位哲人说过：“在爱中长大的孩子，学会了仁慈；在皮鞭下长大的孩子，只会产生仇恨。”经常挨揍的孩子，会有两种结果：一种是因为怕揍而成为驯服的羔羊，变成没有个性、只有奴性的奴才；另一种是激发了他们的逆反心理，变成了桀骜不驯、破坏性很强的人。

---

① ［英］约翰·洛克原著，张小茅编译：《家庭学校》，京华出版社2005年8月第2版，第29页。

这样的孩子一定不能打

即便是你通过强制、高压和打的方式把孩子驯服成了听话的“羔羊”，但如果这样真能让孩子永远听话，这或许也能让一些人满意，可问题是这样长大的孩子到了青春期或成人后，往往会更不听话，更叛逆，更想摆脱你的控制，他会把这些年所忍受的压抑和怨恨统统都还给你，你当初对他有多粗暴，他现在反抗你就有多激烈，而且只是针对你，他在外面还是懦弱和胆小的。

打对孩子造成的影响和伤害也要因人而异，有些孩子屁股上挨两下没关系，他嬉笑着就跑掉了，你追都追不上，可下次还照样犯错，或者只是不让你看见，根本起不到教育的目的，而有些孩子却打不得。

其次这跟孩子所处的时代和环境也有很大关系，以前，每家都有好几个孩子，经常能见到父母打孩子的现象，孩子看到周围的小伙伴基本上都挨过打，也就习以为常，觉得没什么大不了的。可是现在的时代和环境已经大不相同了，尊重、民主、平等的思想已经越来越深入人心，儿童的权利和健康成长越来越受到社会的关注，打孩子的教育方式已经越来越少，越来越不合时宜了。如果孩子发现周围的小伙伴的爸爸妈妈都不打他们，而自己的爸爸妈妈还会打自己，孩子就会难以理解、难以接受，就很容易会对孩子的心理和人格造成伤害。

在这里，我要提醒大家，有些孩子一定不能打。

● 亲子关系不好的孩子不要打

亲子关系好的家庭，父母有时敲打孩子几下，一般不会引起亲子关系的变化，也不会给孩子造成什么心理创伤。

从小没有跟父母长大，或因其他原因造成亲子关系不良的家庭要特别注意，打会让孩子觉得父母是针对他的，越打关系越不好，越打越疏远，越逆反，甚至产生敌意。

● 性格过于敏感、内向、心思重的孩子不要打

这样的孩子往往不善表达情绪，你打他，他不吭声也不狡辩，不会处理，也不会化解，什么事都爱憋在心里，打会加重孩子内心的敏感和压抑，长期下去会让孩子心理压力过大，造成诸多心理问题。

● 胆小、心理承受力小的孩子不要打

这些孩子遇到错误和挫折，内心已经很害怕了，孩子承受压力的能力有限，打会让孩子更胆小，更恐慌、更不知所措。

● 性格非常倔强的孩子不要打

打对这样的孩子往往是没有用的，打并不能让他们认识到错误，还常常会和父母顶撞，或者威胁父母，有的会说："你打你打，干脆打死算了。"这样的孩子要以心平气和地讲道理为主，让孩子心服口服，打只能让孩子更叛逆。

3 缺乏父母的肯定和表扬，孩子将无法健康成长

家庭教育专家孙云晓曾发出这样的呼吁："孩子像需要新鲜氧气一样需要被肯定。"

这句话是不是有点夸张，表扬和肯定对孩子来说真的有这么重要吗？从不或很少表扬孩子又能怎样？

你若对此不以为然，我们就先来看两个真实的案例：

"不要吝啬那几句夸奖孩子的话，因为这是用血的教训换来的。"

西安音乐学院学生药某开车撞人后又将其刺死一案引起了媒体的广泛关注。在媒体的报道中，我们得知，药某的父母一直对他比较严厉，让他从小感到非常自卑和压抑，经常想自杀，觉得活着没有意思，别人活着都很快乐，而自己活着没有什么意义，他觉得自己的心理有些扭曲了。

药某的父亲是怎么想的呢？

药某的父亲在接受中央电视台记者柴静采访时说："我也反思过，我对孩子的鼓励是少了一些，其实我心里是很喜欢他的，对他的表现是很满意的，但是因为害怕他骄傲，还是会就时不时敲打敲打他。"

柴静：你怎么敲打他？

药某的父亲：当我感觉到他有些沾沾自喜的时候，就告诉他世界之大，外面比你强的人多得很，不要取得一点成绩，就觉得了不起。

柴静：批评也有很多种方式。

药某的父亲：我说话可能有点尖酸，所以他可能是很刺痛。

柴静：他一般是什么态度？

药某的父亲：我孩子不反抗的，光笑笑说："那我就是怎么做也不对。"

……

柴静：如果你们父子俩还有坐在一起面对面说话的机会，你会说什么？

药某的父亲：告诉他，你自己觉得微不足道的事，其实我心里很高兴，但是这句话我没有说(过)，该表现的还是要表现，不要吝啬那几句好话，夸奖他的话，我也是对将来或正在做父母的说这一句话，我说的这些话都隐藏着很多类似故事，有的甚至是血的教训换来的。

在报道中，我们还得知：

或许是因为长期得不到肯定，他一直有一种强烈的自卑心理。从青春期开始，他几乎再没照过照片，为了能自信一点，他在四个月里减掉了60多斤的体重，为了减肥，他甚至有的时候会把吃进去的东西再吐出来。

考上大学以后，外公奖励了他一万元钱，他花5000元做了双眼皮的整形手术，让自己得到肯定，是他比正常人强得多的渴望。

让我们记住药某父亲的这句话："不要吝啬那几句好话，夸奖孩子的话。因为这是用血的教训换来的。"

每个人的内心深处都渴望得到别人的认可和尊重，成人是这样，孩子更是如此，而对于孩子来说，最想得到的就是父母的肯定和夸奖，父母接纳和肯定孩子，孩子才会建立起基本的自信，才会接纳和相信自己，人格才能健康发展。

如果长期得不到肯定，孩子就会觉得自己很差劲，由此产生根深蒂固的自卑感，而自信是人格的核心，极度自卑的孩子，很多心理和人格问题都会随之产生。

可以肯定地说，从小经常能得到父母的肯定和表扬的孩子一定不会学坏，他们的人生态度会更积极，对自己更有信心，将来也一定更有出息。

一群从小缺乏表扬和肯定的孩子

报告文学作家阮梅长期关注未成年人心理和农村留守儿童问题，做过大量的调查研究，我们来看这样一组调查数据①：

① 孙云晓、阮梅著：《拿什么来爱你，我的孩子：当代未成年人心理危机调查》，湖南文艺出版社，2011年1月第1版，第77页。

据我们对78所学校、7个看守所3000多名留守孩子的相关调查统计，在老师和同学眼里，行为习惯综合评定较差的多达1300多人，占39%。

在家庭和学校获得表扬少、批评多、体罚多、歧视多，是他们心里最深的隐痛。有33.4%的孩子很少受到父母和老师的表扬，而14.6%的孩子从来没有受过父母和老师的表扬，两者占了少年犯总数的一半。

一个常常能获得肯定和赞赏的孩子，他的自我接纳程度更高，自我评价更好，更自信、更勇于挑战，他会努力成为一个好孩子，问题行为也更少。反之，从小缺乏肯定和认可，从小就被标定为很差劲、总犯错误、没出息的"坏孩子"，孩子也会相信自己就是这样的人。当他犯了错误或做了错事，他会坦然接受，而不会感到非常内疚，长期下去，他会对做错事习以为常，当然很容易成为问题少年。

表扬的力量竟如此之大

我在2010年第24期的《读者》上看到这样一则故事：

一家大型公司某晚保险箱遭窃，与盗贼展开殊死搏斗的，竟是一名清洁工。

作为公司最没地位、最不起眼的角色，竟然愿意拿生命去冒险。于是，这家公司的凝聚力成为其他大公司羡慕和猜测的谜。

在给清洁工举办的庆功宴上，问他动机何在，他回答说："总经理每次走过我身边的时候，总会说：'你的地扫得真干净。'"

这篇文章的题目叫《赏识》，文章最后说："赏识地看待你的下属、你的爱人、你的孩子、你身边的人，哪怕他只是把地扫得干净。不要吝啬赞美和微笑，带着真诚和尊重，你会发现，回馈你的是你付出的平方、立方……"

在我们的平时工作中，如果得到了领导或同事的认可和赏识，我们心里都很高兴，会越觉得干劲十足，会激励着我们继续努力。

在家庭中，当我们得到父母或爱人的欣赏和赞美时，我们亦会感到内心的欣慰和幸福，我们会下意识地在这方面做得更好。

赏识对于成人来说，尚且有如此巨大的力量，对于孩子来说，其功效更是不可估量。我觉得我就是一个"表扬"的极大受益者。

我在上小学之前，总是爱哭，又不聪明，各方面都跟哥哥差远了，实在不怎么招大人们喜欢。如果一直这么下去，我肯定会成为一个自卑、怯懦、没有进取心，将来也不会有任何成绩的人。

可万幸的是，还是有大人表扬我，对我影响最大的就是我的父母和我的一个小学老师。

女孩子在小的时候，一般都比较懂事，都想做一点力所能及的家务活，都想为爸爸妈妈分忧解愁。当我把好吃的分给哥哥一半时，妈妈总会夸我懂事；当我收拾一次房间时，妈妈总夸我很能干；当我学着给家人做饭时，妈妈总说好吃，还常常说给别人听；当我考了好成绩，妈妈总是很高兴，夸我学习认真……

父亲也表扬我，虽然没有妈妈那么多，但每次都很有分量。

在父母亲的肯定和欣赏中，我也开始觉得我是个懂事、能干的孩子，我要努力做得更好，争取让爸爸妈妈高兴。

我上小学时，体育成绩比较好，就被体育老师选进了校体育队。在体育队里，我知道我的训练成绩不是最好的，可这位体育老师总是经常表扬我、鼓励我，说我不但学习好，还体育好，给了我太多自信和勇气。

现在想来，当时的训练那么苦，就是因为那位老师的表扬，我才会坚持练下去，我才勇敢地接受一次次的挑战，才取得了区里、市里、省里、全国比赛的好成绩，磨炼了我的意志，锻炼了身体，增强了自信，也开阔了眼界。

我至今对表扬都有极深的体会，我是表扬的受益者，我深知这对于一个孩子来说能带来多大的力量。正因为我从小经常被表扬和肯定，我才坚定地认为我就是个好孩子，我可以做得很好，我可以更优秀，也正是这种力量激励着我不断努力；也正是因为我从小经常被表扬和肯定，我到现在都无比珍视我的声誉和荣誉，绝不会做有损我声誉的事。

完美主义和高期望是表扬的宿敌

孩子是如此渴望成人的表扬，可有些家长在教育孩子方面，几乎是眼里容不下半点沙子。这样的家长总是用完美主义思想和挑剔的眼光来审视孩子，时刻都在监视着孩子的错误和缺点，一旦发现，就绝不放过，好像不指出来，孩子将来就无可救药。

这一段话说得特别有意思：

虽然对儿童好的表现给予强化可以有效地促进符合成人期望的行为，但是成人并不一定能察觉到儿童抗拒诱惑、值得表扬的行为。相反，成人在惩罚儿童的错误行为，让他们认识到自己的错误方面却反应很快。①

这样的家庭环境对孩子来说，简直是一种摧残和折磨。孩子会觉得自己怎么总是在犯错误，怎么总有那么多缺点，怎么做都不能让爸爸妈妈满意，他们到底还爱不爱我，看来我一定很差。我们可以想一想，这样的孩子将来能成为一个自信、阳光、高自尊、积极进取的人吗？

我们也经常在媒体里看到某个孩子因为父母管得较严，经常批评指责孩子，造成孩子心理压力过大，扭曲了孩子的心理和人格，最终造成了悲剧的发生。

不优秀的孩子更需要表扬

当教师的经历告诉我：孩子受到责骂而改过，是不大容易的，而受到肯定和激励而改过，效果却是显而易见的。

再差的孩子都有优点，都渴望被赞赏，孩子往往是越表扬越好，越批评越差。

我们来看一个真真切切地发生在我身边的故事：

有一年，我要接一个新班，之前我已跟这个班的前任班主任了解了这个班的情况。知道班里有一位调皮大王，上课从来不安分，注意力集中不了两分钟，总是在下面忙自己的事，小动作不断，还严重影响别的同学。

当我第一次走进教室时，班里的同学对我这个新老师很好奇，都聚精会神地打量着我。我发现那个特别调皮的孩子也在睁大眼睛看我，我赶紧抓住这一难得的机会说："看到同学们都认真地看着老师，都做好上课的准备，我真高兴。我看到有一位男同学特别精神，坐得直直的，眼睛睁得大大的，好像在用实际行动欢迎老师的到来。"我走到了这位同学的旁边，这时，全班同学都在看他，一些同学也马上学着他的样子，坐得直直，眼睛睁得大大的。我问："这位同学叫什么名字？"全班同学一起齐刷刷地喊出了他的名字。

---

① ［美］戴维·谢弗著、陈会昌译：《社会性与人格发展》，人民邮电出版社2012年6月第1版，第377页。

他得到了老师的赞赏，体会到了尊重和荣誉，仿佛一下子就充满了力量，对自己的要求也提高了。那节课，他表现得很好，一直紧跟着我的思路。

以后每次一上课，他就坐得端端正正地看着我，好像是在等着我的表扬，我也心领神会，多关注他，多表扬他，一学期下来，还真的取得了很大的进步。

每个教师都懂得不断地去表扬和赞赏学生，因为经验告诉我们，表扬和赞赏往往比批评和指责更有力量，更有效果。

有些家长认为："优点不说跑不掉"，其实，孩子的良好行为若得不到及时的肯定和赞赏，孩子没有认识到良好行为的价值，这种良好行为就慢慢停止了。

有研究表明，当一种行为受到表扬，也就得到了强化，该行为的发生率就会提高。

当孩子有进步时，当孩子表现出良好的行为时，父母就应该及时进行正强化，巩固这种行为。

美国历史上的重要人物罗伯特·麦克纳马拉曾说过："人脑和人心一样，朝着被赞赏的方向走。"每个孩子都有优点，都有做得好的时候，都有值得赞赏的地方。及时地肯定和赞赏孩子，你会发现，孩子会越变越好。

善于发现孩子的优点和长处，及时地给予肯定和赞赏，家长改变了心态，变得轻松和平和，孩子得到了快乐，也能激励着孩子做得更好，这是一件多么好的事情啊！

你会表扬孩子吗？

凡事都要适度，过度表扬或者随便表扬，表扬就会失去它的作用，还会给孩子带来心理压力和负担。

最简单的办法就是表扬应对事不对人，多描述事实，少用笼统、概括的话给孩子下定论，比如不要每次总是说："你真棒！""你真聪明！""你真能干！"等等，你以为这样就会激励着孩子不断进取吗？答案正好相反，这样会让孩子更不敢挑战，因为他害怕失败，他怕得不到表扬，他怕毁了自己的"英名"，这会让他顾虑重重，畏首不前。

表扬孩子要让孩子知道自己到底好在哪儿，哪里做得好，只说事实，少说人，这样表扬孩子，才更能让孩子感受到你的认真和诚意，才能让孩子真真切切地感受到自己这一次确实还不错的，才能让孩子明白以后应该往哪个方向努力。

你也可以赞美孩子不怕困难，肯想办法，勇于挑战的态度和勇气。比如说“这个东西这么难修，我以为你会放弃呢，没想到你竟然把它给修好了，你真会想办法，很爱动脑筋。”“上次虽然失败了，可你却并没有气馁，而是迎难而上，想了很多办法，最后终于成功了，我很佩服你的勇气和毅力。”这样的话往往能进入到孩子内心，会带给孩子很大的力量，激励着孩子变得更坚强、更积极、更勇于进取。试想一下，如果经常这样表扬孩子，孩子以后再遇到难题和挫折，他会怎么做？

4 父母的鼓励是决定孩子将来是否有出息的关键要素

有这样一首歌，它可以深深地打动人的心灵，让全世界的人为之感动，这首歌迄今为止至少已被全球100位艺人翻唱过，不断地有新人翻唱，却百听不厌，这首经典歌曲已经在世界上用不同的语言录制了125次以上，这首歌就是《You Raise Me Up》(你鼓舞了我)。

这首歌的歌词这样写道：

当我失落的时候，噢，我的灵魂，如此疲惫。
当有困难时，我的心背负着重担；
然后，我仍然在这里静静等待，
直到你也来和我坐一会儿。
你鼓舞了我，所以我能站在群山顶端；
你鼓舞了我，走过狂风暴雨的海；
当我靠在你的肩上，我是坚强的；
你鼓舞了我……让我能超越自己。
……

这如诗般的歌词，伴随着天籁般的旋律，就如同发自内心的呼喊，让每一个聆听者都深陷其中，相信每个人的脑海里都会涌现出一副温暖的画面，当自己幼小时，当自己痛苦和无助时，那个最爱自己的人给自己鼓励和力量的画面，即使你现在身陷困境和低谷，也会顿时让你感受到一股强大的力量。这也是这首歌能打动无数人心的原因。

“爸爸妈妈知道你想做得更好，我们相信你一定会努力地想办法克服困难，我们是你最强大的后盾,我们会尽全力地支持你,会一直在你背后耐心地给你加油,直到你成功的那一天。”

多么温暖而有力的话语！哪个孩子能拒绝这样的话语！哪个孩子不爱这样的爸爸妈妈!

鼓励能增强孩子的信心和勇气,很多教育方法都十分强调鼓励的作用,认为这是最重要的成长因素。

父母的鼓励真的那么重要吗？真的会影响孩子人格的成长吗？

父母的鼓励可以改变孩子的命运

我在一本心理学书里看到过这样一个故事①:

我的一个朋友说,他年轻时做推销,从来都不怕被别人拒绝。无论他被拒绝多少次,他下次仍然能情绪高涨地敲开客户的门。他说他内心深处相信,他一定能打动对方,赢得合同,“没有我拿不下的合同”。

后来,聊到深处,我了解到,他的家庭关系非常健康,他的父母从来都是鼓励孩子,而不是对他们冷嘲热讽甚至棍棒教育,无论他们遭遇到什么挫折,父母都会坚定地说,他们一定能行。结果,我这位朋友,还有他的两个哥哥,现在都是数百万乃至千万身家的企业家。

需要强调的一点是,他们三兄弟最高学历都不过是大专毕业,而且父母都是农民,家境一直是非常贫穷。

父母相信孩子,总是鼓励孩子,激烈孩子,孩子也会相信自己,不管将来遭遇多少挫折,他内心都会相信自己能战胜挫折,其实他从小已经习惯了不怕困难和挫折,父母的鼓励让他充满力量。

童年时母亲对我的一次鼓励,几乎改变了我的命运,所以深深地刻在我的脑海里,清晰如昨:

有一次,老师找到我,说再过几天就是教师节了,区里要开教师表彰大会,让我作为学生代表在大会上发言,老师把稿子都写好了,让我抓紧时间拿回去背。

---

① 武志红著:《为何家会伤人》,世界图书出版公司2007年5月第1版,第51页。

我心里想，我平时只是在学校里主持升旗仪式和其他活动，面对的都是学生，也不怎么紧张，现在让我在那么多老师面前发言，我真的不敢。

老师看出了我的胆怯和犹豫，就鼓励我说："这次机会很难得哦，你可要珍惜啊。"我想来想去，还是不敢。老师很是失望，最后只好说："我不勉强你，实在不行，那我就换别人吧。"

我放学回家后给妈妈说了这件事，妈妈没有责怪我胆小，而是耐心地鼓励我。我清楚地记得妈妈说："没关系，就当是锻炼自己呢，你在学校发言的时候，不是也有很多老师在吗？只要你把稿子背熟了，就没什么问题，多难得的一次机会啊。"

听到妈妈鼓励的话语，看到妈妈期许的眼神，我真是不忍心让妈妈失望，心里也顿时充满了力量和勇气。妈妈鼓励我现在就去找老师，向老师道歉，早点把稿子拿回来背。

我鼓起了勇气去找老师，向老师承认了错误，保证一定回去好好准备。

回来后，我做了充分的准备，几乎能把发言稿倒背如流。发言时，看着大礼堂里那么多老师，我虽然有些紧张，但想到妈妈和老师对我的信任和鼓励，我鼓足了勇气走上了讲台。

现在想来那次发言其实只是背稿子，毫无感情可言，但还算顺利，确实是个很好的锻炼我的机会，有了这一次的经历，日后再遇到这样的事，这样的场面，我心里已经从容了很多。

假如没有母亲对我的鼓励，我想我一定不敢去发言，肯定会错过这次锻炼的机会，还很可能在心里留下阴影，以后再遇到这样的事，我心里都会紧张和抵触，等长大后，好面子之后恐怕就更不干了。

我们也曾读到过很多这样的故事：一个原本没有信心和勇气的孩子，在父母亲的鼓励下，迎难而上，勇敢地挑战自我，最终取得了成功；一个遭受了挫折和打击的孩子，在父母亲的鼓励下，重拾信心和勇气，最终战胜了自己，战胜了困难；有些身患残疾的孩子，在父母亲的鼓励下，克服重重困难，甚至做出了比一个正常人更大的贡献。

可以说，鼓励就是孩子成长的"营养剂"，能增强孩子在挫折面前的免疫力，能让孩子更加自信、勇敢和坚强。

鼓励是最重要、最好的教育方法之一，是每一个家长都应该学习和运用的。

鼓励为什么越来越少？

既然父母的鼓励对孩子来说如此重要，可很多父母就是不愿意给孩子足够的鼓励呢？

当孩子刚刚开始牙牙学语时，父母总会一遍一遍耐心地示范，每当孩子学会一个词或一句话时，父母都会高兴地称赞孩子，鼓励孩子；当孩子开始学走路时，更是离不开爸爸妈妈的鼓励，我们都见过这样一幅场景，妈妈站在孩子的前方，张开双臂微笑着对孩子一遍一遍地说："来，到妈妈这儿来，慢慢走，宝宝一定行的。"爸爸站在孩子的身后，小心地松开双手，也在鼓励孩子往前走，在爸爸妈妈的鼓励下，孩子慢慢地迈出了第一步，这时，爸爸妈妈欢呼雀跃，鼓掌叫好，在这种氛围中，孩子高兴地越走越快，最后几乎是跑着扑到了妈妈的怀里。

在爸爸妈妈一次次的鼓励中，孩子渐渐长大了，很多孩子会发现，爸爸妈妈对自己的鼓励越来越少了，指责越来越多了。

这是为什么呢？难道孩子长大了就不需要鼓励了吗？

答案是很清楚的，那就是每一个人都需要鼓励，即使是成人。孩子正在逐渐认知这个世界，很多事情对孩子来说都是第一次经历，还缺乏经验，经常会遭受挫折和失败，也肯定有怯懦和退缩的时候，当然需要父母的鼓励。

可我们却时常听到家长们不断地指责和抱怨："你是怎么搞的，连这都做不好，将来还能干什么。""你看人家谁都能做到，你怎么就做不到？""这孩子怎么这么胆小，这点事情都不敢做，真没出息。"……

假如你是孩子，听到对自己来说最重要的人，在自己心目中最权威的爸爸妈妈这样说你，你觉得刺耳吗？你能接受这样的指责吗？你对自己还有信心吗？

指责和打击只能让孩子更加失去信心，频繁地责备孩子，不但严重地伤害了孩子的自尊，孩子还会产生"耐药性"，最后不管你说什么，孩子也不会有任何的改进。

还是变指责为鼓励吧，你会发现孩子的变化会天翻地覆。

怎样鼓励孩子更有效？

其实鼓励孩子的方法有很多种，有时可以是一个对孩子充满信心的眼神，也可以是一张让孩子感到温暖的笑脸，还可以给孩子讲一个具有激励意义的故事，当然还有那一句句充满力量的话语。

鼓励孩子时，要根据孩子的实际情况，不要对孩子期望太高。

告诉孩子重在参与，要自己和自己比，而不是和别人比。这样孩子的压力会小很多，也更愿意去尝试。

当孩子没信心去参加一项比赛时，告诉孩子，只要参与了，就是进步，就是胜利；当孩子在比赛中落后而灰心时，告诉孩子，以后好好努力，争取比这次的成绩好，有进步就是胜利；当孩子遇到挫折时，告诉孩子失败是成功之母，只要好好总结经验，下次就能做得更好；当孩子遇到困难而缺乏勇气时，告诉孩子，不要怕困难，这正是锻炼自己的好机会，只要勇敢面对，就是好样的……

5 不被信任的孩子永远长不大

其实很多家长都知道孩子需要锻炼，也都知道家长管得越多，孩子就越不会自我管理，管得越多，孩子就会越叛逆。

可家长们就是不放心，就是不敢放手，生怕孩子不会管自己，生怕孩子犯错误，生怕孩子吃亏，索性什么都替孩子安排好，还要时刻监视着，随时督促和提醒。

说到这里，我想先和大家分享一个真实的故事：

2009年6月9日，中央电视台二套的《财富故事会》栏目报道了一个刚刚从大学毕业的年轻女企业家的事迹。

在节目里，这位女企业家讲述了一件发生在她小时候，让她记忆很深刻的事，她说："很少有家长放心让一个不到十岁的孩子拿着两百块钱，坐公共汽车去城里买年货，当时我爸爸就放心地让我去做，爸爸说要买什么都由我来做主，要尽量保证这个年过得好一点 。"

她坐在公交车上就开始构思今年过年要买什么，家里人都喜欢吃什么，小孩要玩什么，买多少糖果，要不要添一些盘子、碗，详细地写到了一个小本上。

那天她出色地完成了爸爸交给的任务。打那儿以后，爸爸又多次放手锻炼她，结果都能令家人满意。

她的家乡很多人都种葡萄，她家也种葡萄，可因为没有文化，也不懂科学，家里的经济情况并不好。

她上大学时，就到处搜集各种葡萄种植的科学方法和技术，通过电子邮件和电话遥控指挥她爸爸科学种植葡萄。

经过调查后她建议家里不要种食用的葡萄，而改种酿葡萄酒，爸爸听了女儿的建议后，跑了一些地方考察，觉得女儿的判断有道理，就决定听女儿的话，借钱也要干起来。

大规模的葡萄园建起来后，爸爸又把管理的任务交给了她，于是她开始在学校里遥控指挥。家里对她的信任，让她更加认真、谨慎、负责，做每一个决定时都会查阅很多资料。

等她毕业后，她的爸爸就把葡萄园的法人代表改成了她，随后把员工们召集在一起，正式宣布她为总经理。

有了家人的信任和支持，二十出头的她，现在已经把企业越办越好，她发现厂家更愿意收购葡萄汁，而卖葡萄汁利润也更高，于是她建起了自己的发酵站，她还准备利用自己原料上的优势，做出有自己品牌的葡萄酒。

这位父亲对女儿的信任，给我们留下了很深的印象，就像这位年轻的女企业家说的，很少有家长在孩子小的时候，就那么信任她、放心她。

其实也正是由于家长的信任，从小锻炼了她；因为家长相信她，也让她更加相信自己，成为一个敢负责任、能负责任的人。

家长对孩子的信任常常能产生巨大的力量，这种力量会使孩子更加自信，更加负责，也激励着孩子勇敢地去尝试和创造。

我想我们每个人都有过这种经历，如果一个自己很敬佩的人，或者在自己心目中很有权威的人，在一件重要事情上很信任自己时，我们都会变得更加相信自己，这会给我们带来很大的动力和力量，我们会更加认真、负责，最后做得比自己想象中还要好。

台湾最大出版集团城邦 CEO 何飞鹏先生在他的《聪明糊涂心》一书里这样说："我永远记得，年轻时老板把一件重要任务交给我时，我那种感激、激动，与下决心一定要做好的心情，这让我觉得自己是重要的人，我要用最好的结果回报老板的认同，那是我跳跃成长的开始。"①

后来，当他自己走上领导岗位后，他也对向他负责的每一个主管给予极大的信任，他说："到目前为止，没有一位主管变成我的困扰，他们的杰出表现见证了信任的力量。"

而对于孩子来说，父母在他们幼小的心灵中具有至高无上的地位，父母的信

---

① 何飞鹏著：《聪明糊涂心》，北京大学出版社2011年9月第1版，第16页。

任就是对他们最大的鼓励，孩子会觉得“爸爸妈妈这么放心我，这么信任我，说明我是可以胜任的，我一定要加油和努力”。孩子会认为自己是一个能干的人，是一个能让爸爸妈妈放心的人。

家长的信任和放手，会让孩子在做事时更加认真、负责，在这过程中锻炼了孩子的能力，也提高了孩子的自我认知和自我评价，而孩子的自我认知会影响着孩子将来会成为一个什么样的人。

不被信任的孩子永远长不大

一个不被家长信任的孩子，也会变得不相信自己，更没有机会锻炼自己；如果家长不信任孩子能管好自己，非要监视他，时刻提醒、督促他，那孩子就会把精力都用在对付你的监督上，这样长大的孩子，怎么可能学会自己管理自己，怎么会懂得要为自己负责，怎么会有进取心？

如果家长总不放心孩子去做某件事，不敢放手让孩子自己去管理自己，那孩子就永远是孩子，因为他没有机会锻炼，没有机会承担责任，没有机会成长。

每个孩子身上都蕴藏着巨大的潜能，家长的责任是帮助孩子挖掘和发展这些潜能。这就需要家长充分地信任孩子，给孩子机会让孩子去锻炼和发展。

信任是一种很大力量，不要担心孩子做不好，或者担心孩子犯错误，因为你越信任孩子，孩子就越认真、负责，即使做得不好，即使犯了错误，对于孩子的成长来说，也是一笔财富。

孩子积累了经验，锻炼了能力，体会到了信任和责任，得到了成长，远比什么事都不做，什么错误都不犯，要强上百倍千倍。

6 父母不经意间的评价却引领着孩子的一生

爸爸妈妈说我是个怎样的孩子，我就是个怎样的孩子

青春期之前，家长在孩子心目中会有至高的权威，在孩子看来，我的爸爸妈妈是世界上最好的爸爸妈妈，爸爸妈妈在孩子心目中几乎是个无所不能的“巨人”，爸爸妈妈最了解我，爸爸妈妈说的话一定是正确的。爸爸妈妈说我是个怎样的孩子，我就真是个怎样的孩子。

我经常遇到这样的情况：

> 某个家长在和我谈到孩子的学习情况时，肯定地说：“我的孩子比较擅长语文，数学不行，没这方面的头脑。”
>
> 后来，我在和这个孩子交谈中，发现他说的话竟然和他的家长说的话如出一辙，坚定地认为自己擅长学语文，不擅长学数学。
>
> 于是就更加认真地学语文，对数学越来越没有信心，一上数学课就无精打采，心不在焉，结果数学成绩越来越差。

对于小学生来说，语文、数学都是基础学科，只要认真，孩子们之间不会有多大的差别，比这更重要的是学习态度。这么早就给自己下定论，一定是受其家长的影响。

知心姐姐卢勤在她的《写给世纪父母》一书里，也讲述了相似的一个故事①：

> 浙江万里教育集团董事长徐亚芬，是一位事业上十分成功的女性，同时也是一位出色的母亲。

---

① 卢勤著：《写给世纪父母》，漓江出版社 2007 年 4 月第 1 版，第 41 页。

她的儿子上小学时，语文成绩很好，不爱学数学，所以成绩较差。一次，儿子对妈妈说："学校给我们测智商了，老师说我右脑比左脑发达，形象思维能力强，数字概念差，所以我的语文成绩比数学好。看来，我的数学成绩是上不去了。"

徐亚芬惊讶地说："是这样吗？有空我去问问老师。"

她找到了班主任，并暗地里和班主任达成了一项协议。回来后，徐亚芬非常认真地对儿子说："告诉你件大事，我去学校问过老师了，老师说他搞错了，你是左脑比右脑发达，学数学会比语文强多了！"

"真的吗？"儿子睁大眼睛，兴奋极了。

"是呀，老师说他看错结果了，他说的是另一个同学而不是你，你是左脑比右脑发达。"

从此以后，儿子完全改变了对自己的看法，真的认为"我的数学一定能学好"，以后在学数学的时候，对自己充满了信心，提起了精神。

一个孩子认为自己不擅长学数学，或者认为自己学不好数学，那他一定学不好数学。

同样的道理，一个孩子认为自己是个好孩子，那他的行为方式一定会按照好孩子的标准来要求自己；一个认为自己不讨大人喜欢，是个有太多缺点和不足的"差生"，最后也会习惯于成为这样的孩子。

怎样评价自己，决定着孩子将会成为一个怎样的人，而孩子对自己的评价在很大程度上依赖于成人。可以说，家长对孩子的评价将会引领着孩子的一生。

自认为是个好孩子，才能真的成为好孩子

纳撒尼尔·布兰特在他的《自尊心理学》一书里说道："一个人对自己的评价，将直接影响到他的核心价值观以及是否有积极的心态，自我评价还会影响到他的思想方式、情绪、希望以及人生目标，同时也影响到他的行为。"①

所以，我们要做的，就是千方百计地帮助孩子把自己看作是一个有能力、有价值、有潜力的好孩子。

这就需要我们接纳孩子，尊重和信任孩子，肯定孩子，多给孩子积极的引导和

---

① ［美］阿黛尔·法伯、伊莱恩·玛兹丽施著，安燕玲译：《如何说孩子才会听　怎么听孩子才肯说》，中央编译出版社 2008 年 10 月第 1 版，第 181 页。

鼓励，而不是急于给孩子下定论，更不能随便给孩子负面的评价。

在我家中，表弟的成长经历和现状让我惋惜不已，有一次看到他躲避人群的背影，我忍不住流下了眼泪。

表弟小的时候，如果他把家里哪件东西弄坏了，或是不会做哪件家务事，他的父母就会这样评价他："这孩子就是手笨，这么小的事都做不好，将来还能干什么啊！"

如果他不敢做某件事，他的家人就会说："这孩子就是胆小，从小就能看出来，整天不敢做这，不敢做那。"

如果表弟做错了某件事，或是表现不好时，父母会说："这孩子真没出息，谁家的孩子都比你强多了。"

表弟从小听了太多这样的评价，变得极为敏感和自卑，觉得自己就是很笨，能力很差，什么事都做不好。

表弟现在已到而立之年，真的如他的父母当年所说，"什么事都干不成，很没有出息"。我们常常劝他去学个什么手艺，他总说："我就不是那种干手艺活的人"，其实我们知道，他根本就是没信心去学，觉得自己手笨，学不会。鼓励他寻找其他机会，好好发展，他会说："人的能力有大小，我就这点能力。"

我分明能感觉到，他说的话俨然是父母的翻板，父母对他的评价已经深深地扎根到了他的脑子里，根深蒂固，难以扭转。

父母经常给孩子消极负面的评价，会让孩子坚信自己就是这样的人，会埋没孩子的信心、勇气和才能，原本能做好的，最后都做不好。

试想一想，如果他的父母在他小的时候没有给他那么多负面的评价，而是给他更多的鼓励和信任，让他相信自己其实是一个很能干，将来一定会有出息的好孩子，那他长大后，就一定不会是这样的情况。

著名的皮格马利翁效应

有一个非常著名的心理学实验①：

---

① 内容来源：http://baike.baidu.com/view/41268.htm

美国心理学家罗森塔尔考查某校，随意从每班抽3名学生共18人写在一张表格上，交给校长，极为认真地说：“这18名学生经过科学测定全都是智商型人才。”事过半年，罗森又来到该校，发现这18名学生的确超过一般，长进很大，再后来这18人全都在不同的岗位上干出了非凡的成绩。

这个令人赞叹不已的实验，后来被誉为“皮格马利翁效应”或“期待效应”或“罗森塔尔效应”。

实际上，这位心理学家提供的名单纯粹是随机抽取的，他们通过所谓的“科学测试”，让教师对名单上的学生充满信心，相信这些学生其实很聪明，相信他们日后能成才。

学生得到老师的信任和鼓励，也变得更加自信，更加积极，更加努力学习，当然就会有较大的进步。

我在想，假如心理学家告诉老师：“这18人经过科学测定，智商都很低。”大家想一想，一段时间后，这些学生又会变得怎么样呢?

有人将这概括为一副有趣的对联：“上联：说你行，你就行，不行也行；下联：说不行，就不行，行也不行；横批：不‘扶’不行。”

多提孩子的优点，他的优点就会被放大，孩子知道自己有很多优点的话，会变得很优秀。如果总夸奖他是一个好孩子，他的行为就越来越偏向于好孩子，如果一个孩子从小就被标定为坏孩子，他的行为就越来越偏向于坏孩子。①

让孩子相信自己是好的、有前途的、有希望的，孩子就会努力成为这样的人，也能提高他们抵制诱惑的可能性，因为他会告诉自己“我是好孩子，我不能这样做”，即便当他做了错事或破坏了自我形象时，他也会感到内疚和懊悔，进行自我教育。下一次就会自觉地服从禁令，而不是害怕被发现和害怕受惩罚才服从禁令。这比家长的惩罚和责骂要强上多少倍啊!

---

① 李子勋：《陪孩子长大》，中国广播电视出版社2006年2月第1版，第118页。

7 培养健康的人格最大的难度是父母是否有健康人格

父母自身的品德和言行对孩子会有多大的影响?

我们不妨先来看一段资料①:

200 年前,美国康涅狄格州有一个叫嘉纳塞·爱德华的学者,他不仅很有学问而且注重自身修养,对子女教育也非常重视。至今他的家族已传 8 代,其中出了 1 位副总统,1 位外交官,13 位大学校长,103 位大学教授,60 位医生,18 位报社、杂志社的主编或负责人,20 位议员,80 多位文学家,100 多位牧师。在长达两个世纪中,竟没有一个后代被关、被捕、被判刑的!

相反,200 年前纽约州有个名叫马克斯·莱克的不务正业的酒鬼、赌徒。他对子女不管不教。他的家庭至今也繁衍了 8 代,在这 8 代子孙中,有 7 人因杀人被判刑,有 65 个盗窃犯、234 个乞丐,因狂饮死亡或致残者多达 400 多人。

同时代的、同国度的、同样繁衍了 8 代的家族,为什么差别那么悬殊呢?

因为一个人的品行、个性、价值观往往是在家庭中形成的,家庭就是孩子品质形成的奠基石。

父母是孩子心目中最重要的榜样

孩子小的时候,意识极为单纯,行为习惯也不固定,加之其在生活上特别是在心理上对父母的依恋和崇拜,父母的言行举止、生活态度会对孩子有深刻的影响。

孩子最初的学习很大程度上是来自于对成人的模仿。相信每个家长对于这

① 《儿童家庭教育系列家长手册》编写组编著:《3 ~ 6 岁儿童家长手册》,中国人民大学出版社 2012 年 1 月第 1 版,第 83 页。

一点都深有体会,每个孩子都带着来自于家庭的深深的烙印。尤其是父亲对于儿子的影响,以及母亲对于女儿的影响要更大。父母是孩子成长过程中第一个,也是最权威、最有影响力的榜样,孩子越小,榜样的力量就越大。

身为教师,在和众多的家长接触的过程中,让我对这一点的体会尤为深刻:

我带过这样一个班,班里的孩子不管是在生活习惯和行为方式上,还是在学习态度和学习习惯上,都区别很大。

有的孩子举止文雅、大方,穿着整洁,有礼貌,和同学和睦相处,在学习上也积极认真;有的孩子却邋里邋遢,把自己和课桌周围都弄得乱七八糟,行为习惯比较差,不能和同学文明、和睦地相处,在学习上不认真,作业马虎、潦草。

当我见到他们的家长之后,我马上理解了这其中的缘由。前者的家长们大多都受到过比较好的教育,言谈举止也都温文尔雅,很讲礼节,整体素质比较高;而后者的家长,说话、穿着都很随便,不分场合,不讲礼节,有的在教室里大声喧哗,有的还在教室里抽烟。

孩子模仿的不只是父母的言行举止,还有思想道德,以及对人对事的态度,孩子的人生观和价值观都会受到父母的影响。

自私自利、鼠目寸光的父母,很难培养出理想远大、心胸宽广的孩子;谦虚、谨慎的父母,也不会培养出一个张扬跋扈的儿子。

做父母也是自我提升、共同成长的一次机会

细想一下,我们每一个人都从自己的父母那里学到了很多做人的道理,继承了很多他们身上的优点,同时,也不可避免地继承了父母的一些缺点。而我们身上的这些优点和缺点又深深地影响着我们的孩子。

我们当然都希望让孩子继承自己好的方面,避免自己的缺点对孩子造成负面影响。那么最好的办法就是以身作则,扬长避短。

做父母也是我们完善自己、提高自己、共同成长的一次机会。要认真地分析和总结一下自己,找找自己的优点在哪里,缺点在哪里,哪些是希望孩子继承的,哪些是不希望孩子继承的。

你是否有责任心,是否讲诚信,是不是总是站在自己的角度思考问题,是否孝敬父母,是否尊重别人,够不够勤奋,言行举止是否妥当,有没有经常讲脏话,爱不爱学习等等。

请你试着在下面这个自我分析表中的横线上认真地写出自己的优点和缺点，长处和不足，越认真越仔细，效果就越好。

自我分析表

我的优点和长处（希望孩子继承的）：

(1) ____________________。

(2) ____________________。

(3) ____________________。

(4) ____________________。

(5) ____________________。

我的缺点和不足（不希望孩子继承的）：

(1) ____________________。

(2) ____________________。

(3) ____________________。

(4) ____________________。

(5) ____________________。

____________________。

不要小看表中这个对自我的总结，认识自己，对我们教育孩子非常重要，效果也会更加显著。

对于自己的优点，我们要保持下去，特别希望孩子继承的部分，我们可以加强这方面的影响，坚持下去，孩子就一定会受到这方面的感染和熏陶，直到养成这样的习惯。

对于我们的缺点，只要能认识到就是进步，就是改正的第一步。能改的我们要马上改，一时半会儿改不了的，要经常提醒自己，慢慢调整，尽量避免在孩子面前表现出来。

比如，你比较爱发脾气，一旦发起脾气来就缺乏理智，口无遮拦，这样不但会伤害到家人，孩子受你的影响，也会变得爱发脾气。爱发脾气恐怕一时半会儿改不了，但只要你意识到了这个问题，每次在你想发脾气时，就会想到这样做的弊端，就要刻意提醒自己要冷静，实在想发脾气时，也最好不要当着孩子的面，慢慢就会减少你爱发脾气对孩子造成的负面影响。

如果你发现自己很自卑，总是很在意别人的看法和评价。你可能常常会问孩子别人怎么看你，当孩子独立做一件事时，你可能会问得很详细，包括孩子怎么做的、怎么说的，别人又是怎么说的、怎么评价的，有没有人欺负你，有没有人嘲笑你，而这一切都是在无形中引导孩子去关注别人对自己的看法，逐渐导致孩子的自卑。

只要你意识到这一点，你就会知道这样做的弊端，就要想办法减少这样的行为和言语。下次当孩子独立完成一件事时，就要提醒自己不要问的过细，不要引导孩子去在意别人的看法。

如果你是一个很悲观的人，时常流露出消极的情绪，或者时常感叹人生的艰难和悲苦，对人和事缺乏应有的热情。而孩子的人生观和世界观尚未完全形成，父母的人生态度会对孩子产生很大的影响。当你意识到这一点时，就要避免和减少在孩子面前流露出消极的态度和情绪。

我们要培养孩子健康的人格，最大的难度就在于父母是否有健康的人格，是否做出了好的示范和榜样，是否乐于学习和变通。

要想让孩子具有某种优秀品质，我们先要要求自己做到，以身作则，给孩子做好示范和榜样。

第七章

夫妻关系好，孩子的人格才能健康发展

孩子是在家庭中长大的，家庭的氛围和家庭成员之间的关系都对孩子的成长有着极为重要的影响。

家庭教育不能只想着怎么教育孩子，首先应建立好的夫妻关系，营造健康的家庭氛围。

1 夫妻关系好，孩子的健康人格自然来

夫妻关系如何对孩子的成长重要吗？

我的答复是："非常重要。"

夫妻关系首先决定着整个家庭的氛围，孩子是在温暖、和谐的家庭氛围中长大，还是在冷漠、苛求、充满矛盾的家庭氛围中长大，对孩子人格的形成有着非常重要的影响。

这个妈妈为什么会对孩子要求如此严格？

我们来看一个当时震惊全国的案例：

高二学生徐某打死了自己的亲生母亲，这让人不可思议，可是许多人认为，徐某一直都是个"好学生"，他才是真正的"受害者"，到底是怎么回事呢？

徐某的妈妈对他管得很死，要求很严，期望很高，孩子没有一点秘密，孩子的什么事她都要插手和干涉，孩子没有一点自由的空间，不能自由地玩耍和交友。平时说得最多的就是学习，考不好时，不是骂就是打。

记者采访时，徐某讲述过这样一个片段①：

我很爱打球，可母亲不让我打球，只让我在教室里学习。读高中后，每天都有晚自习。晚自习前有一段时间，同学们可以在外面打打篮球。这时母亲经常到学校来，监视我是在学习还是玩。她希望我把所有的时间都用来看书学习，课外活动时间也学习。我有时多玩了一会儿，晚了10分钟回家，妈妈也要骂我、打我。她经常打我，用棍子、用皮带、用扫帚，有时把扫帚都打断了，我也不还手。

① 卢勤：《母亲？敌人？——别让孩子的心流血》，《北京文学》2001年第3期。

徐某还说:“他们让我考北京大学、清华大学,至少要考上浙江大学。根据我的能力,我根本考不上。但只要我尽力,不管上什么大学,本科是能够考上的。”

徐某曾在重点班里考进了前十名,而且以孩子的能力完全能考上一所本科院校,这在绝大多数家长看来,已经很好了,孩子也已经尽力了,不要再逼孩子了。他妈妈为什么对他期望那么高,要求那么严呢?硬逼着孩子做孩子根本达不到的事情呢?就不担心这样下去孩子会出问题吗?

大家可能都会有这样的疑问:这个妈妈为什么要对孩子这么严格、这么偏激呢?孩子的父亲呢?这么多年他怎么不管管呢?怎么不开导开导妻子和孩子呢?

后来得知,孩子的父亲在外地工作,每周只回家一次。对于父母之间的关系,孩子说:“我的父母生活得很不幸福,整天为赚钱而奔波,他们之间沟通很少。母亲看不起父亲,所以母亲经常对我说,不要像你父亲那样没出息,一定要考上大学。”①原来母亲是大学生,父亲是初中生,母亲觉得嫁给父亲太委屈自己了……

当妻子对自己的婚姻很不满意,感觉不到家庭的幸福时,就会把希望都寄托到孩子身上,就会对孩子期望过高,要求过严,管得过多,很容易偏执和走极端。

如果一个家庭中的母亲不尊重父亲,经常指责和贬低父亲,那孩子也会看不起父亲,不尊重父亲,不听父亲的话,父亲就会在教育孩子的问题上不断退缩。母亲看不起父亲,也就不会指望父亲来教育孩子,于是妈妈就会变得更加的强大和严格。

其实丈夫在教育孩子过程中会有很多天然的优势,再好的母亲也无法代替,缺失了父亲的教育和引导,对孩子的损失和负面影响是很大的。更何况,等孩子到了青春期的时候,母亲的教育和影响已经非常小了,母亲越强势越严格,孩子就会越叛逆、越难教育,而这时父亲的一句话往往能顶母亲的十句话。

心理学家李子勋曾这样分析:

很多时候,是母亲害怕失去孩子的焦虑促使母亲自己无意识夸大并支持孩子对父亲的排斥。如果母亲是依恋型人格,而自己的丈夫又比较粗心,缺少温情,母亲会沉醉在与孩子相互依恋的关系中,使内心得以完整。这个时候,父亲对孩子的接近被视为一种潜在的威胁,母亲会挑剔父亲的各种行为以挫败父子关系。当

① 孙云晓、李文道著:《好好做父亲》,中信出版社 2012 年 12 月第 1 版,第 73 页。

然，这一切都被掩盖在一种合理化的对孩子的关心中。

反过来，夫妻交流不那么好的家庭，孩子会无意识地流露出对父亲的愤怒。其实，这种愤怒是母亲的。原因在于，这个时期的孩子与母亲在心理层面有一种共生关系，母亲的一切细致的情绪都会激发孩子内心的共情。对父亲的愤怒和排斥有时只是要讨好这个母亲和认同这个母亲，以确保依存。

在关系不良的家庭，这种儿子对父亲的排斥会持续到青春期后期。到孩子十五六岁，自己感觉是在背负着母亲过多的情绪，需要获得自由时，他的愤怒会加倍，并全部回报给这个为他辛劳十几年的母亲，而父亲却成为一个隔岸观火的人。①

总是在孩子面前指责和贬低丈夫，从而让孩子在心理上倾向于你，而远离他的爸爸，让孩子相信他的爸爸就是个无能的人，对孩子有什么好处呢？对你和丈夫又有什么好处呢？

有人可能会说："我的丈夫就是个没出息、没本事的人，他对孩子能有什么好的影响？"

一个女人可以成就一个男人，也可以毁了一个男人。好丈夫也需要聪明的妻子来"教育和培养"，他或许不能成就什么大的事业，但可以成为一个好父亲，这就需要妻子在教育孩子的问题上适当地退出，给丈夫创造机会。

不要忘了，妻子的心里或许可以没有丈夫，但孩子的心里一定不能没有爸爸。

即使丈夫可能能力有限，但妻子从不在孩子面前贬低孩子的父亲，并引导孩子认识到父亲是多么辛苦和勤劳，为了这个家已经尽力了。孩子从内心就会尊敬自己的父亲，至少不会对父亲太猖狂，父亲也就更愿意参与到孩子的教育和家庭事务中来。

同样，如果爸爸在家里过于强势，不尊重妈妈，也会影响妈妈在孩子心目中的形象，孩子也会不尊重妈妈。要让孩子尊敬父母，敬畏父母，首先父母之间要互相尊重。

孩子人格的健康发展，需要感受到母亲的细致、温暖和亲密性，也需要感受父亲的力量、阳刚、责任感和独立性，需要感受到爸爸妈妈都在为这个家庭负责和

---

① 引自《不要夸大孩子对父亲的排斥》，作者李子勋，发表于《父母必读》2006 年第 17 期。

努力。

再好的妈妈代替不了爸爸的作用,再好的爸爸也代替不了妈妈的作用。

夫妻关系不好,孩子难以教育得好

那些未成年犯是在怎样的家庭环境中成长的,调查和研究发现,他们的家庭不是残缺不全就是家庭成员之间充满矛盾、争吵和冲突,家庭成员之间缺乏关心,家庭氛围比较冷漠。

《文化与自我》一书作者安东尼·马赛拉等曾在日本进行家庭差别的调查,涉及夫妻关系对于子女教育的影响。书中写道:“无少年犯罪的家庭的母亲对待丈夫的缺点很少表示直接的批评和轻蔑。我们和每位母亲的交谈长达6小时,其中有过失的孩子的母亲有四分之三以上对她们的丈夫表示直接的和毫不含糊的不满,有时甚至表示轻蔑。她们当中的许多人用图示的方法来描述她们婚姻生活中特有的混乱和不和谐的类型。虽然无过失少年的母亲也批评她们的丈夫,但她们批评丈夫并不那么频繁、强烈,只不过是间接提及,并且很少当着孩子的面去批评丈夫。”

人们常说“夫妻关系不好,受伤害最大的就是孩子”,就是因为冷漠、充满冲突的夫妻关系也会使孩子变得冷漠和缺乏安全感,孩子感受不到家庭的安全、温暖、关爱,就会出现很多心理和行为问题,孩子就无法得到健康和全面的发展,更别指望孩子能安心学习。

多年以来,很多教育学家、心理学家、社会学家对夫妻冲突对孩子的影响做了很多研究。苏联社会学家B. A. 瑟先科在《夫妇冲突》一书中阐述了家庭冲突对下一代的消极影响:(1)孩子在充满矛盾、父母的要求不一致的环境中,家庭气氛中缺少宁静、和平、幸福、安定……一句话,缺少儿童精神与心理健全发展所必需的一切条件;(2)发生神经——心理病态的危险急剧增长;(3)行为的放纵与缺乏自制力日趋发展;(4)孩子的适应能力逐渐降低;(5)道德习性上瑕疵日益增多;(6)孩子越来越不习惯与人们共同的道德规范;(7)孩子往往产生对自己双亲的反感，有时甚至对一方怀有怨恨。①

家庭氛围对孩子的影响是根深蒂固的，家庭氛围不好，一定会影响孩子健康人格和心理的发展，小的时候你可能看得不太明显，但长大后一定会暴露出来。家庭氛围的好坏主要是由夫妻关系决定的，夫妻关系不好，孩子就难以发展得好，即使你懂再多的教育方法都没有用，你越重视教育，孩子出的问题就越多。

夫妻关系好，孩子的健康人格自然来

我们往往把家庭比喻为避风的港湾，是让人觉得最温暖、最安全的地方。即使是再成功、再强大的人都离不开家庭，都需要家庭的温暖和力量，对于孩子来说，家庭的意义就更为重大。

孩子在健康的、温暖的家庭氛围中长大，内心就是温暖的、快乐的、幸福的，将来也会是一个乐观、积极的人。

列宁共有兄妹6人，都成为全面发展的人和无畏的革命家。在许多描写列宁家庭的作品中都不会忽略列宁父母之间的和睦，及其他们创造的欢乐的家庭气氛。②

列宁的姐姐曾非常愉快地回忆起自己的父母，她说："父亲是一个模范家庭成员，他和我们的母亲关系很好，孩子们从来没有见到父母之间有过什么争吵和家庭纠纷，他们一直生活得很和睦。在教育问题上，他们之间没有纷争和意见不一致的地方。孩子们看到的总是'统一战线'。同时，父母又用自己愉快的、善交际的性格，用对孩子们热烈的爱，用使孩子们欢乐、愉快，在无必要时就不限制他们自由的愿望，培养了孩子们极大的乐观精神和对生活的热爱。"

我们再来认识一个幸福的家庭：

赵小兰是美国第24任劳动部部长，美国历史上第一位成为内阁成员的亚裔女性，也是内阁中最年轻的一位。赵小兰的父亲赵锡成是上海人，1958年，赵锡成背负着一家人对新生活的希望只身来到美国寻求发展，经过一番努力打拼，才得

① B. A. 瑟先科著，陈一筠等译：《夫妇冲突》，中国妇女出版社1984年版，第106页。
② 伊·佩切尼科娃著：《家庭教育与成才之路》，新华出版社1982年版，第142—143页。

以将分离三年的妻女接到身边。

在美国华人世界中，赵家六姐妹一直是个奇迹，六人全都毕业于常青藤名校，其中有四位出自哈佛大学，个个学有所成，个个非同一般。就连老布什在任总统时，也曾十分认真地对夫人芭芭拉说："应该虚心地向赵家学学怎么管教孩子。"

谈到父母对孩子的影响，小女儿赵安吉说过这样一段话："我的父亲非常欣赏我的母亲，这一点非常重要，父亲总是称赞我的母亲，而我的母亲也总是称赞我的父亲，他们实际上是一个团队，我们看到了他们之间的互敬、互爱及相互合作，他们总是一个团队。"

其实夫妻关系本身就是一个非常重要的教育因素，夫妻关系好，就为孩子提供了一个最好的成长环境，家庭氛围温馨愉快，这是孩子们健康成长，各种能力和特长得以充分发展的最佳环境。

夫妻关系第一，还是亲子关系第一？

把孩子看得太重，孩子成为你最主要的希望，成为你的精神支柱和奋斗目标，这样好吗？

这样做，只会毁了孩子，毁了你，也毁了你的家庭。

夫妻关系好，首先会为孩子创造一个健康、安全、温暖、幸福的家庭氛围。

夫妻关系好，你在婚姻里得到了快乐和幸福，就不会把期望都寄托在孩子身上，就不会对孩子期望过高，要求过严，你的心态和脾气也会更加健康和平和，就会更加接纳孩子，和孩子的关系自然会更好。

夫妻关系好，经常关心你的伴侣，孩子自然不会以自我为中心，夫妻感情好的家庭一般都不会溺爱孩子。相反，夫妻感情不和睦、不融洽，就很容易把孩子放在第一位，孩子就会感到自己是家庭的中心，这个孩子将来一定会出问题，甚至会让父母后悔莫及，痛不欲生。把孩子放在家庭的中心，也会让伴侣在心理上和感情上离你越来越远，矛盾越来越多，家庭越来越不幸福。

夫妻关系好，就不会在心理上和孩子太过亲密，纠缠不清，矛盾不断。夫妻关系好，你就不会担心孩子和自己分离，不担心将来会被孩子抛弃，就不会阻碍孩子的成长。

夫妻关系好，孩子就学会了关爱和尊重，孩子将来也会人际关系好，也会家庭幸福。

……

夫妻关系第一，还是亲子关系第一？来看看这位智慧妈妈的选择：

在家庭关系中，不宜把亲子关系放在第一位，而应该是夫妻关系第一，亲子关系第二。因为，夫妻关系的稳定最有利于孩子健康成长。在这方面，麻省理工学院中国总面试官蒋佩蓉女士做出了榜样，她虽然事业很成功，却总是称赞丈夫是家里的大英雄。夫妻关系第一，亲子关系第二，就是她处理家庭关系的基本原则。显然，这是一个有胸怀、有智慧的好母亲。①

夫妻关系才是家庭关系的核心。

首先重视夫妻关系，家庭氛围好，对每个人都更好。你幸福了，孩子在幸福的氛围中成长，将来自然会幸福。

想让你的孩子将来生活得更快乐、幸福、有出息吗？那么你要做的第一步就是爱护你的老婆，尊重你的老公，先让你们过得幸福。

① 孙云晓、李文道著：《好好做父亲》，中信出版社2012年12月第1版，前言。

2 父母相互配合，孩子的发展才是最健康、最理想的

有人可能会说，要做到夫妻关系和睦谈何容易，现实生活中总免不了矛盾和争吵，怎么能减少对孩子的负面影响呢？

是啊，夫妻之间磕磕碰碰、争争吵吵、意见不一很正常，不要太过紧张，这并不能就此说明夫妻关系不好。俗话说："夫妻床头吵架床尾和"，如果夫妻之间感情很深，彼此之间互相牵挂，互相关心，即便经常有所争吵，也不用担心会给孩子造成什么不好的影响。

当夫妻冲突不可避免时，我们应加强沟通和交流，至少要做到不在孩子的面前指责和贬低对方，不要经常在孩子面前争吵。

夫妻关系再不好，对待孩子都应相互配合

夫妻关系如何还常常决定着他们在教育孩子时意见是否统一，是互相合作，还是互相反对，这将直接影响着家庭教育的效果。

夫妻关系"不只是男女之间的两性关系，而且是共同向儿女负责的合作关系"。① 在孩子的教育问题上，父母一定要多沟通，相互配合，统一要求。

夫妻关系良好，经常在教育孩子的问题上沟通、协作，就能形成一股强大的合力，孩子就更容易理解和服从。而夫妻关系不好，互相不认可、不服气，经常意见不一，孩子就会不知所措，或者钻空子，从而严重影响教育的效果。

我在参加一次家庭教育研讨会时，结识了一位母亲。在会上她好几次发言，谈自己儿子的问题，诸如作业拖拉，学习成绩差，不善交往，她几次被儿子的老师

---

① 费孝通：《生育制度》，天津人民出版社 1981 年版，第 65 页。

叫去谈话等等。

从她说话的言辞能看得出她有较高的文化素养，观点听起来也确实合情合理。后来得知，她和丈夫都是大学教师，而且夫妻二人都很重视孩子的教育，每天回家后争着辅导孩子的作业。

这让我觉得很奇怪，因为在我接触过的众多的学生和家庭中，一般父母受过高等教育，知识水平和自身素质比较高的家庭，孩子基本上都比较优秀。至少从没有见过像他们这样，父母都是大学教师，而儿子的学习在班里排倒数前三。

从她后面的发言中得知，她对丈夫很不满，而且两人的教育观念也区别很大，还经常当着孩子的面争吵。

会后她告诉我，他们之间的矛盾太多了，她已准备要离婚了。

她的孩子为什么会存在那么多的问题，我终于找到了问题的根源，那就是家里缺乏和谐、温馨的氛围，孩子整日生活在父母的矛盾和争论当中，没有欢笑，没有温暖，爸爸和妈妈都想让孩子按自己的想法去做，而他们的想法却总不相同，有时一方提出一种想法，另一方已经习惯性去反驳了。

他们虽然在教育孩子的问题上都很尽心，都很负责，可只要双方之间的关系不和谐，他们越尽心、越负责，孩子受到的伤害就越大。

我们来看一段心理学家的研究资料：

当夫妻双方共同养育孩子，双发都支持对方的抚育行为、协同合作（而不是对抗）时，孩子的发展是最理想的。遗憾的是，那些关系不和睦或承受着其他生活压力的夫妻，很难进行有效的共同养育，而且他们在养育孩子问题上的争论也会特别激烈和有害，这种争论通常可以预测儿童期和青春期适应问题。①

所以说，家庭教育不是说只针对孩子就行了，千万不要忽视了夫妻关系，不要眼里只有孩子而忽视了你的伴侣，平衡好家庭成员之间的关系，家庭关系好对家庭中的每个人都会更好。

---

① [美]戴维·谢弗著，陈会昌译：《社会性与人格发展》，人民邮电出版社 2012 年 6 月第 1 版，第 389 页。

夫妻关系好，也要反思你们在教育孩子时是不是配合得好

即使夫妻关系很好，也要注意你们在教育孩子时是不是意见统一，是互相补台，还是互相拆台。

举一个例子：

我的一个朋友，夫妻感情很好，两个人一有空就带着孩子出来玩。有一次，我们都带着孩子在楼下玩，一段时间后，这个妈妈看了看表对孩子说："我们该回家啦，明天还要上学呢"，紧接着他爸爸说："再玩五分钟吧"。我理解他爸爸的意思，他是觉得突然让孩子回家，孩子肯定不听，再给孩子一点回旋的余地，让孩子有点准备。

结果，这孩子发现还有弹性，当然不肯回家，叫了几遍，孩子都说："再玩一会儿"，他们两人实在拗不过，气得只好自己先走了，孩子这才跟在后面回家了。

这虽是小事，但重要的是影响了妈妈的权威性，妈妈说的话，爸爸都可以反驳，可见也不一定正确，也不一定非要按妈妈说的做。

如果换成这样的做法，情况就会更好些：妈妈觉得该回家了，可以这样说："时间不早了，明天还要上学呢，再玩最后五分钟吧。"让孩子有个准备和过渡，孩子正玩得高兴，你突然来一句"回家"，恐怕再乖的孩子都会和你讨价还价。如果妈妈没有那样说，那爸爸就不要再给孩子五分钟了，而是稍过一会儿后提醒孩子："走吧，回家了。"

有人说，在教育孩子时，爸爸妈妈可以"一个唱红脸，一个唱白脸"，我认为这是可以的，如果说有一方对孩子比较严厉，那另一方就应该给孩子多一些温柔和温暖，两个人都冷酷、严厉，那孩子还怎么活呢？孩子不出问题才怪。

如果爸爸脾气急躁，当孩子犯错时对孩子比较严厉和粗暴，那这时妈妈就可从中缓和和调节一下，总不能让爸爸妈妈都去责骂孩子。但这并不是说当爸爸批评教育孩子时，妈妈就该马上去护着该子，不让爸爸管，当着孩子的面指责爸爸说得不对，或者当着爸爸的面抱怨他对孩子太严，这样的话，以后爸爸在孩子面前还有什么威严呢？

大部分家庭都是父母中一个稍严一点，一个比较宽松一点，这样好吗？如果好的话，是爸爸严一点好呢，还是妈妈严一点好，请看下一篇《严父慈母还是严母慈父？》

3 严父慈母还是严母慈父？

其实在每个家庭中，孩子都会至少怕一个人，一方对孩子过于放纵、太过柔弱，另一方自然会变得严厉起来，很少有哪个家庭是孩子对爸爸妈妈都不怕，如果真有的话，那这个孩子真不知道会变成什么样？

父母对孩子都严或都不严行不行？

中央电视台《心理访谈》栏目报道过这样一个家庭，儿子今年16岁，经常有暴力行为，还曾对母亲动过手，母子俩常常是一开口就吵架。

节目一开始先播放了母子日常生活中的一个场景：

母亲："起床吧，好不好？"

儿子："起来干什么？是不是揍你？"

母亲："你不要这样好不好？"

我看到这个场景的第一反应是，这家的父亲呢？如果父亲在家里有一定的权威，即使母亲再柔弱，孩子也不会这样对母亲。这孩子以前已经打过母亲一拳，打得母亲鼻子都出血了，难道他爸爸事后就没有严厉管教过孩子吗？怎么现在还会这样对母亲？

随着节目进一步访谈，孩子的妈妈终于揭开了真相，"他爸爸总是讨好孩子，即使孩子有错，他也搁置不说。"

这个孩子的妈妈个性比较柔弱，他爸爸又总是讨好孩子，孩子在家里天不怕地不怕，难怪会出现打妈妈的行为。

那父母对孩子都很严厉好不好呢？这样当然不好，这样孩子就感受不到家庭的安全、温暖和欢乐，人格和心理都会出问题，长大后会是一个很痛苦、很冷漠、很危险的人。

妈妈严厉好还是爸爸严厉好？

父母当中最好有一个人让孩子敬畏，而这个人最好是父亲。

这首先是由男性和女性的性格特点以及角色特点决定的，男性一般给人的感觉是比较有力量，比较阳刚，比较理性，比较坚强，比较稳定，眼光比较长远。

女性一般比较温柔，比较感性，比较心软，比较细心，比较会体贴人。

父亲更容易让孩子敬畏。父亲一般都不会溺爱孩子，父亲往往也不会对孩子心慈手软，父亲在孩子心目中意味着原则、规矩，父亲对孩子严厉，孩子就会有约束力和自制力，就不会想怎样就怎样，就不会出大的问题，这时母亲就可以自然地表达出对孩子的关爱和温暖，孩子在家里既能感受到温暖，又能感受到原则和约束力，这个孩子就会成长得比较健康。

如果是母亲在家里比较权威、比较严厉，而父亲相对弱势，这样首先不利于培养男孩的男性魄力和男性的性格特征，也不利于女孩认识和学习女性的性格特征，不管是男孩女孩都无法深刻感受到母亲的温情、温暖与体贴。

母亲对孩子“铁面无私”、“铁腕执政”，那谁来给孩子细致、体贴的温情和温暖呢？总不能让父亲去和孩子“柔情蜜语”、“体贴入微”吧？

母亲比较严厉、比较强势的家庭，往往会造成孩子对父亲不够尊重，无形中打击了父亲的责任心和进取心，影响家庭的和谐和幸福。

母亲比较严厉的家庭，孩子就会缺少父亲的教育和影响，父亲教育的很多优势就无法发挥，没有了父教对于母教的调整和补充，母亲“一党独大”，专制、专断，在孩子的教育上就很容易偏激和走极端。

即使没有走极端，到孩子青春期的时候，很多一直严厉的母亲就都会发现自己越来越无力，根本起不到作用，反而和孩子的矛盾冲突越来越大。

青春期时父亲的引导和管教就会起到很大的作用，父亲的一次管教更能顶母亲十天的唠叨。

严父和慈母配合最利于孩子成长

两岁之前，孩子会更依恋母亲，但随着孩子长大，孩子会越来越希望得到父亲的关注，越来越在乎父亲的看法，尤其是到了青春期，孩子会特别想挣脱母亲的管教和唠叨，而这时父亲的态度就显得尤为重要。

孩子青春期的时候，母亲要有意向后退，父亲要主动向前"冲"。

严父和慈母配合起来好在关爱孩子、尊重孩子的前提下，一个给孩子刚性的限制和约束，一个给孩子温暖的关心和安抚，孩子既不缺温暖也不缺管教，既不会出现严重的心理问题，也不会犯严重的错误。

如果把严父慈母的意义说得更简单、通俗些，那就是：

父亲要有责任心，母亲要有好脾气。

两位父亲的态度不同，孩子的发展也截然不同

涛是我的小学同学，天资聪颖，小学低年级的时候学习非常好。

可他就是有点贪玩，自制力不够，小学高年级以后就很明显地表现出来了。当他在做作业时，只要同学一喊他出去玩，他准去。上初中以后，他在同学的影响下迷恋上了游戏机，经常不是在游戏厅，就是和同学到处玩，心思根本就不在学习上。尽管所有的同学都知道他很聪明，尤其是理科方面，可他却根本静不下心来学习，最后竟成了差生，初中毕业后就开始到处闲逛。直到现在，他还是个缺乏自制力，懒散成性，换了不知多少个工作，不是嫌累就是嫌苦，要么就是嫌没前途，我们都为他感到非常惋惜。

我们来看看他的家庭教育，他的爸爸是我们周围有了名的"不管事"，平时就住在工作单位，很少回家，回家也不管家里的事，不管孩子的教育，要么就是和孩子说说笑笑，恐怕他就是要教育孩子，孩子也不听。

涛的妈妈也已经管不住他了，他长大后根本就不怕他妈妈，他妈妈一说他，他就和妈妈顶嘴，甚至要吵架，有好几次吵架最终还是别人把他们劝开了。

涛的爸爸要是在他成长过程中多发挥点作用，给孩子一些威严和规矩，涛就会有约束力和自制力，他也绝不会成为今天这样。

我们再来看看美国著名教育专家杜步森博士讲述的关于他父亲的一段经历①：

---

① 杜步森著，陈的民译：《培育男孩：塑造下一代男人》，中国社会科学出版社2007年版。

我父亲是一名传道者,很多时候都不在家,我的母亲则和我待在家里。在青春期那段时间里,我开始对母亲发脾气。我从来没有做出过全面的反抗,但是我确确实实有过那种倾向。

我永远忘不了那个晚上,母亲跟父亲打电话。

我听见她说:“我需要你。”

使我惊奇的是,父亲立即取消了4年的聚会,把我们住的房子卖了,搬到南方700英里远的一个地方去当牧师,这样他就可以和我们在一起,一直到我中学毕业。这对他来说是个巨大的牺牲,他在事业上从此一直没有更大的发展,但是他和母亲都觉得,我健康成长比他们眼前的工作更为重要。在那几个年头里,我本来有可能遇到更严重的麻烦,但因为父亲就在我身边,我获得了帮助。今天,我如我经常做的一样,又一次满怀敬意地谈到我的父母,其中的原因之一是,在我走向崩溃的边缘时,他们给了我最大的关心。

看完这两个故事,我想起了这样一句话:“错过金钱不要紧,错过孩子的成长才是永远无法弥补的失误。”

父亲在家里有权威,对孩子有约束、有原则、有管教,孩子的言行就会有原则、有尺度、有规矩,就不会轻易走上歪路。

什么是严父?

严父不是说父亲对孩子就要凶,就该始终板着面孔,不苟言笑,让孩子惧怕。

作为一个父亲,不能以身作则,不尽力承担起自己的责任,不知关爱孩子和家人,整天就知道对孩子发火,这根本不是严父,这只能引起孩子的愤怒、怨恨、自卑和叛逆。

严父首先要是一个有责任心的父亲,他要尽力承担起自己的责任,家里的大事他一定会参与其中,决不会袖手旁观,只任孩子的母亲独自承担,独自着急;当有危险和困难时,他一定会挺身而出,保护家人的安全。

严父关爱孩子但讲原则,懂得尊重孩子,平时也会和孩子玩耍、谈心,但当孩子触犯原则,难以管教时,父亲一定会“断喝一声”,在关键时刻“路见不平一声吼,该出手时就出手(不是指打孩子)”,坚定地告诉孩子“不可以”,而不是让母亲心急如焚地教育孩子，而他在一旁不闻不问。

这样的父亲，孩子一定会在心里面敬畏他，孩子为人处世就会有原则和尺度，也更希望得到父亲的认可和赞赏。

对于父亲的威严，有一位日本的教育家写得非常有趣：

要说就要说得坚决。发怒的时候还在犹豫，话说一半儿留一半儿，根本起不到作用。例如，有些父亲一天到晚不给孩子个笑脸，随便碰到点小事啰啰唆唆不停地抱怨，就像哼哼唧唧老也落不下来的雷似的，到时候淅淅沥沥地下点儿小雨，弄得孩子也不把你的脾气当回事儿："反正也没什么大不了的。"生气要像打雷，落的时候就要惊心动魄、干脆利落，但也就这么一下子，完了就得是晴天，千万别没完没了。①

父亲不要担心严厉会破坏亲子关系，也不要担心这样会让孩子不喜欢自己，因为"经常关爱孩子＋偶尔的严厉"才是完整的父亲形象，这样的父亲在孩子心目中才更像父亲，这样的父亲在孩子心目中才有地位、有权威、有魅力，孩子才会觉得踏实和安全。

一个任何时候都不温不火、嘻嘻哈哈、软软绵绵的父亲，孩子不会听他的话，也不会在意他的意见，这样的父亲会让孩子缺乏安全感。

总之，严父先要关爱孩子、尊重孩子、有责任心，偶尔也会态度很坚决，偶尔也会暴风骤雨似的发怒。

严父不是靠打骂孩子树立自己的权威，而是孩子因为尊敬你而害怕你。

什么是慈母？

慈母也不是说母亲在任何时候都要慈祥和蔼，甚至毫无原则地宽容、放纵孩子。

慈母首先要多关爱孩子、尊重孩子，对孩子要有耐心，多给孩子讲道理，允许孩子慢慢来。母亲要让孩子感到这个世界很温暖。

当孩子遭遇失败、沮丧退缩时，她不会恨铁不成钢，一味地指责孩子，而是像孩子温暖的避风港，接纳和理解孩子，安慰和鼓励孩子；当孩子哪件事做得不好

---

① 河合隼雄著，李静译：《实用教子秘诀48条》，南海出版公司2007年9月第1版，第96页。

时，她不会马上火冒三丈，对孩子又打又骂，而是耐心地指导孩子，帮助孩子。

我们可以留心观察一下，很多伟人和成功人士，都有一个慈祥、宽容、有爱心、有耐心的好母亲。

毛泽东的母亲慈眉善目，宽厚随和，慷慨大度。

在读书时，母亲成了小小泽东的庇护神，给他保护，泽东一直都很敬重他的母亲。

当泽东和父亲发生分歧时，母亲是很不赞成的，她说："这不是中国人的做法"。

毛泽东六七岁时开始到私塾读书。他很同情班上一位因家境贫穷而带不起午饭的同学，常常把自己的饭与他分着吃。母亲看到他晚饭吃的那么多感到迷惑不解，当得知事情的真相后，这位善良的母亲便每天早晨都给儿子准备两份午饭带去上学。①

毛泽东母亲的宽厚、温和、善良、富有爱心和耐心，母亲的性格和品质对毛泽东有着非常重要的影响，毛泽东一生都很敬重自己的母亲，对母亲有着很深厚的感情。

父亲不严怎么办？

父亲经常和孩子玩可以，但不管家里的事，不管孩子绝对不行；孩子不怕父亲没关系，但是不尊敬父亲绝对不行。

周围有些做妈妈的朋友说，我们也想"严父慈母"，可是我们家先生就是不太管家里的事，很多事都是我拿主意，他也很少管孩子，要么就是经常和孩子在一起玩，孩子一点都不怕他，他说什么孩子也不听，只好我对孩子严厉一些了。

这种情况怎么办呢？

这就需要妻子不要事事"逞能"，要学会适当地示弱，敢于放手，主动撤退，为丈夫创造机会，帮助丈夫在孩子面前树立权威的形象。

比如当孩子故意犯错误时，告诉孩子："你爸爸要是知道了，会很不高兴的。"

---

① （美）R. 特里尔，《毛泽东传》，刘路新、高庆国等译，胡为雄校订，河北人民出版社，1990 年 12 月第 2 版，第 7—10 页。

当孩子难以管教时，鼓励父亲出面，不要担心丈夫也管不了，爸爸生起气来总更有威慑力。平时鼓励丈夫多做决定，如果丈夫做了决定，自己首先要带头尊重丈夫的决定，决不当着孩子的面指责丈夫，而是给孩子多讲讲父亲的优点。孩子出现问题时，多鼓励丈夫去教育孩子。

做妈妈的在家里很强势，她的丈夫就会越来越萎靡，越来越没有责任心，越来越无能，孩子的问题也越来越多，最后只能是自己累得筋疲力尽。

千万不要一边大权独揽，一边指责丈夫的不负责任和无能，这样对家里的每个人都没有好处。

示弱是上天赋予女人的特权，这会让你的丈夫更有尊严，更有责任心，严父慈母的组合最利于孩子的成长。

可如果要男人在女人面前无奈、示弱，不是那么容易的，除非你先把他的尊严彻底打垮。

4 父亲对家庭的影响

父亲是怎样影响着整个家庭的氛围和幸福的呢?

如果丈夫是一个有责任心的人,他会尽力承担起家庭生活的重任,不管他的能力大小,他会不断地为这个家庭想办法、想出路,或者不断辛勤地劳作,来保障家人的生活,这样他的妻子就没有多少后顾之忧,不用太过担心生活的压力。

如果丈夫有责任心,家里的大事或突发事件他一定会站出来表态和拿主意,而不是把妻子急得手足无措,他却不慌不忙,甚至是不管不问。这样他的妻儿就会有一种安全感,心里就会有主心骨,她就不会常常感到焦虑和急躁。

如果丈夫有责任心,即使他能力再小,即使他挣不到足够的钱,他至少会懂得关心和体谅妻子,尽量保护和帮助妻子。如果家族内有矛盾(比如婆媳之间),他会从中调解,适当地为妻子着想,并安慰和劝导妻子,让妻子感受到丈夫的支持。而不是老实巴交、不管不问,甚至还总是站在另一方,任妻子一个人去承受整个家族的矛盾。丈夫关心理解妻子,懂得为妻子着想,妻子就能感到家庭的温暖和幸福,就不会忽视夫妻关系,也就不会把全部精力和希望都放到孩子身上,她的心态就会比较健康和平和。

父亲对孩子人生观和价值观的形成具有重要的影响,尤其是对于男孩来说,父亲更是孩子做人的榜样,父亲有责任心,孩子就会潜移默化地从父亲身上学到很多优点,也会逐渐成为一个有责任心的男子汉,孩子的教育在不知不觉中就会变得很容易。

父亲在关键时刻站出来管教和引导孩子,孩子就不会出大的问题;孩子顶撞母亲时,父亲站出来教育孩子,孩子以后就不敢在母亲面前猖狂。父亲参与到孩子的教育中来,可以起到比母亲教育更好的效果,也可以避免母亲教育的缺点,补充母亲教育的不足。

丈夫对家庭和孩子有责任心，妻子也就不会太担心孩子的教育，她对孩子的教育和要求也就会比较“正常”，而不会特别严厉、偏激和褊狭。

这两个家庭为什么会变成这样？

如果丈夫责任心不够，或者说丈夫的角色扮演得不好，这个家庭会发展得怎样呢？

我们来看这样一个案例（据中央电视台《心理访谈》报道）：

琳琳是一个正值青春期的女孩子，她和妈妈的关系非常糟糕，简直是水火不容、针锋相对，常常互指着对方破口大骂。琳琳觉得妈妈没有资格当母亲，因为妈妈脾气暴躁，经常打自己。妈妈觉得女儿不听自己的话，总是惹自己生气、发火。

这个妈妈还曾在切菜时因为女儿的一句话一怒之下，鬼使神差地用刀砍伤过女儿，还买过汽油威胁说要泼到女儿身上，和女儿同归于尽。

这个妈妈难道不爱女儿吗？可她经常打女儿的原因是想让女儿好好学习，将来有个好前途；这个妈妈不心疼女儿吗？可她常常在打完女儿后，又抱着女儿哭。

女儿因为在学校里偷拿了同学的东西，被同学耻笑后，说什么都不肯再上学了。妈妈就逼着女儿在家里学习，虽然家里经济条件不好，她还特意给孩子买了学习机，可女儿却天天迷恋电视，妈妈一阻止，就会爆发一场激烈的母女战争。

这个妈妈后来只好求助于心理专家，在心理专家的引导下，她才发现自己一直是在把对家庭的怨恨都发泄到了女儿身上，女儿成了她的出气筒。

她认为丈夫给自己了太多的委屈，从不知理解和体谅自己，在婆媳的矛盾中总是站在婆婆那一边，她怨恨公婆对丈夫操控太多。

她说自己在家孤立无援，根本没有地位，公婆不把她当人看，丈夫也不和自己是一家，孩子也不听自己的，她觉得活着真痛苦、真累，看不到家庭的希望，脾气就越来越急躁，稍微一点矛盾就会“引爆”她。也正是因为她的暴脾气，孩子也越来越无法忍受她，记得琳琳对心理专家是这样说的：“她从来没有给我一个温暖的家，不能给我快乐，她太暴力了，我根本不想听她的话，我要是没有这个妈就好了。”

在这个家庭的亲子关系中，很显然是母亲的错，孩子是受害者，可这个妈妈也需要理解和同情，把任何一个女人放在这个家庭环境中，谁不着急呢？哪个妈妈会对自己的孩子下狠手呢？

如果丈夫懂得理解和关心妻子的感受，这个家庭绝不会成这样。

很多母亲对孩子的家庭暴力，都跟这个案例有相似之处。

再来看一个真实的案例：

小龙的妈妈是个好强、能干又能吃苦耐劳的人，年轻的时候在父母的包办下和小龙的爸爸结了婚。小龙的爸爸除了每月挣一点工资给家里，家里的大事小事他都不怎么管，孩子每个星期花多少钱，学习状况怎样，他都不知道。

小龙的妈妈家里家外一把手，大小事都得她操心、拿主意。尽管如此，小龙的爸爸却并不懂得体谅和关心妻子，家里有什么苦活累活，别人找他有什么大事，他都让人家去找小龙的妈妈。

小龙的妈妈对自己的婚姻不满意，孩子就成了她的希望和寄托。她对小龙要求很严，除了学习其他什么都不让孩子干，也不允许孩子随便出去玩。

小龙思想压力很大，可他在母亲的娇惯下又很懒惰、吃不了苦、缺乏毅力，学习很被动，最终并没有考上大学。不仅如此，因为妈妈的溺爱和狭隘的教育方式，小龙不仅自理能力差，吃不了苦，也缺乏正常的人际交往能力，现在都三十多岁了还无法自立，整天关门不出，他的妈妈六十多岁了，还得出去打工养活儿子。

如果丈夫是一个缺乏责任心的人，妻子就会整天焦虑和担心，慢慢就会变得急躁和暴躁，家庭中就常常会“战火不断，硝烟弥漫”，这不仅会发生在夫妻之间，母亲还会不由自主地将这种焦虑、急躁和负面情绪带到亲子关系中，常常会对孩子缺乏耐心。

对于这样的家庭状况，个性比较软弱的女人，除了整天发脾气和唉声叹气，在孩子的教育过程中会感到越来越无力，孩子变得问题不断，难以管教。

个性好强的女人因为从婚姻里感受不到温暖和幸福，看不到希望，自然而然地就会把希望都寄托在孩子身上，对孩子高期望、严要求，同时又常常把对丈夫和生活的怨气发泄到丈夫和孩子身上，孩子迫于母亲的压力和影响也越来越瞧不起父亲，父亲没有地位，说不上话，只好不断地退缩。缺失了父教的很多优势，以及对于母亲在教育孩子过程中很多缺点的调整、中和和补充，母亲在孩子的教育上就越来越偏激和狭隘，最终使孩子出了问题。

等孩子到了青春期，当他意识到自己这么多年背负了太多母亲给的压力和负面情绪后，当他想挣脱束缚时，他会把这么多年母亲给自己的压力和负面情绪统统都还给母亲，而这时父亲和母亲都已经无能为力了。

通过以上的分析，你有没有发现，父亲的责任心决定着这个家庭的氛围和家庭的幸福，也影响着母亲对待孩子的态度。

如果看到这篇文章的是父亲，不知你有没有认识到你对家庭的作用和影响。努力做一个有责任心的好男人，这会让你的家庭更幸福，孩子自然也会成长得更健康更好。

你或许会觉得自己能力有限，不能给家人提供多么富裕的物质生活，不能在家里的每件大事上都做出正确的决定，但你可以理解、关心和爱护你的妻子，这会让你的妻子倍感欣慰，体会到家庭的温暖和幸福。

如果看到这篇文章的是母亲，不管你的丈夫是怎样的人，如果你还得跟他过下去，就请你先不要急着去指责和贬低他，因为这只能让他越来越没有责任心。学会适当地示弱，给他机会，给他鼓励，让他尝试，告诉丈夫你需要他的关心和支持。当丈夫做得好时，表达出你的感受，他以后会做得更好。

父亲的责任心不仅决定着家庭的幸福和母亲对待孩子的态度，更直接决定家庭教育的效果，一个好父亲和一个缺乏责任心的父亲对孩子的影响简直是天壤之别，父亲真有这么大的作用吗？父亲是怎样影响孩子的呢？请看下一篇。

5 父亲做得好，孩子才能成长得更好

随着最近十几年对家庭教育研究的不断深入，越来越多的研究者认识到了父亲的价值和作用，出现了很多专门研究父亲的专业书籍和杂志。一些专业的研究者，关于父亲对于孩子的影响可以写出一本书或者几本书，而我现在要在一篇文章中来谈论这个主题，真不知道从何说起，我只能拣最重要的说：

(1)父亲是孩子人生的引路人。

孩子人生观和价值观的形成更容易受父亲的影响，为什么呢？

孩子很小的时候通过观察和直觉就能很明显地感觉到，妈妈一般都比爸爸啰嗦，妈妈关心的小事多，爸爸关注的大事多；爸爸比较理性和稳定，而妈妈比较感性和多变；妈妈经常会生气、发脾气、唉声叹气、爱哭、也很容易逗笑，而爸爸相对就比较稳重，不会那么善变和喜怒无常；爸爸更喜欢在外面，妈妈更喜欢在家里；家里什么东西坏了，有什么比较危险的事或者什么突发事件，好像都是爸爸比妈妈能干；爸爸比妈妈更勇敢，更坚强；除了做家务，看起来爸爸更有人生经验……

所以说在大事上，孩子更容易听爸爸的，将来做一个什么样的人，怎样的人生更有意义，孩子也更容易受爸爸的影响。

爸爸喜欢谈论文化，尊敬有文化的人，孩子也会尊敬这样的人，也想变成这样的人；爸爸喜欢谈论怎么挣钱，怎么做生意，欣赏有钱的人，孩子就更向往会做生意能挣钱的人；爸爸尊敬勤奋、诚信的人，孩子内心里也就想变成这样的人；爸爸认为什么有价值，孩子也会深受影响……

英国前首相撒切尔夫人，是英国历史上第一位女首相，并连任三届，世界著名政治家，以“铁娘子”而闻名于世。在她的成长过程中，父亲对她的影响非常大。

她的父亲罗伯茨是英国格兰文森小城一家杂货店的店主，在经商的同时，积

极投身于公益事业和教会活动，在小城的政界中颇有声望和号召力。在父亲的影响下，玛格丽特（撒切尔夫人结婚前的名字）对政治产生有了浓厚的兴趣。

父亲几乎把家里所有的钱都用来提高玛格丽特的教育，并注重培养玛格丽特积极向上的决心和信心。父亲曾这样教导她："玛格丽特，绝不要去想那些平常的事，因为人们早已经做过了。打定主意做你想要做的事，并设法说服人们遵循你的方式。"在以后的学习、生活和工作中，她牢记父亲的教导，总是抱着一往无前的精神和必胜的信念，尽自己最大努力克服困难，争当一流。

1979 年 5 月，撒切尔夫人作为英国女首相搬进唐宁街 10 号时说："我的一切成就都归功于我父亲罗伯茨先生对我的教育和培养。"

一个女孩怎么会对政治产生浓厚的兴趣，因为她的父亲就热衷于公益事业和教会活动，对政治很关心，女儿自然就会受到父亲的影响。

父亲对孩子人生观和价值观的形成往往会有很重要的影响。

父亲对孩子来说意味着外面的世界，父亲是孩子从家庭走向社会的桥梁，是孩子人生的引路人。父亲的教育和引导能让孩子更好地社会化，更好地融入社会。

每个孩子，尤其是男孩在心理和做人上都会多多少少受父亲的影响，都多多少少有父亲的影子。如果爸爸本身就是一个正直、勤奋和富有责任心的人，只要不溺爱孩子，能参与到孩子的教育中来，那这个孩子就不会出问题；如果爸爸给孩子的正面熏陶和影响太少，那孩子就会缺乏向正面发展的力量，也很容易变成像父亲那样的人。

对于男孩来说，父亲是孩子做人的榜样，父亲有责任心，孩子就会潜移默化地从父亲身上学到很多优点，也会逐渐成为一个有责任心的男子汉，孩子的教育在不知不觉中就会变得很容易。

美国著名教育专家杜布森博士有一句名言："让一个男孩和一个合适的男人在一起，这个男孩永远不会走向邪路。"

什么是好父亲，首先自己要以身作则。

（2）父亲意味着规则和权威。

我们先来看几组数据：

第一组数据来自美国父道组织的调查：美国 70% 的少年犯出自单亲家庭；

60%的强奸犯、72%的少年凶杀犯、70%的长期服役犯人来自无父家庭;90%的无家可归和离家出走的孩子来自无父家庭;戒毒中心有75%的青少年来自无父家庭;80%的强奸犯的动机源自生长于无父家庭滋生的愤怒。①

美国总统奥巴马在2008年父亲节讲演时引用的一组统计数据:生活中没有父亲的孩子将来贫困或犯罪的可能性比一般孩子高出5倍,将来弃学的可能性高出9倍,将来被关进监狱的可能性高出20倍。他们更有可能出现行为问题,更有可能离家出走,更有可能在未成年时就当上父母。②

为什么父爱缺失和父教缺失的孩子容易出问题?

弗洛伊德曾说:"孩子眼中的父亲是集法律、约束力、威严、权利于一身的超人。"我们在前面已经分析过,父亲在孩子眼里往往更理性、更有原则性、目光更长远、更有力量,父亲在孩子眼里就是纪律、规则和力量的象征,父亲常常参与到孩子的教育中来,关键的时候站出来管教孩子,孩子就学会了遵守规则,父亲严厉实际上就培养了孩子对于权威和法律的认可。

(3)孩子将来能否独立,父亲的作用至关重要。

孩子刚学走路的时候不小心摔了一跤,妈妈赶紧抱起来心疼得不得了,又是亲又是哄,而爸爸会说:"没关系,没事的";孩子开始认识自然界和锻炼自己能力的时候,总是想去摸摸这个,爬爬那个,妈妈总会在一旁不停地说:"这不能摸,脏,那不能去,小心有危险",而爸爸常常会说:"没关系,脏点怕什么,让他试试吧";孩子长大了,要去离家远的地方上学,前一天晚上妈妈一边帮孩子收拾行李,一边掉眼泪,这时爸爸常会这样说:"没关系的,不要担心,孩子长大了,让他出去锻炼锻炼吧"。

妈妈总是不放心孩子,舍不得孩子,恨不得孩子永远都在自己身边,妈妈总会心疼孩子,总想对孩子多做一点,总是不由自主地想溺爱孩子。孩子从一出生就天然地最依恋妈妈,舍不得离开妈妈,可是母子太过亲密,孩子就无法走向成熟和独立。这个时候唯有父亲介入母子中间,并且经常提醒母亲放手,同时鼓励孩子自己尝试,鼓励孩子走出去,孩子才能最终走向独立。

在心理学上,父亲被看作孩子挣脱对母亲过度依恋的关键力量。教育专家孙

---

① 杜布森著,陈德民译,《培育男孩:塑造下一代男人》,中国社会出版社,2007年出版。

② 孙云晓、李文道著,《好好做父亲》,中信出版社,2012年12月第1版,第18页。

云晓有句话说得特别贴切："从本质上说，父亲是帮助剪断母亲和孩子之间情感过于依赖的脐带的人，也就是说，父亲的重要使命就是让孩子从对母亲的依赖关系中分离独立出来。"父亲的存在与鼓励是孩子独立性发展的强大动力。

著名女性心理学家卡罗尔·吉利根认为，男女两性与他人的联系方式截然不同，女性往往侧重于联系，男性往往侧重于分离。父亲往往鼓励孩子的自由探索，而母亲往往倾向于过度保护。作为男性，父亲更倾向于鼓励孩子的自主与独立。①

母亲培养孩子的亲密性，给孩子温暖，父亲培养孩子的独立性，引导孩子走向自立。

父亲的教育缺失或不足，就会造成母亲的影响过于强大，母子联系过于紧密而纠缠不清，最终孩子不但无法自立，还会和母亲之间的矛盾和斗争不断。

(4)父亲能避免和调节母亲教育中的缺点，补充母亲教育的不足。

母亲习惯"抓小"，父亲喜欢"抓大"；母亲爱说"要小心"，父亲爱说"要勇敢"；母亲常会说："好好在家待着学习，别老想着出去玩"，父亲常会说："走，跟爸出去办点事，别老待在家里"；母亲爱唠叨，父亲说："你少说两句吧，说那么多没用，越说孩子越烦"……

感觉到父亲和母亲的不同了吗？

父亲可以调整和弥补母亲在教育孩子过程中的不足和缺点，避免母亲教育方法的单一和褊狭，而不会走极端。

父亲可以避免母亲对孩子的溺爱，引领孩子走向独立。

父亲可以避免母亲对孩子过得太多、太细，既可以缓和母子关系，也助于发展孩子的个性和兴趣。

父亲可以避免母亲对孩子管得过于严厉和单一，使得孩子可以正常地发展。

……

我们在前面提到过的高二学生徐某和小龙，都是因为父亲参与得不够，没有及时提醒和调整母亲的教育方式，才导致了问题的发生。

(5)男孩男子汉气质的培养主要靠父亲。

我们身边总有些大男孩胆小怕事，柔柔弱弱，总爱计较些鸡毛蒜皮的小事，整天唠唠叨叨、啰啰唆唆，缺乏阳刚之气和男子汉气概。造成这种现象，他的父亲难

① 孙云晓、李文道著：《好好做父亲》，中信出版社2012年12月第1版，第62页。

逃责任。

父亲是男孩的第一个男性榜样，也是接触最多、最重要的男性榜样。孩子小的时候成长的过程就是模仿的过程，男孩子会不断观察他的父亲怎么说话、怎么做事、怎么待人接物，以及怎么对待女性（主要是母亲），然后在不知不觉中模仿父亲。

心理学家麦克·闵尼的研究结果指出：与那些一星期内接触父亲不到6小时的男孩相比，每天与父亲接触不少于2小时的男孩，更有男子汉气概，他们所从事的活动更开放，他们更具有进取精神，也更愿意去冒险。

还有研究证实：如果父亲在家中是果断的、具有支配性的，男孩往往表现出高度的男性化；如果父亲在家中是软弱的，而母亲具有支配性，男孩会表现出更多的女性化特征。①

要培养未来的男子汉，妻子要先尊重自己的丈夫，多给丈夫机会，丈夫要多陪陪孩子。

（6）有父爱的女孩不易早恋。

一项全美调查发现：单亲家庭少女怀孕的比例是双亲家庭少女的3倍。在另外一项研究中，学者赫瑟林顿比较了两组女孩，一组是与父母生活中在一起的女孩，另外一组是只与母亲生活在一起的女孩，结果发现：来自离婚家庭的女孩更早、更频繁地与男孩约会。②

一些心理学家和专业的研究者从各个不同的角度来证实为什么父爱缺失的女孩更易出现以上行为。

我认为最简单、最直接的原因有两个：

第一，父亲有责任心，经常关爱女儿，女儿就有足够的安全感，就能感到家庭的温暖和幸福，有父爱的女孩也更自信、更高自尊，更爱惜自己，而不是稍有异性对她好时，就很容易和对方走到一起。

第二，女儿通过父亲来了解男性，经常和父亲在一起的女孩就不会对男性特别陌生和好奇，也更会和男性打交道。心理学的角色互动理论指出：父亲在帮助

---

① 孙云晓、李文道著：《好好做父亲》，中信出版社2012年12月第1版，第37页。

② E. M.《Effects of Father Absence on Personality Development in Adolescent Daughters》，Hetherington，《Developmental Psychology》，1972.

女孩学习与男性打交道方面较为重要，学者赫瑟林顿的研究发现，在与男性打交道方面，那些只与母亲生活在一起的女孩，面对男性时表现出更高的焦虑感。

第三，父亲经常参与到孩子的教育中来，父亲在孩子心目中有权威、有影响，孩子在大的方面上就会有原则和尺度。

(7)经常和父亲在一起的孩子人际交往能力更强。

大多数情况下，女性往往比男性更敏感，更在意细节，更感性，也更情绪化，对朋友的要求更高；而男性往往比女性更粗犷，更随意，情绪更稳定，男性常常对朋友苛求的少，男性也更喜欢交朋友，也更容易和不同性格的人打交道。

父母亲在引导孩子如何交往时，他们的态度也会大相径庭。比如，孩子说班里某个同学打他，母亲常常会对孩子说："那你去告诉老师，以后不要再跟他玩了。"而父亲常常会说："没什么大不了的，我小时候也打过架，他打你，你也可以打他呀，打过以后还可以做朋友，不打不相识嘛。"

(8)父爱让孩子更勇敢、更坚强。

我们常说父爱如山，父亲要让孩子觉得这个世界很安全，如果父亲没有承担起自己的责任，没有扮演好父亲的角色，孩子就会自卑、怯懦、胆小。俗话说"虎父无犬子"，不是说父亲很能干，孩子就一定很能干，我的理解是，父亲有责任心、勇敢、坚强，孩子在外面就不会懦弱，因为他的内心里有安全基地。

弗洛伊德曾说："我想象不出还有什么比父亲的保护更让一个孩子渴求得强烈。"也就是说，孩子最渴求父亲的保护，父亲对孩子来说，意味着力量和勇敢，从小有着父亲的陪伴和关爱，孩子就不会缺乏安全感，也更乐意去探索和挑战。

(9)父亲的称赞和鼓励比母亲更有分量。

我们在前面分析过，父亲在孩子的眼里往往更理性、眼光更长远，在大事上更有经验，再加上父亲一般表扬孩子比较少，当孩子有进步时，就更希望得到父亲的认可，当父亲称赞孩子时，也更能增加孩子的自信，当孩子遇到挫折和失败，或者有困惑不知所措时，父亲的鼓励就会非常有分量。

同样的道理，当孩子遭遇失败时，父亲的否定和指责对孩子的打击也更大。

随着孩子年龄的增长，孩子会越来越在乎父亲的态度和看法，父亲的称赞和鼓励常常比母亲更有分量。

(10)父爱让孩子更聪明。

很多研究发现，父亲带大的孩子更聪明。其主要的原因有：

父亲更爱和孩子玩，也比母亲更会和孩子玩，父亲更爱和孩子玩那些开放性的、有创意的、活动量大的游戏，孩子在游戏中会得到更多的经验和启发。

母亲在和孩子玩的时候给孩子的束缚和要求更多，比如常常会说：“这不要摸，那不能动”，而父亲更喜欢鼓励孩子探索和尝试，探索的过程就是学习和增长经验的过程。

父亲在家里更喜欢修理东西和动手操作，这也是孩子学习和观察的好机会。

工作再忙也照样可以做个好父亲

说了这么多父亲的优势，无非是让大家认识到父亲对于孩子成长的重要作用和价值，无非是想让父亲多陪陪孩子，多参与到孩子的成长和教育中来，千万不要把教育孩子的重任都推给母亲。

有些父亲可能会说：“没办法呀，工作太忙，没有太多时间陪孩子啊。”可我了解到这些忙碌的父亲在回到家后却更乐意坐在电脑前、电视前，或者更愿意看着手机玩。

我们来看看李嘉诚的故事①：

华人富商李嘉诚，他管理着那么大的商业集团，他的日程可谓繁忙，但他从未因此忽视对孩子的教育，他绝对是一位忙父亲，但也绝对是一位好父亲，他在孩子身上倾注了很多心血和智慧。

两个儿子很小的时候，李嘉诚就带他们体验生活的艰辛。带孩子们一起挤巴士，上学也是如此，孩子们经常闷闷不乐地问父亲：“为什么别的孩子都有私家车专程接送，而您却不让家里的司机接送我们呢？”李嘉诚每次都会笑着解释：“在电车上、巴士上，你们能见到不同职业、不同阶层的人，能够看到最平凡的生活、最普通的人，那才是真实的生活、真实的社会；而坐在私家车里，你什么都看不到，什么也不会懂得。”

当两个儿子八九岁时，李嘉诚就在开董事会时专门为他们设置了位置，让他们观看和体会。他给孩子们的零花钱也少得可怜。李嘉诚还常常鼓励孩子们勤工俭学，自己挣零用钱，李泽钜和李泽楷在很小的时候就开始做杂工、侍应生，李

① 孙云晓、李文道著：《好好做父亲》，中信出版社2012年12月第1版，第230—231页。

泽楷在很长一段时间内每个星期日都到高尔夫球场做球童。

为了让孩子养成勤奋学习的好习惯，李嘉诚还以身作则为孩子树立榜样，每天晚上，辛苦了一天的李嘉诚都会坐在书桌前阅读、自学外语。每逢星期日，李嘉诚就带着孩子们一起出海游泳，然后亲自给他们上国学课。

我不是提倡大家学习名人的教子方法，因为各家的情况不一样，更何况你学别人具体的方法也不一定能坚持下来，但大家可以学习这些好父亲对孩子的这份心，以及对孩子的责任感。

很多父亲在外面辛苦地打拼就是为了孩子，可你如果因为忙忽略了孩子，到头来反而会耽误了孩子、害了孩子。

赚钱养家和发展事业不应成为你推卸责任的借口，只要你足够重视孩子的教育，你总能找到时间，做个好父亲并不是让你整天陪着孩子。

你整天陪着孩子，孩子不见得会教育得很好，不懂得关爱孩子、引导孩子，甚至没有给孩子做好榜样，即使天天和孩子在一起又有什么用呢？

你工作很忙，经常出差，孩子也不见得肯定会出问题，关键是要心中有孩子，知道自己对于孩子的影响和责任，只要你肯找时间，只要你肯用心，比如常给孩子打电话，给孩子留言或写信等，孩子就能感受到你的爱，即使你离得再远，孩子也会觉得你仿佛就在身边。

除此之外，还要给各位忙碌的父亲提两点注意事项：

第一，不要因为平时工作忙，陪孩子的时间太少，回家后就无原则地弥补孩子，溺爱孩子。

第二，不要因为平时工作忙，就用金钱弥补孩子。这样做的后果和弊端大家是可想而知的。

第八章

培养健康人格的好方法

教育孩子的方法要符合正确的教育理念，正确家庭教育理念也只有落实到具体的实践中才有效，如何将这二者结合起来？其实生活中有些简单易行的方法就可以将这二者完美结合。

1 最好的家庭教育方法

研究家庭教育这么多年,对比过多种家庭教育方法,要问我哪种教育方法最好,我可以很肯定地回答:讲道理。

为什么讲道理的方法最好、最有效?

我们来看一个常见例子:

亲戚带着孩子到你家里来做客,几个大人在一起聊天,两个孩子在一起玩,你的孩子大,亲戚家的孩子小。

不一会,你就听到了亲戚家孩子的哭声。你闻讯赶紧跑过去,亲戚家的孩子向你哭诉:"他抢我的遥控器,还打我。"

你这时该怎么办?

当孩子犯错误时,大多数家长的处理方法有三种:

第一种,冷落。

家长怒吼道:"你怎么能这样,你走开、走开,妹妹再也不想跟你玩了,我也不想再看到你,你一个人到你的房间去,看谁还愿意理你。"

边说边把孩子往他的小房间拉,然后拉起亲戚家的孩子就走,大家都去安慰亲戚家的孩子。

孩子的反应:

孩子被一个人冷落到一边,心里很可能这样想:"妈妈就知道向着别人,我就是不招人喜欢。随便,反正我就是这样的人。"

第二种,惩罚。

家长怒气冲冲地一把把遥控器夺过来,给亲戚家的孩子,然后打自家孩子的手或者屁股,边打边说:“你以后再打小妹妹,小心我揍你。”

孩子的反应:

孩子会在心里给妹妹说:“这次算你赢了,还让我挨顿打,走着瞧,下次等爸爸妈妈不在家时,我还不让你玩遥控汽车。”

第三种,讲道理。

对孩子说:“你看,你把小妹妹打疼了,看她哭得多伤心、多可怜,你如果这样,她下次就再也不愿意跟你玩了,你这样子可不像个大哥哥,快给妹妹道歉,把遥控器给妹妹玩一会。”

孩子的反应:

孩子心里会这样想:“妹妹哭得好伤心啊,看起来怪可怜的,下次确实不能这样了,真的有损我大哥哥的形象,要不然她以后真有可能再也不到我家来玩了,赶紧把遥控器给她玩会儿吧。”

为什么第三种方法(讲道理)最好?

第一,只有第三种方法明确地告诉孩子这样做为什么不对,孩子以后再遇到类似的事时,就有了行为准则,有了评价自己行为的标准。

第二,只有第三种方法引起了孩子的同情心,而有同情心是孩子利他行为和道德发展的最关键因素,也就是说,有同情心的孩子才会懂得为别人着想,才不会去伤害别人,才会去帮助别人,才会有更多的好行为。

只有通过讲道理,才能唤起孩子的同情心,才能引起孩子的自觉服从,从而使道德真正内化,促进道德的发展,达到教育的目的。

第三,只有第三种方法是心平气和地告诉孩子接下来该怎么做,怎么弥补自己的过失。

冷落和打骂首先会让孩子感到生气和怨恨,孩子不会自己去反思自己的错误,也不会因此感到羞愧。这样只会让孩子口服心不服,下次再遇到同样的情况时,他首先会想:“小心被发现,不然又得挨骂。”

为什么讲道理的方法更有效?我们再来看看心理学家是怎么说的?

根据心理学家马丁·霍夫曼的信息加工理论①,讲道理之所以有效,是因为它阐明了为什么受到惩罚的行为是错误的,如果再做这样的事,为什么应该感到内疚、羞愧或龌龊。因此,如果儿童已经懂了为何不可以做禁止的事,那么,当他在未来某一时刻做这样的事时,就会感到浑身不自在,并对被唤醒的不适体验进行内部归因(例如,"如果我伤害了别人,我会感到内疚","如果这样做,会有损我的形象"),因此抑制自己做被禁止的行为,并对自己"成熟而负责"的行为感觉良好。

相反,如果没有给儿童讲道理,或者说在说理时强调他们注意以后再做错可能造成的消极后果(如,"以后再这么做,小心你的屁股"),那么,当他们再想做那些禁止做的事时,他们同样会体验都不自在,但可能对这些被唤醒的不适体验(例如,"我担心被抓住,受到惩罚")做出外部归因。这种归因使他们在权威人物在场的情况下能遵守道德规则,但在周围无人监督时,他们就不会抑制自己的违规行为。

马丁·霍夫曼考察了父母实际采用的教育方法能否对子女的道德发展产生影响,他比较了三种主要的方法②:

1. 爱的回收:在儿童做错事之后收回对他的关注、爱或赞许,也就是引起儿童失去疼爱的焦虑。(比如像前面提到的第一种方法"冷落")

2. 强迫命令:使用强权控制儿童的行为(如采用可能引起恐惧、生气、怨恨的强制性命令、身体限制和撤销孩子享有的特权)。(比如像前面提到的第二种方法"惩罚")

3. 引导:强调行为给别人造成的后果,解释为什么某行为是错误的、应该改正的;通常会向儿童建议怎样才能弥补自己行为造成的伤害。(比如讲道理)

研究结果表明:(1)爱的回收和强迫命令对于促进道德成熟都没有明显效果;(2)引导可以促进道德情感、道德推理和道德行为三方面的发展。

我在本书中强调的最好的家庭教育方式——权威型教养方式,其实就是一种以讲道理为主来进行教育的方式。

---

①② [美]戴维·谢弗著,陈会昌译:《社会性与人格发展》,人民邮电出版社2012年6月第1版,第378、380页。

你会讲道理吗?

讲道理的方法最好,那么你会讲道理吗?从上面那个案例的分析中你有没有发现怎样讲道理更好呢?是经常给孩子讲一些孩子根本听不进去的大道理,还是能真正把话说到孩子心里去?

但是大家要有信心,只要你重视讲道理的教育方法,只要你肯用心,每个家长天生都会讲道理。

请大家记住,**讲道理只有一个目的,那就是引导孩子明白,为什么要这么做,这样做为什么好;为什么不能那样做,那样做会给自己和他人带来怎样的伤害。**

这些话说起来很简单,可很多家长在教育孩子时总会忽略这一点,总是直接命令孩子去做什么,不要做什么,懒得跟孩子解释其中的原因。结果孩子要么成为一个没有自己独立人格和个性,只知道听话的人;要么根本不听你那一套,你让他怎样,他偏不怎样。

不要总是直接命令孩子要怎样,不许怎样,请你跟孩子解释为什么要这样,为什么不能那样,效果会截然不同。

大家可以试一试,即使是婴儿或者是学步儿,在让孩子做什么和不要做什么之前,只要你跟孩子解释一下为什么,孩子都会更乐意听你的话,至少孩子会感受到你对他的尊重,至少不会反感你的说话方式。

讲道理对学步儿来说都如此重要,对于稍大一点的孩子当然更为重要。不要觉得孩子什么都懂,就懒得解释,其实孩子犯错误就是因为他还不懂。

孩子并没有你想象的那么坏,只是孩子还小,认知、能力和处理问题的经验不足,自控力不足。很多时候孩子并不知道这样做会犯错,也不知道这样做会有多严重的后果,这个时候只要你帮孩子指出来,告诉孩子这样做会给别人和自己带来伤害就行了,大多数时候孩子就不会再犯了。

当然还有可能再犯,这也是正常的,不要急于下结论,孩子毕竟是孩子,自控力不足是可以理解的。这就需要你耐心地再讲道理,甚至要反复好几次,直到孩子改正这种错误为止。

对于成人来说,对待孩子最需要的素质就是耐心,最高的智慧还是耐心。家长有没有耐心将决定着孩子的一生。

讲道理没有用怎么办?

说到这里,恐怕很多人不同意我这个观点,他们会这样说:“讲道理,他根本听不进去,非得给他来点硬的不可。”

如果让我们一时半会改掉一个习惯,我们可能也做不到。儿童毕竟自控力差,一次讲道理没有效果是完全正常的,常常需要多次充分地讲道理,有时可能还要伴随着适当的惩罚,孩子才能改掉一个坏习惯。

你讲道理孩子不听,很可能是你道理讲得不够好,没有让孩子心服口服,没有真正进入孩子的内心,只知道讲一些大道理,然后就命令孩子去做,这样当然是没有效果的。

如果一次讲道理没有用,就再换一种思路讲,多次试验、多次讲,直到找到和孩子沟通的办法。不要千篇一律,每次都说同样的话,那孩子不烦你才怪。

如果你觉得你把“好话讲尽”,孩子还是不听,那就有必要把讲道理和惩罚结合起来。在惩罚孩子之前要先讲道理,让孩子知道自己为什么错了,为什么要惩罚他,而不是不分青红皂白先批评一顿或揍一顿。

比如,孩子上次在超市表现很不好,乱跑,乱要东西,今天还想跟你去超市,你不想带他,你不能说:“走开,我可不想带你,烦死了。”

你可以这样说:“你上次在超市里乱跑乱闹,很危险,妈妈急得到处找你,你还要买很多东西,乱花钱,妈妈提醒你,你还不听,妈妈很生气,所以这次不想带你。”

其实,现实生活中几乎没有哪个父母是完全采用讲道理的方式来教育孩子,也没有谁是完全采用惩罚的方式来教育孩子,大多数父母都是把冷落、惩罚和讲道理等多种方法结合起来的,只是每个家庭这三者所占的比例不同。

马丁·霍夫曼认为,有效的教育公式应该是:经常的引导+偶尔的强迫命令+很多的爱。①

为了便于大家理解和记忆,我想把这个公式改为:

最好的教育公式:足够的爱+经常的讲道理+偶尔的命令和适当的惩罚。

---

① [美]戴维·谢弗著,陈会昌译:《社会性与人格发展》,人民邮电出版社 2012 年 6 月第 1 版,第 381 页。

实用的道理才是好道理

我还要提醒大家，不要总给孩子讲一些正面的大道理，这样会让孩子变得过于刻板和单纯，将来走向社会后就会处处碰壁、难以适应。

比如，总是跟孩子说，要跟老师和同学搞好关系，要与人为善，严于律己，宽以待人等等，那么当有人故意欺负和刁难孩子时，孩子又应该怎么办呢？

你总跟孩子说，你要好好学习，将来靠自己的本事吃饭，凡事都要靠自己，话虽是这么说，那当孩子长大后遇到社会上的很多不公平竞争，很多人情世故，孩子能接受和适应吗？

大道理应该讲，其实你不讲，孩子慢慢也会知道，更应该给孩子讲一些实用的道理。

著名心理学家李子勋这样说："我们要告诉孩子一些实用的东西，不要只告诉孩子正确的东西，很多正确的东西只能在书本上活着，在生活中往往就死了，起不到任何作用。实用的教育才是现实教育，这种教育不容易妨碍孩子建立适合自己也适合社会的价值体系，伦理与哲学思想，审美态度与价值观。"①

---

① 李子勋：《陪孩子长大》，中国广播电视出版社2006年2月第1版，第220页。

2 那些取得巨大成就的人都是小时候经常做家务的人

美国哈佛大学的一些社会学家、行为学家和儿童教育专家，对波士顿地区456名少年儿童所做的长达20年的跟踪调查发现，爱干家务的孩子与不爱干家务的孩子相比，长大后的失业率为1∶15，犯罪率为1∶10，平均收入要高出20%左右。此外，离异率、心理疾病患病率也较低。①

观察一下你就会发现，那些伟人和取得巨大成就的成功人士，都是从小就经常帮家里干活，经常参加劳动：

毛泽东从五岁起，就开始帮家里干一些力所能及的活，拔草、捡柴、放牛、拾豆子等。十三岁起，他白天就是一个成年劳力，晚上是父亲的管账“先生”。②

尽管他痴迷于读书，但都是在干完活后，利用田间地头的时间和晚上睡觉的时间读书。

朱德在《回忆我的母亲》一文中阐述了从小参加劳动对他的影响。

朱德在四五岁的时候就开始帮妈妈做事，八九岁的时候，他不仅能挑东西，而且还会种田了。每次放学回家，总是书包一放，就帮妈妈去挑水或放牛了。有时候，他上午读书，下午种地。农忙的时候，更是整天在地里跟着母亲一起劳动。

朱德深情地写道：“我应该感谢母亲，她给了我与困难做斗争的经验。我在家庭生活中尝到的艰苦，使我在以后的生活中再也没有感到过困难，没有被困难吓

---

① 中国青少年研究中心编：《家庭教育指导师培训教材》，2008年7月，第196页。

② ［美］R. 特里尔著，刘路新、高庆国等译，胡为雄校订：《毛泽东传》，河北人民出版社1989年3月第1版，1990年12月第2版，第8页。

倒。母亲给了我一个强健的身体,一个勤劳的习惯,使我从没有感到过劳累。”①

中国青少年研究中心关于“杰出青年的童年与教育”调查表明:杰出青年在童年时在家经常帮父母做家务事的高达 80.08%,有时做的有 13.51%,很少做的只有 5.41%。

家务劳动好处多

参加家务劳动真有这么大的魅力吗?我们不妨来总结一下参加家务劳动的好处:

(1)体会人生的基本生存之道。

劳动是人的最基本的实践活动,只有劳动才使人得以生存,只有劳动,社会才能发展。种豆得豆,种瓜得瓜,只有付出才有回报,只有劳动才有收获,这是人生最基本的道理和生存之道。

体会到这个基本的生存之道,才会懂得勤奋劳动,努力拼搏,这样才能实现自己的理想和追求,才能过上想要的生活。学习也是一样,认真刻苦,努力付出了,才可能有提高和进步。

如果一个孩子从小饭来张口,衣来伸手,什么都是不劳而获,坐享其成,他就不会理解劳动的意义,就无法体会到只有劳动才有收获的道理,当然就不会养成劳动的习惯。这样的人怎么可能会有收获,怎么能自立?不仅如此,还会直接影响着他的人格和人品,他习惯了指挥别人,依赖别人,懒散成性,不想付出还想轻易得到回报,这样的后果是非常危险的。

从小就应让孩子知道“只有劳动才可以创造一切”,“一分耕耘,一分收获”,“劳动光荣,不劳动可耻”。

(2)做家务是培养孩子责任心的好办法。

孩子在参加家务劳动的过程中,会逐渐体会到自己是家庭的一员,家庭里的每个人都应该为家庭尽一份力。在承担某一项具体的家务劳动时,他会体会到一种责任感,他会尽自己所能承担起这项任务和责任,认真负责地把它做好。

如从不参加家务劳动,孩子就会觉得:“家里的事跟我没关系,都是大人的

① [德]卡尔·威特著,赵健、邹舟主编:《品格决定孩子的未来》,内蒙古人民出版社 2008 年 10 月第 1 版,第 39 页。

事”，家里再忙，他也只会袖手旁观。如果连自己的事或是家里的日常小事都从不关心，长大后很难承担起家庭和工作中的责任，很难成为一个有责任心的人。

(3)做家务可以培养孩子勤奋和吃苦耐劳的品质。

从小不爱干活，娇生惯养的孩子长大后吃不了苦，难以成为一个勤奋的人。如果不勤奋又不能吃苦，当然很难成就一番事业，甚至连基本的生活也很难保证。勤奋要养成习惯，吃苦耐劳的品质也需要从小培养，做家务是培养这些习惯和品质的好办法。

(4)劳动才能懂得珍惜劳动成果。

孩子如果不亲自去劳动，他就体会不到劳动成果的来之不易，他就不会懂得珍惜和尊重别人的劳动成果。不让孩子自己去打扫一次房间，他就体会不到每次父母打扫房间的辛苦，他就不会懂得平时要维护好家里的卫生，仍然会像以前一样把东西乱放，垃圾乱扔。

孩子如果不亲自去劳动，他就无法体会到父母的艰辛和不易，也就不会懂得珍惜父母的劳动成果，更不会懂得去感恩父母。给他花再多的钱，他也不会因此而感动或倍加珍惜，他想要的东西就直接向父母狮子大开口，不会考虑到父母的承受能力。

(5)做家务能培养孩子的自理能力。

孩子总有一天是要离开父母去独自成长的，可是如果他从小是在父母的呵护和悉心照料下长大的，当他有一天该离开时，他离得开吗，他敢出去一个人闯世界吗？父母能放心吗？

我们常常看到有些孩子因为离不开妈妈的照顾，而放弃了外地的好大学；有个孩子学习优秀，考上了梦寐以求的好大学，却因为生活不能自理，最终退学了；有些人结婚了，在生活上还不能自理，夫妻矛盾不断，一些人不得不继续过着“啃老”的生活……

从小经常做家务的孩子都会有很好的自理能力，这也扩大了他们今后选择的范围，因为他们相信自己走到哪都能生存。

(6)做家务可以增强孩子的综合能力。

首先，做家务可以锻炼孩子的动手能力。

记得有一次看中央电视台的一档中学生智力竞赛节目，参赛的几位中学生是从全国范围内选拔出来的，学习都非常优秀。节目里有一项削铅笔比赛，只见几位中学生拿着铅笔和小刀竟然不知怎么下手，有的像切菜一样用小刀割，还有一个居然从下往上削，主持人赶紧提醒他要小心手，话音刚落，这位中学生就划破了手，当场鲜血直流。

常看到身边有些孩子甚至是大学生，连个生活中常见的活都干不好，比如不知道怎么包书皮，煎鸡蛋不知道先放鸡蛋，还是先放油，让他绑个东西，他用绳子绕来绕去都绑不紧，让他搬个东西，他笨手笨脚都不知道手抓哪儿好，一看就是不经常干活，连基本的生活技能都没有。

我常常想起我小时候周围的小伙伴，他们经常帮家里做家务活，干起活来是那么灵巧、敏捷。削铅笔对他们来说根本就不在话下，一会儿工夫就可以削得又圆又尖。

不管将来做什么工作，都需要动手的技能和技巧，只有多动手，勤干活，手才会越来越巧，动手能力才会越来越强。

其次，做家务可以增强孩子解决问题的能力。做一项家务实际上就是在解决一个问题，比如把一个又脏又乱的房间打扫干净，你要想想什么东西放到哪里比较合理，比较整洁，是先擦还是先扫，怎么干才能又快又好等等。

经常干家务活的孩子动手能力强，解决问题的能力也比较强，长大后在工作和生活中的综合能力也会更强。

(7)做家务可以开发孩子的智力。

劳动使人从猿进化为人，劳动可以锻炼和开发人的思维，使人更聪明。孩子在劳动中常常会发现课本和课堂上没有的问题，会引发他的兴趣和思考，他会去探索其中的原因，会想办法去解决问题。每解决一个问题，他的经验就更丰富了一次，每思考一个问题，他都变得更聪明了一次。

(8)劳动可以让孩子体会到劳动的价值和乐趣。

当通过自己的努力为家人做了一顿晚餐，受到了爸爸妈妈的夸奖时；当自己把杂乱的房间整理得有条不紊、干干净净时；当通过自己的聪明才智解决了生活中的一个问题时，看着自己的劳动成果，一定会有一番成就感，会体验到一种成功的兴奋和喜悦，以及劳动和创造的乐趣，会得到精神上的充实和满足，这是其他任何活动都代替不了的。这都将进一步激励孩子劳动和创造的积极性和主动性。

(9)常做家务的孩子更懂事。

孩子在亲身参加劳动的过程中，会体会和感受到父母的辛劳，从而懂得体谅父母,多为父母着想,少给父母添忧。

也更懂得珍惜父母的劳动成果,不会给父母提过高的要求,不会花钱大手大脚。

经常做家务的孩子往往比很少做家务的孩子懂事得多,也会更珍惜学习的时间和机会,在学习上也更勤奋、更刻苦。

家务劳动的好处如果继续写下去,恐怕再写20条也写不完。

你为什么不让孩子干家务?

尽管家务劳动有这么多的好处,可仍有很多家长很少让孩子干家务,他们的理由大多是:"只要他能把学习搞好,家里什么活也不让他干。"

你们可曾想过,忽视孩子的劳动教育,后果比不学习还要严重。比如在孩子幼小的心灵中播下了"不劳而获"、"贪图享受"、"懒惰"、"鄙视劳动"的种子,缺乏基本的生活自理能力,弱化了解决问题的能力等等。

请大家放心,做家务绝对不会影响学习,反而对学习是一种促进。

韩国前任总统李明博在他所著的《母亲,让人思念和心痛的名字》一书里,讲述了他成长的故事:

李明博的学生时代是在种种艰难困苦中度过的。初中时卖过菊花糕、冰激凌、水果;高中只能读夜校,白天去卖爆米花维持学业;为了赚取大学学费,他找到了在市场做杂货的工作,每天凌晨四点起床扫地,扫出的垃圾要用拖车来回六次才能拉完。回到学校已经很困了,为了和其他专心学习的同学们竞争,他强迫自己争分夺秒地学习。

我们看到多少优秀的孩子,一边照顾家里,一边认真读书,有的一边上学,一边利用课余时间勤工俭学,他们的成绩照样名列前茅,而且还品学兼优。这样的孩子在学习上更刻苦、更认真,更懂得珍惜学习的时间,学习效率也更高。反而是那些"两耳不闻窗外事,一心只读圣贤书"的孩子往往在学习上并未见得有多优秀,学习的时间越多,就越不会珍惜学习的时间,更重要的是失去了比学习更珍贵的品质和能力。

在德国,孩子必须帮助父母做家务,这被明确写进了法律:

6~10 岁的孩子要帮助父母洗餐具,给全家人擦皮鞋;

14~16 岁的孩子要负责擦汽车和给菜园翻地;

16~18 岁的孩子要完成每周一次的房间大扫除。

一份关于各国中小学生每日家务劳动时间的报告显示:美国 72 分钟,泰国 66 分钟,韩国 42 分钟,法国 36 分钟,英国 30 分钟,中国学生只有 12 分钟。①

让孩子从小做一些力所能及的家务活,自己的事情自己做,做不了的教他做。从小养成爱劳动的习惯,会让孩子受益终身。

① 孙云晓、李文道著:《好好做父亲》,中信出版社 2012 年 12 月第 1 版,第 203 页。

3 课外活动竟然比课堂学习还要重要

她为什么会被美国14所著名大学争相录取？

2009年6月中央电视台《面对面》栏目报道的一位南京的中学生闵捷，她被美国14所著名大学争相录取，不仅仅是因为她成绩优异，还因为她丰富的经历和鲜明的个性。

闵捷上小学的时候参加了学校的独轮车队，为了学独轮车用了很多时间，也没少摔跤、受伤，她还是用毅力坚持了下来，最终在学校的文艺会演中进行了出色的表演。

上初中时，学校的外语节、文化艺术节、读书节、科技周等等，几乎每一项活动闵捷都亲身参与，四点左右放学后就留在学校参加各种各样的排练，回家后再用两个多小时的时间完成功课。

初中时闵捷的成绩一直很好，直升了学校的高中部。高中时她给自己定的目标是成绩保持在前三，但不刻意地争夺第一，以获得更加充裕的时间来做自己感兴趣的事情和参加各种活动。

从初中到高中，闵捷一直担任班干部，这无疑锻炼了她的组织和领导能力。

为了锻炼各方面的能力，她还在课余时间和同学们一起到博物馆去担任义务讲解员。

记者问她最看重自己哪方面素质的开发，和哪方面能力的培养，闵捷说："积极参与各种活动，培养团队合作。高中开始注重领导力的培养。"

闵捷在高中时花了特别多的时间参加模拟联合国的活动，2008年还代表学校参加了在北大举行的活动。

“你觉得参加这个活动锻炼了你什么能力?”记者问。

闵捷说:“人际交往能力,与别人磋商和合作等等。”

她还走出国门,参加了国外的模拟联合国活动。

“这对你的锻炼是什么?”记者问道。

闵捷说:“有了一个国际的视野,一下子就会心胸很开阔,认识各种各样不同的人,更了解那些原本很远离我的一些事物,以后看问题可以站在一个更高的角度上。”

记者问:“和国外的同龄人有过交往后,对你的影响是什么?”

闵捷回答说:“能从学习的氛围中稍微抽出一点时间,去关心世界上在发生什么,让自己更了解这个社会,而不是局限在学校这个像象牙塔一样的环境里,这个对于中学生整个全方位的能力培养是非常有好处的,所以我自己去年暑假在南京办了一个中学生模拟联合国的会议。”

记者:“到国外修学旅行最大的收获是什么?”

“就是开了眼界,我决定要出国留学了。”闵捷高兴地说。

整个采访过程中,我们始终能感受到参加这些丰富多彩的活动带给小闵的快乐,她在这些活动中更好地锻炼了自己,发展了自己,开阔了视野,促进了学习,也更加了解和关心社会。

孩子在亲身的活动中感受到的和学到的,以及在这过程中获得的快乐,是书本和其他任何方式都不能给予的。

妈妈的干涉让她错过了绝佳的成长和锻炼的机会

尽管如此,还有很多家长以影响学习为由,干涉和阻止孩子参加活动,可知这样做不但剥夺了孩子应有的快乐,也剥夺了孩子发展和成长的机会。

一个朋友请我给她的孩子补课。这是一个才上小学二年级的小女孩,刚一见她,就感觉这孩子不爱笑,也不活泼,就静静地看着我。她妈妈提醒她快叫阿姨,她这才小声地和我打了声招呼。

当我慢慢和她熟一点的时候,她也慢慢开始信任我了,她说:“阿姨,我告诉你一件事,你不要告诉我妈妈好吗?”我答应了她。

她说:“本来我可以当我们班的劳动委员,可妈妈不让我当,说会影响学习。”

“原来是这样啊。”我认真地说。

“前一段时间，我想当我们组的小组长，可他们又不选我。”她失望地说。

我一下明白了这个孩子心里的想法，了解了她在学校和家里的大致情况，也明白了她不快乐的原因。

我心里真为这个孩子感到惋惜，本来她性格就不太开朗，能当上劳动委员，这是多好的锻炼机会啊！

劳动委员要组织和安排同学们打扫卫生，要检查和评价同学们打扫的情况，还要管理班级的日常卫生。在这过程中要经常和同学们沟通、打交道，既培养了孩子的人际交往能力，也能培养孩子的组织和管理能力，增强孩子的集体意识和责任心，更重要的是能带给孩子快乐和自信。

阻止孩子参与集体活动，就是在引导孩子不去关心集体的事，孩子就慢慢会远离集体，变得自私、孤僻和冷漠，会被群体排斥在外。

其实每个孩子都是喜欢参加集体活动的，没有一个孩子乐意被排斥在集体之外。我每次在班级里宣布班里或学校里要搞什么活动时，孩子们都会兴奋好几天。

参加活动时，几乎每个孩子都精神抖擞，充满了热情和活力，孩子们的脸上洋溢着笑容，快乐和笑声在孩子们之间传递和分享。

即使在活动中遇到了挫折和失败，对孩子来说都是难得的经历和体验，都会成为孩子的经验，都能成为一次成长和锻炼的契机。

孩子是在活动和体验中长大的

在我当老师的这些年里，我有一个深深的感悟，那就是：知识不是老师教会的，是学生通过自己参与、体验和思考，自己感悟到的。

举个很简单的例子，当孩子不能理解“兴高采烈”这个成语的意思时，你可以创设一个情景，让孩子亲身体会一下兴高采烈的感觉，他就能更好理解这个词语的意思。

当孩子不理解为什么三角形最稳定时，让孩子亲自动手做一下实验，或者找一找三角形在生活中的应用，孩子就能很牢固地掌握这个原理了。

这样一来，课本上的东西才能真正内化为自己的知识。正如诗人陆游的那首诗所言：“纸上得来终觉浅，绝知此事要躬行。”

为什么要说这么多教学上的内容，其实就是想告诉大家：实践活动本身就是孩子学习的重要组成部分，参加活动可以促进学习。

更何况学习不是孩子生活的全部，还有很多重要的知识和生活经验需要孩子去了解，还有很多技能需要孩子去掌握，还有很多做人的道理和人生的感悟需要孩子去体验。

孩子在活动中发展，在体验中成长。

很多实际的经验和人生的感悟，我们无法直接传授给孩子，只能靠孩子自己去经历和体验。见多就识广，体验多了经验就丰富，能力就会增强。相反，没有体验就没有经验，没有经验就没有能力。

课外活动的重要意义和价值

只要我们稍加思考，就能知道参加课外活动对孩子成长的益处和重要性：

- 开阔眼界和胸怀，陶冶情操，增长知识和见闻。
- 丰富了经历和体验，积累了经验，锻炼和提高了能力。
- 在集体中获得了温暖和快乐。
- 增强孩子的人际交往能力。
- 培养孩子的特长。
- 增强孩子的自信。
- 积累生活中的知识和感悟，对学习更是一种促进。
- 丰富了孩子的课余生活，促进孩子的全面发展。

……

乐于参加各种集体活动的孩子性格也更好，更积极、更合群，这也促进了孩子人格的健康发展。这就是为什么很多老师在给学生写评语的时候，都会强调这个孩子是不是积极参加集体活动。

怎样引导孩子参加课外活动？

鼓励孩子多参加学校的活动，不要担心参加活动会影响学习，学习好坏不在时间长短，该学的时候认真学，就不会影响学习。

很多学习很优秀的孩子都是多才多艺，喜欢参加集体的活动，活动反而成为他们调节学习和休息的最好方式，使得学习效率更高，学习成绩更好。

况且参加活动会让孩子更加喜欢学校，更加积极，更富有进取心和自信心，能让孩子变得更聪明，而这些都会促进学习上的进步。

鼓励孩子多参加活动，要让孩子根据自己的兴趣自由地选择，只要他喜欢的活动就是适合他的活动，不要替孩子做选择。

除此之外，我们还可以带孩子参加一些社会上的实践活动，帮助孩子了解社会。比如带着孩子参观、旅游、运动、做志愿者、勤工俭学等等。越大型的活动越能开阔眼界，越能锻炼孩子。

放孩子到更广阔的天地去

我国伟大的教育家、思想家陶行知，原名陶文浚，后改名陶知行，又改名为陶行知，把“行”放在了“知”的前面。他有一句名言：“行是知之始，知是行之成。”他提出了“生活即教育”、“社会即学校”、“教学做合一”三大主张，生活教育理论是陶行知教育思想的理论核心。

我国自古以来就提倡“知行合一”，“读万卷书，行万里路”更是从古至今家喻户晓的名言。

古时很多学子都讲究游学，他们一路浏览各地风土人情、名胜古迹，拜访名人志士，广结朋友，极大地开阔了眼界和心胸，增长了见识，最后成为知名的学者或一方名士。

社会是一本内容丰富的大书，同样也需要学习，为孩子将来走向社会打下基础。不要把孩子圈起来只知道读书，这样只能培养出一个没有乐趣，能力低下，不合时宜，难以适应社会的人。

经历就是经验，经历就是阅历。当你长大后，一些该经历的事情没有经历，没有体验，当你遇到时就会发懵。当你成人后，别人认为你已经很有阅历了，已经把你当成人看了，但如果你经常有一些小孩的思维和行为，对你的打击就会很大。

放孩子到广阔的天地中去，增加孩子的见识和阅历，好的现象要见，不好的现象也要见，否则长大后会很单纯和幼稚，容易被骗，经不起打击，会让小人轻而易举地把他打败，会让很多不公平、不美好的现象把他折磨得心力交瘁。

放孩子到丰富多彩的活动中去，到集体中去，带孩子到广阔的大自然中去，让孩子去感受、去经历、去体验、去锻炼，这样孩子才能更好地成长和发展，才能更好地社会化。

4 经常反思是提高教育能力的最好办法

每位父母都或多或少地看过一些教子书籍，懂得一些家庭教育的理念和方法，也知道自己的某些做法确实不对。但在和孩子的实际相处中，在处理具体的实际问题时，还是会在无意中按自己的习惯来进行，还是自己的那一套观念和方法，明知不对的就是改不过来。

比如明知不能对孩子管得太多，可现实中就是做不到，就是不放心，还是什么事都想管；明知一定要尊重孩子，和孩子说话时要用商量的口吻，可不由自主地总会命令孩子，强迫孩子；明知对孩子要有耐心，要有好脾气，可当孩子犯错误时，自己总是控制不住，还是会大发雷霆，伤害了孩子，影响了亲子关系，问题却并没有解决。

我们在前面说过，家庭教育最大的难度就在于家长是否有健全的人格，是否做出了好的示范和榜样，是否乐于改进和变通。

只有乐于变通，不断改进，教育能力才会不断提高。

怎样才能不断改进呢？怎样才能找到更适合自己家庭的教育方式呢？在这里向大家推荐一个很好的、很有用的办法，那就是反思。

反思为什么可以极大地提高教育能力？

我为什么要极力向大家推荐写教子反思？反思为什么非常有用？反思怎么会极大地提高教育能力？

举个很常见的例子：

我的一个亲戚，今年60多岁了，做了一辈子的饭，可是直到现在，饭也一直做得不好，炒的菜也总是一个味，也总是固定的搭配，家里人都不太喜欢吃。

她为什么做了一辈子饭，厨艺总没有一点改进和提高呢？她也吃过很多次厨艺很好的人做的饭菜，可她为什么就没有改进呢？因为她没有总结经验、教训，当然不会有提高。

为什么反思会极大地提高家长的教育能力，我是有极深的真实体会的：

每位教师在每上完一节课后，都要在教案的后面写教学反思。我刚开始写教学反思的时候，就像是在完成任务，觉得很烦，都上完课了，还要多此一举。

可写了一段时间后，我深深地体会到写教学反思对我的帮助特别大。比如，我今天在课堂上有一句话语言不够准确，容易让学生混淆，课后我就会记在教学反思里，下次就会特别注意，就不会再出现这样的问题。

再比如，今天我在教学中设计了某个小环节，发现学生的学习积极性特别高，教学效果非常好。课后我也会记在教学反思里，就知道以后可以多设计些类似这样的教学环节。

……

只要坚持认真写，一段时间以后，就会发现自己已经积累了很多教学经验，教学水平会有明显的提高。

认真坚持写教学反思的教师，教学能力和教学水平会迅速提高；而敷衍了事、完成任务的教师，一辈子都是一个样。

即使你在工作单位，恐怕你也要写年终总结，反思得失，总结经验教训。可很多家长教育孩子的随意性这么大，教育孩子这么重要，可我们从来都不去总结和反思，这怎么能行呢？

你在教育孩子的过程中难道就没有错误吗？你知道你的错误会影响孩子的一生吗？

做父母的如果不反思，犯错误就会成为习惯，孩子就会成为最大的牺牲品，将来也会让你后悔不迭。

举个很简单的例子，一些家长习惯于批评指责孩子，吃饭吃得慢了，你嫌孩子太磨蹭，吃得快了，你又说他是囫囵吞枣，不利于消化；孩子不帮你干家务，你批评孩子太懒散，帮你干家务，你又嫌孩子干得不好，给人添乱，还不如不干；去别人家做客，孩子话多了，你说孩子太吵、太淘气，话少了，你又说孩子不活泼，没礼貌。

总之，不管孩子干什么，你都会习惯性地说他几句，哪怕是一件很小的、无关紧要的事情。

这样下去，你们的亲子关系会变成什么样？孩子将来会变成什么样？

反思让他和家人发生了如此大的变化

我想给大家推荐一篇文章，这篇文章感动了成千上万的人，当我第一次读到这篇文章时，我被深深地触动了。

这篇文章的题目叫做《不体贴的父亲》，这篇文章最初被作者李文斯登·劳奈德发表在《波士顿晚报》上，后被推荐给《时代周刊》杂志转载，又被发行量数以百万计的《读者文摘》转载，还被戴尔·卡内基收入到他的畅销书《人性的弱点》一书中。

不体贴的父亲

听着，我儿：

在你睡着的时候，我要和你说一些话。

你梦中的模样真是可爱极了：小小的手掌枕着红红的脸蛋儿，金色的卷发粘在微微出汗的额上，你在梦中甜甜地笑着……爸爸悄悄地坐在你的床前，凝望着你——几分钟前，爸爸一个人在书房看报纸的时候，一阵懊悔的浪潮淹没了我，使我喘不过气来，带着愧疚的心，我来到你的床边。爸爸想到了太多的事情。我儿，爸爸对你太粗暴了！太苛刻了！

在你准备上学的时候，仅仅因你草草地洗脸，我便对你大声斥责；你没有擦干净你的鞋子，我又大发脾气；而当你不小心用鞋油弄脏了地板，我便火冒三丈，对你大声怒吼。

吃早点的时候，我又对你横加挑剔，责怪你打翻盘子、吃东西狼吞虎咽、把手臂支在桌上、在面包上涂太多的奶油……你就在我飞溅的唾沫中走出家门。

爸爸急着去上班。在上了公共汽车后，你却不知从哪里钻了出来，在车下向我招手深情高呼："爸爸，再见！"我气你不赶快去上学，对你又是瞪眼又是挥拳头……

晚上，一切又重新开始。我在下班路上，看到你跪在地上玩弹珠，脚上穿的长筒袜已经磨破了好几个洞。我立刻把你从地上拎了起来，当着你的小伙伴的面，把你押回家去,使你当众受到侮辱,还对你大发雷霆:袜子是要花钱买的——如果你自己挣钱,你就会知道挣钱是多么不容易的事了!我儿,做父亲的我居然说出这种话!

孩子,你还记得吗?晚饭后,我在书房看报,你怯怯地走了进来,眼睛里流露出委屈的目光。我对你的打扰极不耐烦。你在书房门口犹豫着,我终于忍不住吼了起来:"你又来干什么?!"这时你没有说话,用迷惘的双眼看着我,好像吓坏了似的,怔了一会,你突然跑了过来,抱着我的脖颈吻我,眼里噙着泪花。简直不敢相信,我如此粗暴也没有减少你对父亲的爱。这种爱连上帝也会感动。接着,你用你的小手臂又紧紧抱我一下,便松开手,用你那泪光闪耀的大眼睛盯着我,嘴唇努了努,什么也没说,转身轻轻地走开了。

孩子,我儿,你知道吗?你刚离开书房,报纸就从我手里滑落到地上,一阵强烈的内疚和恐惧涌上我的心尖。我难过极了。习惯真是害人不浅。吹毛求疵和训斥的习惯几乎成了我表达父爱的方式。我的儿子,爸爸不是不爱你,而是对你的期望太高了。我以我自己的年龄尺度来衡量你。细想起来,多么可笑!

而你本性中却有那么多的真善美,你小小的心灵,犹如高照群山的晨曦。你真挚的感情,从你的拥抱中表露无遗,也唤醒了爸爸的良知。孩子,是我错了,在这寂静的夜里,我来到你的床前,跪在这儿,心里充满懊悔。

或许,这种愧疚永远埋在我的心底。孩子,你还小,即使你醒着,也未必能听懂爸爸对你说的这些话,一个父亲深沉的爱和痛苦的愧疚……不过,从明天开始,我要做一个真正的父亲——你和蔼可亲的爸爸,会同你一同欢笑,一同悲伤。倘若禁不住开口骂你时,我会咬住自己的舌头,在心中告诉自己:"你只是一个孩子,一个小小的孩子罢了!"

过去,我总把你当作一个大人来看,然而此刻,我跪在你的床头,凝视着你,你蜷缩着小小的身子睡着,睡得那么甜美,在梦中微笑着,依然像个小天使似的。你在你母亲的怀里,小脑袋靠在她的肩上,仿佛只是昨天的场景。是的,你还是个眷恋着慈母爱抚的小孩子,我对你的要求,实在太多……太多了!

作者李文斯登·劳奈德在写完这篇文章以后,内心发生了深刻的变化。他的内疚转化为浓浓的父爱,父子间的关系也变得其乐融融。

我不再对儿子大发脾气,横加指责,对儿子的调皮我视为活泼,对他的捣蛋我视为天真——我甚至容忍他把油彩涂在我的脸上,父子俩也是游戏的伙伴……

不仅如此,自此以后,李文斯登·劳奈德的性格也发生了很多的变化,他是这样说的:

非常神奇,由于父性的觉醒,我的性情也变得开朗、豁达了,不再整天阴沉着脸。有种变化,甚至被事务所的同事也觉察出来了。过去我把自己当作工作机器,所写的辩护词干巴巴的,而现在我心存父爱,工作也变得有意义了,连撰写的辩护词也生动起来。

他与妻子的关系也更加融洽了,家庭变得更加和谐幸福了。他拥有了自己的律师事务所,妻子开了一家广告咨询公司,儿子是一个很棒的棒球手。

看完这位父亲对自己的反思和孩子的愧疚,又让我想起了另外一位很有名的父亲,他就是我国翻译巨匠傅雷。

大翻译家傅雷的反思和忏悔

《傅雷家书》是一本在我国深有影响力的家庭教育力作,这本书是 1954 年傅雷的长子傅聪长大后远赴波兰求学以后傅雷夫妇给孩子的书信。读完全书,你会深深感到傅雷对于孩子的爱和教育孩子的用心良苦,仅仅十几年的书信就足以集结成一本厚厚的书。书中有很大一部分是傅雷人到中年后对自己在教育孩子过程中的反思和忏悔。

我们来看看《傅雷家书》的第一封信①:

老想到五三年正月的事,我良心上的责备简直消释不了。孩子,我虐待了你,我永远对不起你,我永远补赎不了这种罪过!这些念头整整一天没离开过我的头脑,只是不敢向你母亲说。人生做错了一件事,良心就永远不得安宁!真的,巴尔扎克说得好:有些罪过只能补赎,不能洗刷!

……

我也知道你从小受的挫折对你今日的成就并非没有帮助;但我做爸爸的总是犯了很多很重大的错误。自问一生对朋友对社会没有做什么对不起的事,就是在

---

① 傅雷著:《傅雷家书》,江苏文艺出版社 2010 年 6 月第 1 版,第 14 页。

家里,对你和你妈妈做了有愧良心的事,(父亲教子极严,有时几乎不近人情,母亲也因此往往在精神上受折磨),这些都是近一年中常常想到的,不过这几天特别在脑海中盘旋不去,像噩梦一般。可怜过了四十五岁,父性才真正觉醒!

……

跟着你痛苦的童年一起过去的,是我不懂做爸爸的艺术的壮年。幸亏你得天独厚,任凭任何打击都摧毁不了你,因而减少了我一部分罪过。可是结果是一回事,当年的事实又是一回事:尽管我埋藏了自己的过去,却始终埋藏不了自己的错误。孩子,孩子,孩子,我要怎样的拥抱你才能表示我的悔与热爱呢!

世上没有完美的父母,谁都会在教育孩子的过程中犯错,傅雷到了45岁才认识到了自己在家庭教育中的错误,并诚恳地在孩子面前承认和忏悔,但还是觉得为时已晚,“罪过不能洗刷”。

各位父母,你准备到什么时候开始反思自己在家庭教育中的不足呢?早反思,孩子早受益,到你人到中年的时候也可以少一些“罪过”和悔恨。

假如你在教育孩子的过程中也能坚持写教育反思,你的家庭一定会获益匪浅。

怎样反思,反思什么?

既然是反思,我们就要多想想自己的言行,以及在教育孩子的方式上是否合适?是否存在问题?

当孩子出现了某种不好的行为时,应该多问问自己:“这件事当中我有什么问题?”而不是“孩子有什么问题?”

先从自己身上找原因通常是比较难做到的,很多家长都是把问题聚焦到孩子身上。可如果你不反思自己的问题,你也就别指望孩子会改正他的问题。

写教育反思可以提醒和督促我们去思考自己的问题,也可以帮助我们改进自己的问题。

比如,可以想想我今天有没有做到尊重孩子?今天是不是又对孩子管得太多了?该孩子做的,我是不是又代替他做了?当孩子犯错误时,我是不是又缺乏耐心了?今天我是不是又粗暴地指责孩子了?是不是又对孩子发脾气了?当孩子做出了努力,或有进步时,我有没有及时赞赏孩子?等等。

不要嫌麻烦，有时间时你可以多写点，多积累些，实在没有时间，每天写一两句话也行，甚至一两分钟都可以完成。

只要写出来，就说明你发现了问题，并且思考了这个问题。下次再遇到这种问题的时候，你的潜意识就会自动提醒你该怎么做。

坚持一段时间，你就会发现以前经常犯的错误，现在少多了；教育效果明显提高了；亲子关系也变得更好了。

有的家长会问："我每天想一想，就在心里面反思一下行不行？"

能做到这一点，和大多数家长比起来已经是进步了，但可以肯定的是，只在心里反思一定没有写出来的效果好。写出来后你的印象更深刻，态度更认真，当然也更容易改进。

教育反思不一定每天都写问题，也可以记录一下好的方面。

比如："今天孩子主动帮我做家务，我及时地表扬了他，发现他特别高兴，干得也更积极，更认真了。看来，我以后还是要多表扬表扬孩子。"

"今天我用商量的口气和孩子讨论周末的安排，而不是像以前那样直接给他安排好，或者命令他去做什么事。发现他很乐意跟我讨论，而且很认真地说了自己的想法，原来孩子完全能独自安排好自己的生活。以后有什么事，我要多和孩子商量，多放手锻炼孩子。"

慢慢地，你就会积累很多适合你的孩子及适合你的家庭的教育经验，你的教育能力也在不知不觉中提高了。

一种简单、方便、有效的反思方法

如果你觉得每天只写一句话的教育反思你也没有时间，那我再告诉你一个更简单的办法，效果也非常好。那就是用表格来记录。

美国最伟大的先驱者富兰克林先生曾用此法来帮助自己培养美德，取得了非常好的效果，在《富兰克林自传》一书里，他向我们详细介绍了这一方法①：

我把自己当时认为是必需的所有美德列为 13 个名目，在每个名目之下都附上一些简明的解释，以充分表达我为该词所规定的含义的范围。

---

① ［美］富兰克林著，李汉昭译：《富兰克林自传》，哈尔滨出版社 2002 年 8 月第 1 版，第 100—103 页。

既然我的目的是要在自己身上培养这些美德，所以我认为最好不要一下子去尝试，这是很难办到的，还是在一个时期内将注意力集中在其中的一点上为好。一旦我将这个美德养成习惯，接着再培养另一项。这样继续下去，直到我能做到全部13条为止。

于是，我就设计了以下用表格的形式来检查的方法。

表格格式：

节制							
食不过饱，饮不过量							
一	二	三	四	五	六	七	
节　制							
缄　默	*	*		*		*	
秩　序	* *	*	*		*	*	*
决　心			*			*	
节　俭		*	*		*		
勤　勉							
真　诚							
正　义							
中　庸							
清　洁							
平　静							
贞　洁							
谦　逊							

我决心照此顺序对每一种美德进行一星期的严密监控。这样，第一周我就特别注意避免发生任何违反“节制”的行为，而对另外的美德只能是一般的关注，只是每天晚上就这一天的错误做上标记。

我希望从表格中看到上面的黑点在不断减少，为此我感到欢欣鼓舞，因为这表明我在培育美德方面取得了进步。直到这次品德磨炼进行到最后几个周期，到那时如果13个星期留下的只是一本空白的小册子，我将会多么快乐满足。

不瞒你说，我也曾试着用这种方法来培养一些好的习惯和美德，比如早睡、早起、每天读书、运动等，我亲身的体会告诉我这个方法真的简单、方便、有效，所以特此推荐给大家。

我为大家设计了一个表格，上面的内容是大多数家长最容易忽视，最容易犯错误的地方，你也可以根据你的实际情况来调整。

内容/日期	尊　重	耐　心	接纳和宽容	不管得过多过细	不溺爱	不替代	不责骂
1月1日							
1月2日							
1月3日							
1月4日							

试一试吧，建议你一周重点关注其中一项，循环往复，只要坚持下去，你也会看到黑点在一点点变少，正确的教育方式在一天天养成，好的习惯也在一天天养成。而更让你欣喜地是，你会看到你的孩子也一天天成长得更好。

为了孩子，每天只需画个点，或画个勾，打个叉，这样的付出真是超乎所值。

你所受的家庭教育也会影响着你怎样教育孩子

还有很重要的一点值得我们反思：我们怎样对待孩子，以及教育孩子的方式，总会在无意中受我们父母的影响，我们的父母当年怎么对待我们，我们也常常会怎么对待孩子。

除非你父母的教育方式给你带来了很大的负面影响，你下决心再也不这样对待你的孩子。父母当年的教育方式有好的方面，也有不好的方面，适合那个时代的教育方式不一定适合现在。

所以，我们还需要总结和反思父母对你的教育方式，你认为正确的可以保留，不科学的和不符合规律的，就要下决心改正。

比如，你小的时候，父母常常鼓励要乐于助人，你长大后也一直爱帮助别人，让你拥有了很好的人际关系和很多的朋友。

你小的时候，父母常常引导你要多做家务，锻炼了你的动手能力，和吃苦耐劳的品质，长大后，你也是家务上的能手，工作上也能吃苦。

你父母当年对你太过严厉和苛刻，让你养成了一个胆怯、自卑、内向的性格，严重地影响着你的生活。

请你在下面的横线上认真地写出，父母哪些教育方式对我的成长很有利，帮你塑造了怎样的优点和品质，让你受益终生；哪些教育方式对你的成长造成了不好的影响，让你养成了怎样的缺点或不良的人格。

对你的成长有益的教育方式：

（1）____。

（2）____。

（3）____。

（4）____。

（5）____。

____。

对你造成不利影响的教育方式：

（1）____。

（2）____。

（3）____。

（4）____。

（5）____。

____

对于父母好的教育方式，我们很容易继承，对于不好的教育方式，只要我们反思和发现了，就会引起我们的注意，只要足够重视了，就能慢慢调整和改正。

勤于反思，你就是全世界最了解你孩子的家庭教育专家

一位心理专家说："孩子的成长，常常不给父母改正错误的机会。"这是因为家长们总是在孩子长大后，暴露出问题来，才意识到自己在教育方面的失误。如果等到那时再反思和改正，就已经晚了。

我们每个做父母的，在教育孩子时一定都有缺点，即使是再著名的教育专家在教育自己孩子的时候，也不能保证他所有的做法都是正确的。有错误不可怕，有不足很正常，关键是看你是否认识到了自己的错误和不足，是不是乐于改进。

就拿我自己来说，我是个急性子，爱干净，甚至有点洁癖，有时又有点苛求完美，我深知这些都非常不利于孩子的健康成长，所以我每天都在反思，反思我今天对孩子有没有犯错误，反思今天这样对孩子对不对，反思今天是不是对孩子缺乏耐心等等。

真的很神奇，只要反思过后，以后自己就会特别注意，基本上就不会再犯了，自己的错误一天天在减少，教育能力一天天在提高，随之而来的是亲子关系越来越好，自己也越来越轻松，给孩子提供的成长环境和氛围也越来越健康。

我时常会由衷地感慨："是反思挽救了我的孩子，挽救了我的家庭，挽救了我。"此时此刻，我非常认真地把这种方法推荐给你，相信一定会让你和你的孩子，你的家庭受益匪浅。

家长乐于改进，孩子就能从中受益，就会发展得更健康、更好，父母和孩子都皆大欢喜；不愿学习和改进，顽固不化，遭殃的就是孩子，父母将来也会痛苦不堪。

每个教育专家都在说，"每一个问题孩子的背后肯定有一个问题家长""孩子的错，首先是家长的错""要想改变孩子，家长就得先改变"等等，可是却没有一个专家告诉这些家长到底错在哪儿。这完全可以理解，因为专家根本不了解你，他不可能知道你错在哪儿，他只能告诉你怎么做是对的，然后要靠你自己去反思。

勤于反思，你就可以找出比教育专家更好的、更适合自己孩子的教育方法；勤于反思，你的教育能力和经验才会不断提高，坚持下去，你就可以成为最了解你的孩子的教育专家。

5 孩子学习不好，父母要做的第一件事是什么？

影响学习最关键的因素是什么？

先跟大家说一个特别有意思的现象：

每学期的期末，作为小学班主任，我们都会统计一下各学科课堂表现和成绩比较优秀的学生来进行表彰，比如“语文之星”“数学之星”“英语之星”等等，奇怪的是这些任课老师报上来的名单竟然都大同小异，基本上都是那几个学生。总不能把奖状都颁给这几个学生吧，为了调动其他学生的积极性，班主任常常会绞尽脑汁。

与此同时，每个任课老师经常反映的课堂表现较差，经常被老师叫到办公室谈话和补课的，也差不多都相同，每个班总有几个学生是办公室的常客。

这说明什么呢？

这首先说明，小学生的学习态度、学习习惯以及学习状况跟老师的关系不是特别大，老师并不起决定性作用。那些学习态度和学习习惯好的学生，不管哪个老师上课，他们都认认真真；那些学习态度和习惯不好的学生，在任何一个老师的课上，表现也都非常相似。

那么，我们就可以初步得出这样一个结论：影响孩子学习好坏的决定因素不是老师，而是学生自己。

为什么孩子们之间会有这么大的区别呢？为什么有的孩子学习成绩好，有的孩子学习成绩较差呢？影响学习最关键的因素是什么呢？

相信老师们可能都会有这样的感受：

对于小学生来说，影响学习成绩最关键的因素是学习态度和学习习惯。

说得再通俗点，也就是我们经常说的那句话：只要在课堂上认真听讲，勤于思考,认真做作业,学习成绩就会好。

可问题的关键是有的孩子上课就是不认真听,小动作多,思想容易开小差,作业也不认真,书写潦草。

所以说,要想孩子学习好,最关键的是培养良好的学习态度和学习习惯。并且学习态度比学习习惯更重要,因为“态度决定一切”,只要态度端正、认真,其他一切都会向好的方面发展。

如何培养好的学习态度?

怎么培养好的学习态度呢?影响学习态度的主要因素是什么呢?

(1)家长首先要重视学习,并在家里营造爱学习的氛围。

我说的家长要重视学习,不是说要重视孩子的学习成绩,而是在家里营造重视学习、爱学习的氛围。

父母可以经常和孩子谈论关于学习的话题,不是说一定要谈课本上的内容,最好是生活上的、社会上的关于学习的话题,比如谈论一本名著,一篇好的文章,某个历史人物,某个科学家的贡献,生活当中知识的应用,生活中某个物品工作的原理,科技的发展等等。首先让孩子感到家长对知识和文化的尊重,对学习感兴趣,对学习很重视,让孩子感到知识确实很有用,很重要。

孩子价值观的形成常常受其家长的影响,家长向往、喜欢、重视学习,孩子就会受到潜移默化的影响。

家长和孩子很少谈论学习方面的事,孩子经常在家里听到的是怎么做生意,怎么赚钱,怎么娱乐,怎么钩心斗角,很少谈论文化和学习,一提到学习就是指责孩子的学习成绩。这样孩子怎么能从内心里真正喜欢和重视学习呢?

家长还应该在家里营造学习的氛围,至少孩子应该有一个属于自己的书桌、台灯,家里最好能有一个书柜,没有的话,也应该至少给孩子买几本书。

平时家长先带头在家里看看报纸、看看书,你做的这一切孩子都在看,都在学,孩子长期在这种氛围中长大,一定会受到感染和熏陶。

(2)要让孩子相信自己能学好。

可以肯定地说,每个孩子都想学好,因为学习好就能经常得到老师的表扬,在学校获得各种荣誉和奖励,就更受同学和朋友们欢迎、喜欢和羡慕,还有爸爸妈妈和大人们的夸奖等等。谁也不愿意当个差生,不但在学校里经常被老师批评,被同学们嘲笑和看不起,回家还要被爸爸妈妈骂,简直痛苦死了!

既然每个孩子都想学习好,可为什么有的孩子就学不好呢?

其中有一个非常重要的原因,那就是学习对于一些孩子来说,是一件比较有压力、比较困难的事,很多孩子不愿意在学习上用功、花费时间,是因为他们觉得学习太难,自己又不够聪明,即使再怎么努力也学不好,何必要在学习上浪费时间呢。

研究发现,智商较高、学业预期较低的学生,其成绩不如智商较低、预期较高的学生,这种情况也并不少见。换句话说,对成功和失败的预期是成就行为的有力影响因素;预期会成功的儿童通常真的会成功,而预期会失败的儿童则不会花费时间和精力去追求他们所认为的"力所不及"的目标。①

孩子只有相信自己能学好,才会认真和努力地去学习,最终才能学好;如果觉得自己很笨,学习又那么难,自己根本就学不好,那么这个孩子肯定学不好。

心理学上有一个著名的理论叫做"习得性无助",这是什么意思呢?

举个例子,如果家长在孩子取得好成绩时,跟孩子说这是因为题目比较简单,或者说是因为你正好复习过这些知识点,或者跟孩子说是因为你下工夫好好复习的结果;而在孩子没有考好时,则严厉地指责孩子,跟孩子说"别人都能考100分,你怎么考不到,你怎么这么差啊?"这就会让孩子感到考得好是因为我运气好,考得不好是因为我比较笨、能力差,我就是个笨孩子,从而导致习得性无助。

如果孩子觉得自己比较笨、能力不足,而这些往往是无法控制和短时难以改变的,那么孩子在遭遇失败和挫折时就会坦然接受这一结果,从心底里认输,并且不会去努力改变,因为这些难以改变,努力也是徒劳。

与此相反,如果家长在孩子取得成功和好成绩时,表扬孩子爱学习、爱动脑筋、认真努力,失败时强调是因为不够努力。孩子就会认为,自己的脑子并不笨,能力也还可以,只要再努力一些,就会做得更好。

通过以上的分析,你学会怎么引导孩子学习了吗?

概括一下就是,不管孩子考得好还是不好,都要千方百计让孩子相信自己能

---

① [美]戴维·谢弗著,陈会昌译:《社会性与人格发展》,人民邮电出版社2012年6月第1版,第223页。

学好，自己并不笨，只要认真、努力就能学好。

(3)提高学习兴趣和学习效率。

我们都知道一句话，叫做“兴趣是最好的老师”，孩子在学习中能得到快乐和成就感，不用你说，孩子自然就爱学习。

如何提高学习兴趣，这也是老师们常常在思考的问题。关于这一点，我们做家长的能做什么呢?

我们可以在孩子取得好成绩、攻克出一个难题、作业写得认真、字写得漂亮、写了一篇好作文、在生活中能应用所学的知识时，给予孩子及时的表扬和肯定，让孩子体会学习的快乐和成就感。

千万不要整天逼着孩子学习，整天把孩子关在家里学习，给孩子布置很多额外的作业，把习题做了一遍又一遍，没有考好时，还要经常批评和指责，这样只会打磨掉孩子的学习兴趣和学习积极性，让孩子的学习变得枯燥、乏味、机械和压抑，这样做或许在孩子小的时候能有点效果，可越往后，孩子就越没有后劲，越厌恶学习，根本就学不好。

日本学生指导学会常任董事长诸富祥彦教授认为，培养男孩学习习惯有四个要领，第一就是减少学习时间和学习量；二是玩完以后再学习；三是父母和孩子最好一起学习；四是选择简单易懂的练习题。一切以兴趣和自信心为前提。

要让孩子学会休息和玩，该玩的时候玩，该学的时候学，这样才更喜欢学习，学习效率也越高。

(4)必须要让孩子明白学习是自己的事。

凡事只要是被逼迫着、被监督着、被动地、机械地去做，肯定做不好，能偷懒就偷懒，能蒙混过关就蒙混过关。对于孩子来说，这一点就体现得更为明显。

学习好的孩子大多都很自觉，一回家不用家长提醒，自己就知道要写作业，写不完就不肯睡觉，实在太困了，也会在早晨早早起床写作业。

在学习上有自觉性，懂得学习是自己的事的孩子，在学习上很少让大人操心，根本不用家长整天跟在后面催，他们往往比家长们想象地更努力、更用功，等到孩子上初中、高中时，家长反而是经常提醒孩子要早点休息，别学习得太晚，别影响了身体。

我上中学时是住校的，学校里很多学习好的孩子在学习上都特别能吃苦，他们晚自习下了还到处找地方看书，下的那些工夫家长根本就不知道，恐怕大人们都想象不到孩子在学习上竟然那么能吃苦。

记得那时下午放学后，有一个半小时休息时间才上晚自习，这段时间大家都特别兴奋，很多学生要么出去吃饭了，或者到学校外面去玩，要么就是在学校里转悠、聊天、打闹，教室里吵得不得了，你根本没办法静下心来看书。

我就开始在校园里找能看书的地方，后来发现了一个特别好的地方，我们学校初中部教学楼的前面是职高的教学楼，职高的学生不上晚自习，学生都走了，很多教室都锁了门，教学楼里安安静静，有一间教室没有锁门，我就经常到里面去看书，安安静静的，学习效率也特别高。

这段经历我父母绝对是不知道的，他们也从来没要求过我这段时间也要好好学习，完全是我自己主动要这样做的。

现在想想，我为什么会那样做，因为我知道学习是我自己的事，我自己得对我自己负责。我也喜欢学习，我已经习惯了，再说了，学习不好在学校多没面子啊。

我也亲眼见过很多被家长逼迫着孩子学习，他们在学习上根本就没有主动性，不肯下工夫，更不会动脑筋，家长在和不在完全是两个样，就是在家长逼迫下学习，他也是装模作样，专门做给家长看的。学习如果不能调动孩子的积极性和主动性，根本就学不好。

所以说，要想学习好，一定要调动孩子自己的积极性和主动性，一定要让孩子知道学习是自己的事。

这句话说得非常容易，可怎么做到呢?

首先，平时不要对孩子管得太严、太多。给孩子足够的空间，尊重、放手和信任孩子，让孩子自己管理自己，孩子才能懂得自己要为自己负责，家长只在关键和需要的时候给孩子以引导和提醒，在教孩子做人方面可以严，抓学习方面要宽。即使抓学习也应重在营造爱学习、重学习的家庭氛围，而不是整天逼着孩子学习。

其次，不要整天逼着孩子学习，越逼孩子越被动、越叛逆、越不好好学。经常告诉孩子“学习是你自己的事，你要对你自己负责”，在学习上只给孩子讲道理，比如可以通过举例子告诉孩子好好学习，将来会怎样，不好好学习，将来又会怎样等等。

孩子学习不好，家长要做的第一件事是什么？

我认为以上这四点是影响学习最主要的因素，如果以上几点都注意了，孩子的成绩还是不好，怎么办呢？

大部分孩子只要注意了以上几点，都不会在学习上太差，至少会是中等水平，如果再努力和认真些，都会取得很好的成绩。

但我们不得不承认，有些孩子比较适合学习，他的性格特点、思维方式和天赋正好适合学校的体制和教学方式，适合考试。而有些孩子天生可能并不适合学习课本知识和考试，这样的孩子一定有其他方面的特长和天赋，不能非要让孩子走不适合他的这条路。“360 行，行行出状元”，拥有一颗平常心，接纳孩子的现状，帮助孩子找到适合孩子的路。

如果你的孩子学习成绩比较差，家长首先要做的是什么呢？

我首先要提醒大家注意这样一句话，这是一句孩子们内心最真实的声音，即“学校是优等生的天堂，中等生的牢笼，差生的地狱”。

对于学习好的孩子来说，老师们喜欢，经常表扬他们，经常被“提拔”和受“重用”。受老师和家长的影响，其他同学也喜欢他们，更愿意跟他们交朋友。学校对他们来说，简直就像是天堂。

而对于学习不好的孩子，经常当众受批评，同学们也讨厌他，考得不好，回到家里父母也要经常指责他们，甚至打骂他，孩子到底犯了什么天大的错，不就是因为学习不好吗？谁不想学习好，谁不知道学习好就能得到所有人的赞扬，他们学习不好，一定有他们的苦衷和困难。天天在学校受批评和指责，经常遭遇失败和鄙视，学校对他们来说就像是地狱。这样只能让孩子更不喜欢学校，学习更差。

对于我们成人来说，如果我们在某个方面做得很不好，很不擅长，很不快乐，我们还可以跳槽，或者换工作、换行业。可学习不好的孩子，在学习上找不到出路的孩子该怎么办？

这些在学校被群体排斥，在学习上看不到希望的孩子，慢慢会在学校里找到有相同处境的孩子，形成一个小群体，找到暂时的安全感和归属感，他们之间互相影响，平时被老师和同学指责的坏行为，在这个小群体里有了同感，得到了认可；到了中学后，一些孩子开始到校外去寻找新的群体，结识社会上的一些青年，干一些更大的，能引起大家关注，让大家“佩服”和“认可”的事。调查研究发现，很多少年犯一开始都是从厌恶学习、逃学开始的。

中国预防青少年犯罪研究会发布的《2010 年我国未成年犯抽样调查分析报告》显示①:

在与未成年犯的选择比较中,未成年犯对学校教育的认可度大大低于未犯罪的青少年。

高达 46.06% 的未成年犯经常逃学旷课,原因有"想出去玩"(占 65.6%)、"想上网"(占 46.86%)、厌恶学习(占 36.62%)。

这些未成年人旷课后,大部分去了网吧(占 71.14%),还有的是和朋友在社会上混(占 53.76%),还有闲逛(44.21%)、睡觉(33.4%)等。这说明未成年犯在逃学和旷课后几乎处于游离状态,没有固定的生活目标和正常的生活方式,成了"社会游民"。

所以说,如果孩子学习不好,家长要做的第一件事不是指责孩子,而是关心孩子。

关注孩子的心理状态,不管在学校怎么样,在家里永远是爸爸妈妈喜欢的好孩子,在学校得不到归属感,至少也应该在家里得到温暖,父母要想办法帮助孩子找到自信,找到适合孩子的路,孩子将来还能比那些学习好的孩子更有出息。

---

① 王俊秀:《调查表明:四成未成年犯曾恨过父母》,《中国青年报》2011 年 7 月 23 日。

图书在版编目(CIP)数据

人格健康的孩子才幸福：让您最安心的教子法 / 胡巧娟著. —南昌：江西人民出版社，2014.11

ISBN 978-7-210-06778-8

Ⅰ. ①人… Ⅱ. ①胡… Ⅲ. ①家庭教育 Ⅳ. ①G78

中国版本图书馆 CIP 数据核字(2014)第 248291 号

书　　名：人格健康的孩子才幸福：让您最安心的教子法
作　　者：胡巧娟　著
策划编辑：曾杨
责任编辑：曾杨
封面设计：刘红刚
版式设计：游珑
出　　版：江西人民出版社
发　　行：各地新华书店
地　　址：江西省南昌市三经路 47 号附 1 号
编辑部电话：0791-86898283
发行部电话：0791-86898815
邮　　编：330006
网　　址：www.jxpph.com
E-mail：jxpph@tom.com　web@jxpph.com
2015 年 1 月第 1 版　2015 年 1 月第 1 次印刷
开　　本：787 毫米×1092 毫米　1/16
印　　张：21　**字数**：350 千字
ISBN 978-7-210-06778-8
定　　价：36.80 元
承 印 厂：江西千叶彩印有限公司
赣版权登字—01—2014—658